KB165645

여자의 삶

여자의 삶

쥘 미슐레 지음 정진국 옮김

La Femme 1860

글항아리

안드레아 델 사르토는 피렌체 출신으로 한동안 프랑스에서 활동했다. 그가 루브르에 남긴 이 그림에 미슐레는 감탄해 마지않고 본문에 자세히 감상을 적어놓았다. 퇴폐기에 접어든 르네상스 말기에 전쟁으로 많은 고아가 고통받았다. 이 성모상은 자신은 죽어가면서도 굶주린 아기들에게 젖을 물렸던 모성의 숭고한 희생을 예찬한다.

람베르트 수스트리스의 「비너스」이다. 사랑의 신과 미의 여신을 주제로 그린 그림에서 종교적인 모티프를 차용하기도 했다. 미슐레가 말하듯이 하느님의 뜻인 자연과 본능은 늘 꺼지지 않는 빛을 발한다. 그런데 그 빛이 무지와 사악을 쫓는 이성이다. 여자의 아름다움도 이런 빛을 받을 때 비로소 활짝 피어난다.

바로크 미술의 거장 뤼벤스는 사랑스런 아기들이 화환을 둘러싼 매우 특이한 구성의
성모자상을 그렸다. 미슐레는 뤼벤스가 아기를 낳은 풍만하고 건강미에 넘치는 여인들을
그렸다는 점에 더 깊은 인상을 받곤 했다. 제멋대로 굴고 잠시도 가만히 있지 않으며
꼼지락 대는 아기들이야말로 사랑이 낳고 또 이어가는 살아 있는 생명의 화신이다.

베네치아 화파의 거장 티치아노는 미의 여신 베누스의 섬에서 에로스로 상징되는 귀여운
"사랑의 신"들의 잔치를 그렸다. 미의 여신도 여기서는 조역일 뿐이다. 넘치는 기운으로 에로스가
활을 쏘는 장난을 그치지 않는 한 세상은 영원히 비옥하게 살아 있을 것이다.

미슐레는 밀라노 르네상스의 거장 코레조를 여러 차례 언급하고 있다.
코레조는 독수리로 변신한 제우스가 미소년 가니메데스를 납치하는 장면을 그렸다.
청소년기에 겪게 되는 맹목적이며 어설픈 첫사랑의 감정과 불안을 장엄하고
형언하기 어려운 미묘함으로 그려내는 거장의 솜씨가 두드러진다.

독일의 상징파 화가 마카르트는 지상과 바다의 풍요를 두 폭으로 나누어 그렸다. 사랑과 결혼과
출산의 모든 황홀과 기쁨은 그에 못지않은 동요와 고통을 수반한다. 동식물에 어우러진 그 풍요를
주관하는 것은 언제나 수수께끼같이 영감에 넘치는 여자들이다.

미슐레와 동시대에 크게 활약했던 퓌비 드 샤반은 「여름」의 한철을 그리면서 원초적이며
전원적인 가족생활을 우의적으로 표현했다. 저자는 가족의 붕괴와 불임으로 곧바로
세계는 황폐한 사막이 된다고 역설하고 있다. 많은 화가와 교류하고 예술 전문지에
기고하기도 했던 저자의 이 책을 화가도 읽었을 것으로 짐작된다.

티치아노가 말썽쟁이 에로스를 야단치고 가르치는 정다운 장면을 재현한, 보기 드문 주제의 그림이다. 유년기 교육에서 여자의 따뜻한 가르침이 훌륭한 인성을 키우고, 인재를 발굴하게 된다는 미슐레의 사상을 일찍부터 예시하고 있는 듯하다.

19세기 자연주의 화가 쥘 브르통은 「이삭 줍는 여인」에서 농촌 여성들의 힘겨운 생활을 극적으로 포착했다. 관능적인 여신상이나 화류계 여자의 나체화 대신, 그토록 어려운 환경에서 땅을 지키는 여성들의 용기를 장엄한 화폭에 담았다.

벨기에 화가 스테벤스는「방랑하는 여인」에서 혁명과 쿠데타 전쟁으로 혼란과 극심한
고통을 겪던 19세기 후반의 여인을 사실적으로 그렸다. 살벌한 폭력이 난무하는 난리 통에
서도 아기를 소중히 안고 걸어가는 여인이 보여주는 사랑은 얼마나 거룩하기만 한가.

화가 휘슬러는 자기 어머니를 모델로 근엄하고 검소하게 살아온 19세기의 전형적 주부의
모습을 단아하게 재현했다. 남자와 상당한 나이차로 조혼하던 당시의 풍속에서, 또 남자들이
전쟁 등으로 일찍 사망하는 일이 많았으므로 여자는 과부가 되어 이삼십 년은 보통이고,
그 이상 오랜 세월을 고독하게 살아야 했다.

일러두기

· 이 책은 Jules Michelet, *La femme*(1860)를 완역한 것으로, 아쉐트 출판사의 제5쇄를 저본
으로 사용했다.

· 본문 중 ( )는 원저자가 보충 설명한 것이며, 〔 〕는 옮긴이가 보충 설명한 것이다.

차례

최상의 결혼 상대는 내가 『여자의 사랑』에서 제시했던 여자, 단순하고 사랑하며,
현대적인 사고방식의 결정적인 영향을 받아들이진 않지만 배척하지도 않고, 과학과
진리에 편견이 없는 여자입니다. 장차 색싯감으로 "소박한 여자"를 적극 권할
만합니다. 또 딸로서 "믿음이 깊은 여자"입니다.

1. 왜 결혼하지 않습니까?

시간이 얼마나 중요한지 모르는 사람은 없습니다. 그런데 요즘 사회적 · 종교적 · 경제적 환경이 워낙 특이하게 다투는 바람에 "남자는 여자와 떨어져 살고 있습니다."

점점 더 그렇게 되고 있습니다. 단지 다르다거나 나란히 평행선을 그릴 뿐만 아니라, 같은 정거장에서 출발한 여객들이 한 사람은 특급을 타고, 다른 한 사람은 작은 완행을 타며 심지어 선로도 다릅니다.

남자는 아무리 나약해도 궤도에서 불똥이 튈 만큼 씩씩대며 창의와 발견과 사상의 길로 어지간히 들어서게 됩니다.

불가피하게 뒤처진 여자는 자신조차 알지 못할 과거의 골짜기에 파묻혀 있습니다. 여자는 안타깝게도 그렇게 떨어져 있지만, 더욱 빨리 달릴 수도 없고 그러기를 바라지도 않습니다.

그러나 남녀가 서로 접근하려고 서두르는 기색이 없다는 점은 최악입니다. 서로 할 말도 없는 모양입니다. 가정은 썰렁하고 식탁은 조용하며, 침대는 싸늘합니다.

그들은 서로를 위해 쓸 돈이 없다고 합니다. 그러나 예절이 살아 있는 다른 나라 사회에서는 그렇지 않습니다. 누구나 매일 저녁 한쪽에는 남자, 다른 쪽에는 여자로 거실이 둘로 나뉘는 것을 봅니다. 보기도 어렵게 됐지만, 어쨌든 시도할 수 있는 것은 한 열두어 명이 정답게 모이는 모습입니다. 집 안주인이 대화도 없고 침묵만 지키는 남녀 집단에게 말 좀 하라고 은근히 권하기만 해도 됩니다.

사실을 있는 그대로 밝혀야겠습니다. 그들은 공통된 생각이나 언어도 없고, 서로 관심을 둘 만한 화제라도 어떻게 말해야 할지 몰라 합니다. 서로 공유하는 관점을 너무 잃었습니다. 어쩌다 조심스레 만나더라도 그 만남은 두 사람의 이성이 아니라 그냥 두 사람의 만남일 뿐입니다.

이런 세태와 맞부딪치면서, 문학적인 티를 내지 않고 이러한 심정을 다룬 이 작은 책이 사방에서 신랄한 비판을 받았다고 해도 놀랍지 않습니다.

전편 『여자의 사랑』에서 좌충우돌 좋은 성품에 호소하면서, 나는 "다시 한 번 사랑하라"고 했습니다.

이 말에 날카로운 고함이 터졌고, 선병질적 기질을 돋우기나 했습니다.

"천만에요. 우린 사랑을 원치 않습니다! 행복도 원치 않습니다! 뭔가 수상합니다. 여자를 신성시하는 이런 종교적 형식으로, 저자는 여자를 강하게 하고 해방시키려 합니다. 그는 맹종하는 우상을 원하고 그것을 자신의 제단에 올리려 합니다."

이렇게 동거라는 이름으로, 결별과 파탄, 우울한 독신 취미 같은 시대적 고질과 사람의 마음 깊숙이 깔린 야만적 생활을 바라는 욕구가 터져나옵니다.

여자들은 책을 읽고 눈물을 쏟습니다. 그들의 지도자는(종교적이든 철학적이든 아무튼) 자신들의 말을 듣게 합니다. 여자들은 자신들을 옹호하는 이들을 감히 옹호하지 못합니다. 그럼에도 여자들은 이 금서를 틈틈이 읽고 또 읽어 탐독하면서 베개 밑에 감춰두곤 했습니다.

바로 이런 것이 저자에게는 큰 위안이었습니다. 이 책은 적들의 모함과 친구들의 검열로 크게 오도되었습니다. 중세의 남자든 자유연애 시대의 남자든, 이 책으로 득이 될 게 없었을 것입니다. 그들은 여자를 수녀원으로 보내거나 길거리로 내보내는 편을 택했으니까요.

"결혼과 가족을 위한 책! 웬 추문이요! 제발 성인용 소설이나 수십 편 쓸 것이지. 상상력을 발휘해서 조금 재미있게 말이요. 훨씬 더 인기를 끌지 않겠수?"

어떤 종교 신문은 왜 가족을 더 튼튼히 해야 하느냐고 반박했습니다. 지금처럼 완벽할 때가 언제 있었느냐면서, "음란하다는 말은 옛날에나 있었지 지금은 보기 어렵다"고 했지요.

이와 다르게 "죄송합니다만 여전합니다"라는 말로 시작한, 정치적 정론지를 표방하는 거대 신문의 교묘한 기사는 "음란함은 어디서나 볼 수 있다"라고 하면서 큰 성공을 거두었습니다. 하지만 "요란하지 않기 때문에 열정도 거의 없고 조심스레 하기에 드러나지 않는다"면서, "이런 것은 프랑스 사람의 부부 생활에서 거의 타고난 것이며 또 제도화한 것입니다. 나라마다 자기 풍습이 있으며 우린 영국인이 아닙니다"라고 했습니다.

"조심스레!" 그렇지요. 바로 이것이 병입니다. 남편도 애인도 그것으로 골치 아파하지 않습니다. 여자도 마찬가지입니다. 여자는 권태롭지 않기만 바랄지 모릅니다. 전부 이 모양입니다. 하지만 이 뜨뜻미지근한 생활에서, 감동도 별로 없고 기술도 거의 발휘되지 않는, 그 누구도 이런 저런 식으로 노력하지 않는 그런 생활에서, 모두 침체되고 하품이나 하면서 한심한 조심성 때문에 시들어가고 있습니다.

누구나 이런 경험에 익숙하기에 결혼을 바라지도 않습니다. 우리의 상속법이 부유한 여자를 만들어내지 않는다면, 최소한 대도시에서 결혼을 하진 않을 것입니다.

나는 시골에서, 결혼해서 아버지가 되고 안정된 한 사내가 이웃 청년에게 설교하는 것을 들은 적이 있습니다.

"여기 남아 살려거든 결혼하는 것이 좋을 걸세. 하지만 파리로 올라가 살 거라면 뭐 그럴 필요 있을까. 다르게 살아도 엄청 수월할 텐데."

우리는 지상에서 가장 정신적이던 아테네 민족에게 종말을 안겨준 말을 알고 있습니다.

"아! 만약 우리가 여자 없이 아기를 가질 수만 있다면!"

이런 말은 로마제국에서도 계속되었습니다. 모든 합법적인 사법제도, 남자를 강제로 결혼시킬 수 있다고 믿었던 율리아 법률도 남녀를 더는 접근시키지 못했습니다. 더구나 생리적 욕구, 즉 세상에 기운을 북돋우고 에너지를 백 배 충전케 해주는 이 훌륭한 숙명성은 이 세상에서 꺼지고 말았습니다. 여자를 더 이상 보지 않으려고 사람들은 테바이드〔이집트. 사막지역의 골짜기로 5세기부터 은둔 수도원들이 밀집했던 곳〕까지 도망쳤습니다.

오늘날에는 결혼을 두려워할 뿐 아니라 여자들을 사회에서 멀어지게 하는 다양하고 복잡한 동기들이 생겨납니다.

결혼을 두려워하게 된 동기는 물론 가난하고 비참한 여자들이 늘어났기 때문입니다. 이 여자들은 굶주림 때문에 쉽게 희생되고 타인의 소유물이 되었습니다. 그렇게 되면서 남자들은 싫증과 짜증이 늘어나고, 더욱 고상한 사랑을 어색해하게 됐으며, 매일 저녁 쉽게 해결할 수 있는 것을, 굳이 오래 애원하면서 해결한다는 것을 끔찍히 지겹다고 생각하게 되었습니다!

다른 것들이 필요하다고 느끼거나 정숙한 "한 여자"만 사랑하고 싶어하는 그런 사람도, 의존적이고 순종하는 여자, 즉 자신의 권리를 내세우지 않고, 내일 떠날지라도 즐겁게 해주기 위한 일이 아니라면 한 발자국도 움직이지 않을 그런 여자를 한없이 좋아합니다.

결혼하기가 무섭게 그다음 날부터 지나치게 비약하는 프랑스 처녀들의 강하고 눈부신 성격을 총각들은 두려워합니다. "프랑스 여자는 한 사람 한다[개성이 강하다]"라는 말은 농담이 아닙니다. 이런 성격은 크나큰 행복의 기회이지만 한편 불행의 씨앗이 되기도 합니다.

우리의 훌륭한 시민법은(앞으로 시행될 것이고 세상의 중심축이 되겠지요) 이와 같은 타고난 민족적 난점을 더욱 어렵게 했습니다. 프랑스 여자는 유산을 상속받는다는 사실도, 지참금을 내야 한다는 사실도 알고 있습니다. 이웃 나라들은 그렇지 않습니다. 그곳에서 미혼녀는 지참금이라봐야 금전뿐입니다(남편 사업으로 들어가는 현찰). 하지만 프랑스에서 여자는 부동산을 소유합니다. 남자 형제들이 그 가치를 금전으로 환산해 주려 해도 법규에 어긋나기에, 부동산으로 부를 유지하고 부부 재산제라든가 약정에 따라 보장받습니다. 이런 재산은 보통 그 자리에 그대로 있습니다. 그런 땅은 날아가버리지 않습니다. 그 집은 무너지지도 않습니다. 그것들은 여자의 발언권을 지켜줍니다. 그렇게 해서 프랑스 여자는 영국이나 독일과 전혀 다른 인격을 유지할 수 있습니다.

이 재산은 이를테면 남편에게 흡수됩니다. 그러면 여자들은 몸도 재산도 잃고 맙니다(그녀가 뭔가 갖고 있을 경우에). 뿐만 아니라 여자들은 친정으로부터도 더욱 멀어집니다. 친정이 그녀를 다시 받아주지 않기 때문입니다. 따라서 기혼녀는 자기 가족을 위해 죽는다고 알고 있습니다. 가족은 딸의 자리를 시 댁에 맡겨버리고, 절대로 향후의 짐을 지지 않을 것이기 때문입니다. 어찌됐든 남편이 어떤 몫을 취하든, 그 짐은 그대로 남게 됩니다. 이런 조건에서 남자는 결혼을 더욱 두려워하는 것입니다.

프랑스에서 흥미로운 것은, 겉보기와 다르게 "결혼생활은 매우 약하고, 가족정신은 매우 강하다"라는 것입니다. 부르주아 계층에서(특히 지방의 시골 부르주아지) 한동안 결혼해서 나가 살던 딸이, 일단 아이들을 갖게 되면 마음이 둘로 쪼개집니다. 아이들과 또 자신의 첫 번째 애정을 되살리게 되는 친정 부모로—남편은 무엇을 지킬까요? 아무것도 없습니다. 바로 이런 가족정신이 결혼의 효력을 무산시킵니다.

이 여자가 얼마나 권태로운지, 과거의 회상에 파묻혀 케케묵은 생각을 하고 있는 어머니의 수준으로 되돌아가 완전히 옛날 것에 젖어 있는지 상상도 못 할 정도입니다. 남편은 "얌전하게" 생활하지만 금세 기가 꺾이고 처지며, 아무짝에도 쓸모없게 됩니다. 그는 학창 시절과 청년 시절의 진취적인 생각을 잃어버립니다. 그는 이내 "재산의 소유주인 부인"과 고답적인 가정의 질식할 듯한 분위기에 풀이 죽습니다.

이렇게 10만 프랑의 결혼 지참금으로, 어쩌면 매년 그만큼 벌어들일지 모를 남자 하나를 묻어버리는 것입니다.

청년은 "먼 희망"과 확신을 가질 때라고 다짐합니다. 하지만 더 이상 그렇지 못하며 어쩌면 그보다 못할지 모릅니다. 그는 기회를 찾고, 자신의 능력을 알아보고 싶어하다가 지참금을 날리기도 합니다. 답답해도 참아야 합니다. 그나마 지참금을 지켜야 하므로 그는 여왕의 남편 노릇조차 하기 어렵습니다.

❧

독신자들이 자주 하는 말을 들어봅시다. 어느 날 저녁 우리 집에 대여섯 명의 훌륭한 청년들이 찾아왔는데, 나는 그들의 독신생활 주장을 조금 건드려봤습니다. 그 자리에 있던 아주 뛰어난 친구 한 명은 내게 진지하게 이런 말을 했습니다.

"선생님, 우리가 가정을 이루지 못해서, 다시 말해서 정말 자기 여자가 없어서 불행하지 않고 밖에서 즐길 거라고 생각지 않으셨으면 합니다. 저희도 불행이라고 알고 느끼고 있습니다. 마음 붙일 곳이 없습니다. 그런 것이 없다는 것은, 선생님께서도 아실 테지만, 끔찍하게 우울하고 씁쓸한 생활 아닙니까."

씁쓸하다고! 다른 청년들도 바로 이 말을 두둔하면서 같은 말을 했습니다. 그는 이렇게 이어갔습니다.

"아무튼 한 가지 거북한 것이 있습니다. 프랑스에서 근로자는 누구나 가난합니다. 봉급으로 살고, 손님으로 살고 하는 식이지요. 그렇게 살 수밖에 없어 사는 것이지요. 저는 6천 프랑을 법니다. 하지만 내가 기대할 수 있는 여자라면 이걸로는 그녀의 화장품 값밖에 안 됩니다. 어머니들이 딸들을 그렇게 키웠습니다. 그 미녀를 저한테 준다 해도 그다음 날부터 저는 어떻게 되겠습니까? 부잣집에서 나와 그 여자는 나를 가난뱅이라 생각할 게 빤하지 않습니까? 내가 그녀를 사랑할 경우, 그 비참한 기분을 상상해보세요. 약간 부자가 되고 싶은 마음에 그녀의 비위를 맞추려고 비굴하게 굴어야겠지요."

"나는 항상 남프랑스의 작은 마을에서 겪은 일을 기억하곤 합니다. 유행에 찌든 사람들이 찾는 거기서, 노새들이 먼지를 뒤집어쓴 채 뒹구는 곳을 지나다가 놀라운 모습을 본 적이 있습니다. 아주 미인이었습니다. 화류계 여자처럼 야한 차림에 (아무튼 처녀는 아니고 숙녀), 빵빵한 몸매로 스물다섯 살쯤 됐는데, 그녀는 더러운 땅바닥에 심하게 끌리는 흰 수를 놓은 시원한 하늘색의 멋지게 부푼 드레스를 입고 있었으니 그 땅이 그녀에게 어울릴 리 없었지요. 아름다운 금발에 코는 건방지게 높고, 작은 모자를 썼으니 어색해 보이기 짝이 없었습니다. 그 모습은 완전히 '나는 모든 것이 웃겨'라고 말하는 태도였지요. 괴상한 자부심과 자기도취에 빠진 이런 여자는, 우선 알랑방귀나 뀌고 농이나 거는 친구의 우상일 것으로, 거리낌이라는 것이 무엇인지도 몰랐을 것입니다. 나는 솔로몬의 말을 기억합니다. "부정한 여인이 행색도 그와 같이 먹고도 안 먹은 듯 입을 씻고 '난 잘못한 일 없다'고 시치미를 뗀다."

이런 시각에 따라왔습니다. 사람도 우연도 아니라, 바로 유행, 한 편의 세태가 내 눈앞을 지나갔던 셈입니다. 그러니 나는 항상 결혼에 치를 떨고 있습니다."

❧

또 다른 총각이 이렇게 말했습니다.

"저는 결혼을 쓸데없게 만드는 장애는 화려한 드레스가 아니라 종교라고 생각합니다."

모두 웃었습니다. 하지만 그 총각은 고무되어 이렇게 말했습니다.

"그래, 종교라니까요. 여자들은 우리와 다른 교리 속에서 성장합니다. 딸들의 결혼을 간절히 바라는 어머니들은 이혼하기에 딱 알맞은 교육을 시키지요.

프랑스의 교리는 무엇입니까? 프랑스 사람이 모른다면 이웃 유럽 사람들이 너무나 잘 압니다. 이들의 미움이 가장 멋진 답입니다. 제가 보기에는 프랑스 사람은 적敵이지요. 정의하자면 하루 종일 걸릴 매우 이상한 과거 회귀형 인간이지요.

이렇게 프랑스 사람이 미움을 사는 것은 분명한 변화에도 꿈쩍도 않는다는 것 때문이지요. 힘이 빠진 회전 등대 같아요. 그녀는 불을 보여주었다 감추었다 하지요. 하지만 가정은 변함없이 그대로입니다—어떤 가정입니까? 볼테르식 사고방식에 젖은 가정이지요(그것도 볼테르보다 아주 더 오래전의).—두 번째로 대혁명이 위대한 법이던 시절이지요.—셋째로 과학계에 군림하는 교황의 규범들, 과학 아카데미의 규범이지요."

그는 계속 이런 주장을 폈습니다.

"우리는 갑론을박했지만 그가 옳았어요. 맞아요. 새로운 문제가 어떤 것이든, 대혁명은 그것을 뒤로 미룬 사람들의 신앙이지요. 모든 프랑스 사람의 신앙입니다. 외국인이 우리를 어느 편 가리지 않고 도매금으로 비난하는 이유이기도 합니다.

그런데 프랑스 처녀들은 모든 프랑스 사람이 사랑하고 믿는 것을 혐오하고 무시하면서 성장합니다. 그러니 그녀들은 두 배로 당혹스럽겠지요. 그녀들은 대혁명 정신을 걷어치우고 죽입니다. 우선 16세기에 의식의 자유 문제 앞에서, 그리고 나중에는 19세기 말에 정치적 자유를 그렇게 걷어찼습니다. 이 여자들은 과거가 무엇인지도 모르면서 거기에 충실하지요. 물론 파스칼과 대화하는 사람들의 말을 기꺼이 경청하긴 합니다. '확실한 것은 아무것도 없다. 그러나 부조리를 믿자' 라고 말이지요.

프랑스에서 여자들은 부유합니다. 정신적으로도 풍부하고, 교육받을 모든 수단을 갖고 있습니다. 하지만 여자들은 아무것도 배우려들지 않고, 믿음을 키우려 하지도 않습니다. 여자들이 진지한 믿음을 가진 남자를 만나면, 확실히 입증된 사실을 믿고 좋아하는 신념에 찬 사내를 만나면, 웃으면서 이런 말을 하지요.

'이 분은 아무것도 못 믿으시네요!'"

이런 말끝에 잠시 침묵이 흘렀습니다. 이런 일시적 중단은 약간 투박하기도 했지만 아무튼 그 자리에 있던 사람들 모두의 원망 같은 기분을 지워주었습니다. 나는 이렇게 말했습니다. 지금까지 했던 말에 동의하면서도 결혼하던 또 다른 시대가 있지 않았습니까, 라고. 여자들은 화장과 사치를 좋아했고, 늘 복고적이었다고. 하지만 그런 시대에도 남자들은 분명 위험을 더욱 무릅쓰고서 결혼을 감행했다고. 남자들은 자신들의 힘과 영향력, 특히 사랑, 주인, 최고의 정복자로서 다행스런 변신에 유리하길 바라면서 이런 위험에 대처했다고. 용감한 쿠르티우스[로마 전설의 영웅. 불구덩이 속으로 뛰어든 용맹한 장수의 상징]처럼 그들은 과감하게 이 불확실한 불구덩이 속으로 뛰어들었다고. 또 그래서 우리로서는 얼마나 다행이었느냐고. 알다시피 우리 조상의 이런 줄기찬 대담성이 없었다면, 우리는 태어나지 못했을 테니까….

"이제, 자네들이 더 나이 든 이 사람이 솔직하게 말해보도록 해주겠나? 그래. 나는 만약 자네들이 정말로 혼자라면, 위안도 없이 쓰라린 생활을 견디고 있다면, 당장 거기에서 빠져나오라고 말하고 싶네. 그러면 자네들이 사랑은 강하고, 또 사랑이 원하는 것은 무엇이든 할 수 있다고 하지 않겠나. 이 터무니없으면서도 매혹적인 미녀들을 이성으로 개종하는 영광이야말로 가장 위대하다네. 단호히, 끈기 있는 강한 의지로써 환경을 택하고, 능숙하게 주변을 헤아리면서 모든 것을 할 수 있지. 하지만 사랑하고 또 깊이 사랑해야 함은 항상 마찬가지일 것이네. 냉담해서는 안 되네. 교양 있고 욕심 있는 여자는 남자를 놓칠 줄 모른다네. 이 시대의 남자가 정신적인 면이 부족해서 불만이라면, 타고난 욕망이라는 확고한 힘이 없기 때문이지."

첫 번째 핑계로 늘어놓은, 여자들의 지나친 오만과 화장에 대한 광증 등만 하더라도, 이는 주로 상류층과 부유한 숙녀들의 일이거나 아니면 사교계에 휩쓸린 여자들의 일일 뿐입니다. 이삼십 만 정도 될까요. 그런데 프랑스에 여자가 몇이나 되는지 아십니까? 천팔백십팔만 명이나 되는 미혼녀가 있습니다.

이 여자들을 몽땅 상류사회의 잘못과 어리석음으로 매도한다면 분명 부당할 테지요. 그런 꼴을 멀찌감치 떨어져 모방할 경우에도 항상 자유롭진 못합니다. 숙녀들의 그런 모범과 경멸, 조소가 큰 불행을 초래하기도 합니다. 자신들의 터무니없는 사치를 그런 것에 관심도 능력도 없는 가난한 여자들에게 부과하지만, 일을 하자면 도리 없이 그런 화려한 것에 진지한 관심을 갖게 되고, 화려한 척하고 또 그렇게 하려고 안타까운 일거리에 빠져들고 맙니다.

이런 가혹한 운명에 처한 여자들, 서로 비슷한 비밀이 많은 여자들은 싸우기보다는 서로 조금 사랑하고 기대게 됩니다. 이런 여자들은 간접적이지만 서로에게 수천 가지로 해롭습니다. 빈곤층 여자의 화장을 사치스럽게 바꾸어놓는 부유층 여자는 큰 잘못을 저지르는 셈입니다. 즉 결혼을 방해합니다. 어떤 근로자도 옷차림에 돈을 엄청나게 들이는 인형 같은 여자와 결혼할 고민을 하진 않을 테니까요—이런 여자는 짐작건대 가게 계산대의 점원 같은 일을 하게 될 것입니다. 그러나 바로 거기서조차 부자 숙녀는 여전히 해를 끼칩니다. 그녀는 말쑥한 검은 정장 차림으로 아첨하는, 여자들보다 더 여자 같은 남자 점원으로부터 시중받기를 더욱 좋아합니다. 가게 주인들은 이렇게 큰 비용을 들여 비용이 덜 드는 아가씨 대신 총각 사원을 고용합니다.

그러면 이렇게 해고된 아가씨는 어떻게 될까요? 예쁘고 스무 살 정도라면 떠받듦을 받으며 이놈 저놈의 손을 전전하겠지요. 서른도 되기 전에 팍 삭은 모습으로, 그녀는 '재봉사' 일을 하거나, 하루 서푼이나 받는 공장에서 일하게 되거나, 매일 저녁 수치스럽게 빵을 구하면서 살 도리밖에 없게 됩니다. 이렇게 끔찍한 벌이로 헐값이 된 여자는 점점 더 경제력 있는 (독신) 총각을 찾아다니게 되면서 결혼은 무용해집니다. 이런 여자의 딸 또한 장차 결혼하기가 어려워집니다.

결혼하기 무섭게 그다음 날부터 지나치게 비약하는 프랑스 처녀들의 강하고
눈부신 성격을 총각들은 두려워합니다. "프랑스 여자는 한 사람 한다
[개성이 강하다]"라는 말은 농담이 아닙니다. 이런 성격은 크나큰 행복의
기회이지만 한편 불행의 씨앗이 되기도 합니다. 하지만 이는 주로 상류층이나
사교계에 휩쓸린 여자들의 일일 뿐입니다.

프랑스에서 여자의 운명을 뭐라고 단정하겠습니까? 누구도 그렇게 단순하게 정의해본 적은 없었습니다. 내가 착각하지 않았다면 이러한 모습이 여러분 가슴을 치게 할 텐데, 어쨌든 여러분이 똑같은 저주로 매우 다른 두 계급을 혼동하고 같은 저주를 퍼붓지 않아야 함을 깨달아야 합니다.

2. 일하는 여자

최신 기계로 어마어마하게 부를 쌓은 영국 제조업자들이 피트 씨에게 이렇게 불평했습니다.

"이런 일을 더는 못해먹겠소이다. 벌이가 신통치 않으니!"

그러자 그는 기억해두었던 끔찍한 말을 꺼냅니다.

"애들을 잡으셔야지."

기진맥진하게 하는 노동의 처참한 보수와 공장의 난잡함 때문에 여자를 고용하고, 도시 처녀들의 불행과 농민의 무분별한 망동에 길을 튼 사람들은 얼마나 더 많은 죄를 지어야 한단 말입니까! 여자는 그렇다 치고 아이까지 들먹입니다. 여자를 망치고, 가족과 다가올 세대의 희망을 망치고 있습니다.

정말이지 우리 서유럽은 얼마나 야만스럽습니까! 여자는 더는 사랑으로 이해받지 못하고, 남자의 행복도 여전히 모성이나 민족의 힘만큼이나 이해받지 못합니다.

하지만 '근로 여성' 같기야 하겠습니까!

일하는 여성! 불경하고 치사한 말입니다. 어떤 언어 어떤 시대도, 이른바 우리 진보라는 것 전체를 혼자서 저울질할 이 철鐵의 시대 이전까지 전혀 이해하지 못했을 말입니다.

여기서 혹자에 눈이 먼 박사들인 경제 전문가들이 떼거지로 밀리며 줄을 서고 있습니다.

"그런데 선생. 고도의 경제적·사회적 욕구가 있지 않습니까! 산업은 [노조활동으로] 방해받으면 가난한 계층을 들먹이며 일을 멈춥니다. 바로 가난한 계층 덕분에!"

고도의 욕구라고 했습니까? 필요합니다, 물론! 그런데 두드러지게 사라지고 있습니다. 인구는 더는 증가하지 않을뿐더러 질도 떨어지고 있습니다. 여자 농민은 과로로 사망하고, 여자 노동자는 굶어 죽고 있습니다. 어떻게 아이들을 기다리겠습니까? 결국 낙태만 더욱 늘어납니다.

"그렇다고 민족이 없어지진 않아요!"

그렇습니까? 지금 지도상에는 여전히 분포돼 있는 여러 민족이 더는 존재하지 않습니다. '하이 스코틀랜드'는 사라졌습니다. 아일랜드는 이제 한 민족이 아닙니다. 부자로서 흡인력이 강한 잉글랜드, 지구를 빨아먹는 이 기적적인 유반류(빨아먹는 짐승)는 엄청난 식량 보급을 재분배하지도 못하고 있습니다.

그 민족은 변하고 약해지면서, 알코올에 호소하고 있고 또 여전히 쇠퇴하고 있습니다. 1815년에 그 민족을 보았던 사람들이 1830년에는 더는 알아보지 못합니다. 그 뒤로도 얼마나 많이 사라졌습니까!

국가가 여기에 어떻게 대처할 수 있을까요? 영국이란 나라는 그 대처가 가장 미미합니다. 산업의 생명이 모든 것을 삼켰고, 땅조차 이제 제조업의 산물일 뿐입니다. 아직 상대적으로 노동자 수가 꽤 적은 프랑스에서도 부쩍 그렇게 되어가고 있습니다.

얼마나 많은 것이 '할 수 없어지고', 그러면서도 또 되기도 합니까! 복권을 "없앨 수 없다"고들 했지만 루이 필립〔1830~1848년 프랑스 왕〕은 없앴습니다. 파리를 재건설하기 위해 도시를 파괴하기란 "불가능했다"고 맹세했을지 모릅니다. 하지만 오늘날 법조문 몇 줄로 쉽게 그렇게 하고 있지 않습니까(공용을 내세워 토지를 강제수용함으로써).

이 나라 도시에는 두 부류의 사람이 보입니다.

고급 정장을 걸친 남자가 있고, 또 다른 사람은 초라한 날염 복장입니다. 그런데 겨울에도 똑같은 차림이니!

이 헐벗은 노동자는 임금도 형편없는 미장이, 즉 노동자의 조수입니다. 그래도 그는 아침에 고기를 먹긴 합니다(빵에 소시지라든가 그 비슷한 것을 곁들여). 저녁에도 싸구려 식당에 가서 고기 한 덩어리와 거친 포도주를 마십니다.

같은 수준의 여자는 아침에 우유 한 잔을 마시고, 점심때는 빵, 저녁때도 빵, 그리고 겨우 프로마주[프랑스 치즈] 한 조각을 먹습니다. 부인할 사람 있습니까. 확실한 사실이니…. 조금 뒤에 입증하겠습니다. 그녀의 하루 일당은 10수인데, 앞으로 밝히게 될 이유로 "11수를 받을 순 없다"고 합니다[수는 옛 프랑스 화폐의 작은 단위].

어떻게 해서 이렇게 되었습니까? 남자는 결혼을 원치 않고, 여자를 보호하려 하지 않습니다. 그는 게걸스럽게 혼자 삽니다.

그가 금욕적인 생활을 할까요? 전혀 그렇지 않습니다. 주말 저녁에 얼큰히 취해서, 그는 찾지 않아도 굶주린 그림자를 발견하고, 이 주검과 같은 여자를 침범할 것입니다.

우리 남자라는 존재가 부끄럽습니다.

사내는 "나는 너무 조금밖에 못 벌어"라고 불평합니다. 온갖 직종에서 여자보다 네댓 배는 더 법니다. 남자는 40 내지 50수를 받지만, 여자는 10수를 받습니다.

남성 근로자의 가난은 여성 근로자의 부와 풍요와 사치를 위한 것이어야 할 텐데 말입니다.

남자의 불평은 훨씬 많습니다. 또 실제로 그의 수입이 줄어들면 더 많은 것이 부족해집니다. 이들에 대한 이야기는 영국과 아일랜드 사람을 두고 하는 말이나 같을 것입니다.

"아일랜드 사람은 감자를 못 먹어 배고프다. 잉글랜드 사람은 고기와 설탕과 차와 맥주와 위스키 등에 굶주렸다."

궁핍한 노동자의 예산에서 그가 어떤 대가를 치르고서라도 해결하려는 두 가지가 있는데, 여자는 꿈도 꾸지 못하는 것이지요. 즉 담배와 유곽입니다. 대부분이 가정 살림보다 이 두 가지에 더욱 집착합니다.

요즘 남자가 받는 임금에 타격이 심하게 가해졌습니다. 원칙적으로는 화폐 가치가 바뀌고 금속이 위기를 맞았기 때문입니다. 차츰 오르고는 있지만 더디기만 합니다. 다시 균형을 회복하자면 시간이 걸립니다. 그러나 이것을 감안하더라도, 어려움은 여전합니다. 여자는 타격이 더욱 큽니다. 남자는 고기와 술이 줄었지만, 여자는 빵이 줄었습니다. 여자는 더 이상 물러서지도 못하고 넘어질 수도 없습니다. 한 발만 더 그렇게 움직인다면 죽음입니다.

경제 전문가의 말을 들어봅시다.

"이것은 그들의 잘못이지요. 왜 농촌을 떠나 도시로 굶어 죽으러 옵니까? 근로 여성이 아니더라도, 시골 아주머니이던 그 어머니까지 와서 식모살이를 하잖아요. 결혼도 하지 않은 채로 아이까지 갖고. 그 애도 노동자가 될 판인데."

아이고, 여보쇼, 전문가 나리. 대체 프랑스 농촌이 어떤지나 압니까? 그 일이 얼마나 끔찍하고 과도하고 험한지 아시나 말이요?

영국에서 밭일하는 여자는 전혀 다릅니다. 비참하기는 해도 모자를 쓰고 비바람을 막습니다. 독일에서는 그 숲과 평야에서 아주 천천히 일하고, 또 민족적인 온순성 때문에 여자는 프랑스에서처럼 찌들지 않습니다. "힘든 농사"는 이곳 프랑스에서만 그 극치의 모습을 볼 수 있습니다. 왜? 그가 가진 것은 거의, 아니 전혀 없고 빚만 잔뜩 진 소유주이기 때문입니다. 말할 수 없이 힘겨운, 농사라는 지독히 극심한 노동으로 그는 고리대금업자와 싸웁니다. 이 땅은 그에게서 멀어집니다. 어쩌면 그런 일이 벌어지기도 전에 그는 죽을 것이고, 그럴 수밖에 없을 것입니다. 하지만 우선 여자가 더 찌들었습니다. 남자는 일손을 하나 더 얻으려고 결혼합니다. 앙티유[카리브 해 프랑스 해외 영토]에서라면 흑인을 삽니다. 프랑스에서는 여자와 결혼합니다.

결혼 상대로 식욕이 적고, 체격도 볼품없는 여자를 택합니다. 적게 먹으리라는 생각에서(역사적인 사실입니다).

프랑스의 가난한 여자는 마음이 넓고 기대 이상으로 일을 해냅니다. 여자는 밭에 나가 당나귀의 고삐를 잡고, 남자는 쟁기를 잡습니다. 대체로 여자는 매우 강인합니다. 남자는 편안하게 포도가지를 칩니다. 하지만 여자는 고개를 숙이고 기면서

호미질을 합니다. 그는 쉬기라도 하지만 여자는 그러지도 못합니다. 남자는 친구와 놀러다닙니다. 그는 혼자서 카바레도 갑니다. 하지만 여자는 잠시 성당에 가더라도 졸음에 못 이겨 곯아떨어집니다. 저녁에 그는 취해 돌아와서도 싸움이나 걸지요! 여자에게 더 고약한 것은 임신입니다! 이렇게 한 해 동안 이중의 고통에 시달리며, 살을 에는 쌀쌀하고 얼음 같은 비바람을 맞고나 있습니다!

이런 여자들 대부분은 결핵으로 사망합니다. 특히 북쪽 지방에서 그렇습니다(통계 참조). 어떤 체질도 이런 생활을 견뎌내지 못합니다. 딸이 덜 고생하도록 하는 염원에서 공장으로 보내거나 부르주아 생활의 온화함 속에 살도록 도시의 하녀로 보내는 그 어머니를 이해하고 용서해야 합니다. 아이는 그곳에서 지나치게 버거운 일을 감당하게 됩니다. 모든 여자의 머릿속에는 우아하고 세련되며 귀족인 것에 대한 작은 소망이 있습니다.

무엇보다도 여자는 대도시에서 보답을 받지 못합니다. 여자는 햇볕도 보지 못합니다. 부르주아 가정에서는 힘들 때가 더 많은데, 특히 여자가 예쁠 때 그렇습니다. 하녀로 들어간 소녀는 버릇없는 아이들의 제물이 됩니다. 위악스런 원숭이이자 잔인한 작은 고양이인 이 아이들이 그녀를 장난감으로 삼습니다. 그렇지 않더라도 구박받으며 곤욕을 치르고, 잘못된 길로 빠집니다. 그러다가 죽고 싶은 마음이 생깁니다. 나라를 원망하게 되지만, 아버지가 자기를 다시 받아주진 않으리라는 사실을 잘 압니다. 그녀는 창백하게 시들어갑니다.

주인아저씨만이 그녀에게 잘해줍니다. 대범한 이라면 그녀를 위로해주기도 합니다. 소녀는 따뜻한 말 한마디 듣지 못하는 이런 딱한 형편에서, 우선 자신에게 조금이나마 친근한 정을 보여주는 이 사람과 가까워집니다. 부인이 시골로 나들이 나갔을 때, 기회는 금세 찾아옵니다. 저항은 대단치 않습니다. 그는 주인이고 힘이 있습니다. 그렇게 임신을 합니다. 청천벽력입니다. 부끄러운 남편은 기가 죽습니다. 그녀는 빵도 없이 길바닥으로 쫓겨나고, 병원에서 해산할 수 있기만을 바랍니다 (이런 이야기는 거의 판에 박은 듯 되풀이됩니다. 의사들이 수집한 고백을 보면 알 수 있습니다).

아이고, 하느님. 그러니 이 소녀의 삶은 장차 어찌 되겠습니까! 얼마나 많이 싸워야 합니까! 얼마나 고생해야 합니까! 자기 아이를 키우자면 얼마나 어마어마한 선의와 용기가 있어야겠습니까!

짐을 짊어지긴 마찬가지이지만 비교적 사정이 나은 여자의 경우를 봅시다.

근검절약하고 건전하며 모든 점에서 모범적이고, 고통에도 불구하고 여전히 싱그러운 신교도의 젊은 과부가 역 부근보다 훨씬 더 불건전한 동네에서 오텔 디외(구호병원) 뒷동네에 살고 있었습니다. 그녀에게는 병약한 어린애가 있습니다. 학교에 갔다 오면 늘 침대로 직행하고, 발육도 부진합니다. 그녀의 집세는 1백20프랑. 다른 데보다 덜 비싸지만 곧 1백60프랑으로 오릅니다. 그녀는 훌륭한 두 부인에게 이렇게 말했습니다.

"낮에 일을 나갈 수 있을 때 하루 20수나 25수를 받을 때도 있습니다. 그렇지만 그런 일은 한 주에 두세 번뿐이거든요. 여러분이 월 5프랑을 제게 주어 집세를 내도록 도와주시지 않는다면, 아이를 먹이려면 '다른 여자들처럼' 할밖에 도리가 없으니 밤거리에 나갈 수밖에요."

이 가엾은 여자는 아이고! 떨면서 백 리 길을, 거친 남자를 찾아 자신을 팔러 갑니다. 우리의 일하는 여자들은 재치도 손재주도 좋은 데다, 대부분 신체적으로도 날씬하고 매력적입니다. 그런데 상류층의 부인들과 어떤 차이가 있을까요? 발이 다릅니까 키가 다릅니까? 아닙니다. 손만 다릅니다. 가난한 노동자는 간단한 난방기구만 갖춘 지붕 밑에서 겨울을 보내는데, 자주 손을 씻다보니(빨래 등 일이 많아) 유일한 생활 수단인 그 손은 고통스럽게 부어오르고, 동상으로 곪아 터졌습니다. 이 여자가 조금만 제대로 입는다면, 변두리의 호화 주택가에

사는 백작 부인이나 다름없어 보일 것입니다. 그녀는 이 세상의 황색 금강석을 갖지 못했습니다. 그렇지만 그녀는 더욱 환상적이고 생명력에 넘치겠지요. 어떻게 행복의 광채가 그녀를 비껴가고, 모든 것을 이토록 일그러뜨린단 말입니까.

❧

귀족, 특권층 여자가 얼마나 되는지 알 순 없습니다. 어쨌든 그녀들에게서 민중은 존재하지 않습니다.

한번은 내가 좁은 길을 지나가고 있을 때였습니다. 지쳐 보였지만 어쨌든 고운 얼굴에 세련되고, 예쁘고, 미모가 두드러진 그런 여자가 내 마차를 쫓아오면서 공연히 말을 걸어왔습니다. 내가 영국 말을 알아듣지 못하는 줄도 모르고, 그 호소하는 듯한 파란 눈은 작은 밀짚모자 속에서 괴롭게 움푹 파였습니다. 나는 곁에 있던, 불어를 할 줄 아는 사람에게 물었습니다.

— 이 공작 부인같이 매력적인 분이 내게 뭐라 하는지 설명해 주시겠습니까. 왜 그런지 몰라도 우리 마차를 쫓아오려고만 하지 않습니까?

— 아이고 선생, 일 없는 노동자 아니겠습니까. 구걸하는 것이지요, 법도 없이.

❧

유럽에서 최근 몇십 년간 여자의 운명을 대대적으로 바꾼 사건들이 잇따랐습니다. 여자는 우선 두 가지 일에 종사합니다. 실을 잣는 방직과 바느질하는 재봉입니다.

다른 일들(자수나 화훼 등)도 없는 것은 아닙니다. 여자는 우선 '방직공'이거나 '재봉사'였습니다. 항상 그 일을 하는 것이 역사적으로 보편적이었습니다. 그런데 더 이상 일감이 없습니다. 이제 막 바뀌었기 때문입니다.

아마亞麻 짜는 기계가 방직공을 몰아냈습니다. 이것은 단순한 기계의 승리가 아니라 관습적인 세계 전체가 사라지는 문제였습니다. 농촌 여자는 아이와 가사를 돌보면서도 실을 잣습니다. 밤을 새며 실을 자았습니다. 걸으면서도, 소와 양을 몰면서도 실을 자았습니다.

재봉사는 도시에서 일했습니다. 그 여자들은 가사 때문에 잠깐씩 일손을 놓을 때를 제외하고는 가내에서 온종일 그 일을 합니다. 그런데 이 중요한 일감이 없어진 것입니다. 우선 수도원과 교도소는 가내 수공업 하는 여자의 무서운 경쟁자였습니다. 게다가 봉재 기계가 그녀를 완전히 소용없게 만들었습니다.

값이 싸고 작업의 완성도가 높은 이 두 가지 기계의 진보는 거침없이 도처에서 자신들의 산물을 내놓게 되었습니다. 기계에 대적할 방법은 전혀 없습니다. 이 거대한 발명품은 결국 전체적으로는 인류에게 유익한 것이었습니다. 하지만 그 이행기의 효과는 잔인했습니다.

유럽에서 얼마나 많은 여자가(다른 곳에서도) 이 무서운 요정들에게 당했을까요? 청동의 방적공과 철의 재봉사라는 요정들로부터. 수백만입니다. 얼마나 더 될는지 헤아리기 어렵습니다.

영국에서 바느질하는 여자들은 갑자기 굶주리게 되었습니다. 그러자 수많은 이민 회사가 이들을 호주로 이주하도록 부추겼습니다. 선금은 7백20프랑이지만, 이주민은 첫해부터 그 절반밖에 만지지 못했습니다. 남자들만 우글대던 이 나라에서 여자는 손쉽게 결혼했고, 원주민 제국보다 더욱 강한 이 막강한 식민지에서 새 가정을 튼튼하게 보강했습니다.

우리 프랑스는 어떻게 되었을까요? 별다른 소란이 없었습니다. 석공, 목수 등 튼튼하게 단결된 노동자처럼 위협적인 파업을 하고 조건을 수락하게 하는 그런 여자들은 없었습니다. 그녀들은 굶주림으로 죽어갔습니다. 그게 다입니다. 1854년의 높은 사망률은 특히 이 여자들 때문이었습니다.

아무튼 이때부터 그녀들의 운명은 극히 나빠졌습니다. 여자들의 장화는 기계로 제작되었습니다. 화훼는 값이 떨어져갔습니다.

이런 슬픈 문제를 밝히고자 여러 사람에게 자문을 구했습니다. 특히 훌륭한 연구로 평판이 높은 내 진실한 친구이자 동료인 빌레름 박사와 게리 박사에게. 또 엄격한 방법으로 늘 감탄을 자아내는 젊은 통계학자 베르티용 박사도 있었습니다. 베르티용 박사는 이 문제로 진지한 작업을 하는 큰 수고를 했습니다. 그는 관청의 노동계 자료를 취합했습니다. 나는 그가 이 연구를 보완해서 출간하길 바라고 있습니다.

아무튼 한 줄만 소개하겠습니다.

"여성이 종사하는 대규모 직종에서(소수로 일하지만), 바느질로 버는 것은 10수일 뿐입니다."

왜? "여전히 고가인 봉재 기계가 10수의 값으로 일을 하기 때문이지요. 만약 여자가 11수를 받으려 한다면, 기계에 일을 주어버립니다."

그러면 도대체 어떻게 살아간단 말입니까?

"저녁에 길로 나가지요."

그 결과 파리에서 공창(공식 등록한 매춘부)의 수가 증가하지 않고, 되레 줄었습니다.

남자는 여자의 중요한 일감 두 가지를 없앤 기계를 발명하는 데 그치지 않습니다. 남자는 여자들의 생활 기반이던 2차 산업들을 직접 공략합니다. 약자의 직종까지 내려갑니다. 여자가 의지력만으로 힘이 드는 직종으로 올라가 버텨낼 수 있겠습니까? 남자들의 일감인데… 전혀 그렇지 못합니다.

소파에 파묻힌 한가하고 나른한 부인들은 하고 싶은 대로 지껄일 수 있습니다. "여자는 환자가 아니랍니다." 자기 몸을 애지중지하던 여자가 이삼 일 일하는 것은 아무것도 아닙니다. 하지만 쉬지 못하는 여자에게는 치명적입니다. 이런 여자는 완전히 병들게 됩니다.

사실 여자는 서서든 앉아서든 오래 일할 수 없습니다. 여자가 항상 앉아서 일한다면, 피는 거꾸로 솟아오르고 가슴을 자극하며, 위는 거북하고 머리는 (두통으로) 충혈됩니다. 그런데 세탁소 다리미질이나 인쇄 조판공처럼 서서 오래 일하다보면, 또 다른 순환기관에 사고가 일어납니다. 여자는 오래 일할 수 있긴 하나, 자세를 바꿔가면서 집안일을 하듯 오가며 해야 합니다.

가사일을 해야 하고, 결혼을 해야 합니다.

3. 교양 있는 여자

흔히 말하듯이 "잘 컸다"는 처녀는 가르칠 수 있고, 가정의 안주인이 되거나 예술 교수가 될 수 있습니다. 그러면 이 처녀가 곤경에서 잘 빠져나올 수 있을까요? 나는 그렇다고 하겠습니다. 온건한 이런 상황에서, 험난하기 짝이 없는 일에 덜 말려들게 되고, 풍파와 때론 비극적이기도 한 실패한 운명을 피할 수 있게 됩니다. 모든 난관과 막다른 골목, 구렁텅이는 혼자 사는 여자의 몫입니다.

15년 전 일입니다. 부모가 파리로 올려 보낸 사랑스러운 처녀가 나를 찾아왔습니다. 그녀로 하여금 가족의 친지를 찾도록 한 것입니다. 그녀에게 레슨 일감이라도 구해줄 수 있을까 기대했겠지요. 나는 부모의 신중치 못한 처신이 놀랍다고 설명했습니다. 그러자 처녀는 내게 그간의 사정을 모두 털어놓았습니다. 또 다른 청년을 따돌리려고 이 험난한 위험 속으로 그녀를 보냈던 것입니다. 처녀는 자기 고향에 자질이 훌륭한 애인이 있었고 결혼하고 싶어했습니다. 정직하고 재능 있는 총각이었지요. 그러나 어쩝니까! 총각은 가난했습니다. 그녀는 이렇게 말했습니다.

"부모님도 그를 괜찮게 평가하고 좋아하지만, 우리가 굶어 죽을까 걱정하셨어요."

나는 주저하지 않고 이렇게 말했습니다.

"파리 길바닥에서 개인 교습을 하느니 굶어 죽는 편이 나아요. 아가씨, 돌아가도록 해요. 내일이 아니라 지금 당장 부모님 곁으로. 여기 있는 시간은 백이면 백 다 까먹는 시간일 뿐이니. 혼자서 경험도 없이 어찌 될 줄 알고?"

처녀는 내 조언을 따랐습니다. 부모는 만족해했을 듯합니다. 그녀는 결혼했습니다. 그녀의 생활은 매우 어려웠고 힘든 시련이 많았지만, 모범적이고 칭찬할 만했습니다. 아이들을 키우고 남편의 일을 현명하게 도우며 수고를 하는 그녀를 나는 그 겨울에 도서관에서 남편을 위해 자료를 찾고 있을 때 다시 보았습니다. 모든 어려움과 빈곤을 구할 수는 없었던 고통에도, 나는 그녀에게 해준 조언을 후회하지는 않았습니다. 그녀는 충만한 마음으로 살았고, 재산 때문에만 고생했을 뿐입니다. 그와 같은 최상의 살림은 없었습니다. 순수한 그녀는 사랑받고 존경받으며 사망했습니다.

❧

여자에게 가장 고약한 운명은 혼자 사는 것입니다.

혼자! 이 말 자체가 입에 올리기에 서글프지 않습니까. 어떻게 이 세상에서 "혼자인 여자"가 있게 되었습니까!

이게 도대체 뭡니까! 남자가 없단 말입니까? 이 세상에 종말이 닥쳤단 말입니까? 종말, 미래의 공포에 위축되고, 고독한 즐거움을 수치스러워하는 가운데 그토록 이기적인 인간이 된 우리에게 최후의 심판 날이 다가온 것일까요?

우리는 "혼자 사는 여자"를 단김에 알아봅니다. 이웃과 어울릴 때의(눈에 띄는) 그 여자를 봅시다. 어디서나 주목받고, 제멋대로이며 자유롭고 발랄합니다. 프랑스 여자의 고유한 모습입니다. 그런데 그녀 자신이 눈에 띄지 않는다고 믿는 동네에서 보면, 그녀는 무심하게 되는 대로, 얼마나 슬프고 얼마나 의기소침한 모습이 두드러집니까! 지난겨울에 나는 여전히 젊지만 퇴폐적인 모습을 한, 보네 모자[챙이 넓은]를 눌러썼으며 약간 야위고 헬쑥한 모습의 독신녀들을 보았습니다(권태 때문

52

일까, 근심 때문일까. 제대로 못 먹어서일까요). 이런 여자들이 다시 아름답고 매력적인 모습을 되찾자면, 그렇게 대단한 일이 필요한 것도 아닙니다. 세 달간의 행복(신혼의 행복)이라는 희망만 있으면 됩니다.

독신녀에게 거북한 일이 얼마나 많습니까! 저녁 때는 외출하기 어렵습니다. 거리의 여자 취급을 받을지 모르기 때문입니다. 남자들뿐인 장소는 수천 곳이 넘지만, 어떤 여자가 볼일이 있어 그곳으로 들어선다면, 그들은 무슨 큰일이라도 난 듯 놀라서 바보처럼 웃음을 터트립니다. 예컨대 여자는 파리의 한끝에서 늦게 도착해 배가 고파도 식당에 감히 들어서지 못합니다. 그녀가 사건이 되고 구경거리가 될 것이기 때문입니다. 주변의 모든 시선이 그녀에게 줄곧 집중될 터이고, 외설스럽고 불쾌한 험담을 듣게 될지 모르기 때문입니다. 꽤 먼 길을 돌아가 늦게 도착한 집에서 불을 지피고 간소한 식사를 준비해야 합니다. 여자는 소란을 피우게 되길 바라지 않습니다. 호기심 많은 이웃(경솔한 학생일지 젊은 직장인일지 누가 알겠습니까?)이 열쇠 구멍을 들여다보거나, 조심성도 없이 쳐들어와 무언가 해주려고 할지도 모르니까. 기껏해야 커다랗고 더러운 병영 같은 숙소에 불과한 답답한 공동 주거지를 우리는 주택이라 부르고, 이곳은 수천 가지 걱정거리를 만들어내며 발길을 할 때마다 주저하게 만듭니다. 남자에게는 완전히 자유로운 모든 것이 여자에게는 당혹스럽습니다. 예컨대 그녀는 얼마나 갇혀 있을까요. 가령 일요일에 청년들과 법석을 떠는 이웃이 자기 집들로 몰려들어서, 종종 그렇듯이 우리가 "사내아이들의 식사"라고 하는 것을 할 때 말입니다!

이 집을 자세히 들여다봅시다.

그녀는 5층에 삽니다. 4층에 세든 사람이 자기 집 위층에 아무도 살지 않는다고 믿었을 만큼 찍 소리도 내지 않습니다. 그 아래층 남자 또한 그녀에 비해 덜 불행한 것도 아닙니다. 건강이 좋지 않고, 그럭저럭 살 만은 해서 아무 일도 하지 않습니다. 늙은 나이도 아닌데 그는 이미 자신을 지키려는 데 전전긍긍하는 신중한 사내의 습관이 몸에 배었습니다. 조금 이른 시간에 원하지도 않는 이웃 여자의 피아노 소리에 깨어나는 고독한 사람입니다. 한번은 그가 날씬하고 약간 창백한 사랑스런 이 여자를 층계참에서 마주쳤을 때 관심을 보였습니다. 더 이상 편할 것도 없었습니다. 문지기(수위)들은 벙어리가 아니고, 그녀의 삶은 훤히 드러나니까! 레슨을 하러 가는 때를 제외하고 그녀는 항상 혼자 집에 틀어박혀 공부합니다. 가정교사가 되거나, 가정이라는 보금자리를 갖고 싶어하면서 시험을 준비하고 있습니다. 마침내 사람들은 처녀를 호평하고 이 신사는 꿈을 꾸게 됩니다.

"아, 내가 가난하지 않다면, 당신처럼 아름다운 여자와 함께 산다면 너무 좋을 텐데. 당신은 모든 것을 이해할 것이고, 이제 저녁을 극장이나 카페에서 보내지 않아도 될 테고. 하지만 나처럼 얼마 안 되는 수입으로 사는 사람은 결혼하기 어렵지."

이렇게 셈하고 따져보지만 결국 그는 두 배의 금전이 필요함을 알게 되고, 유부남으로서의 지출과 또 카페와 극장을 계속 드나드는 독신남으로서의 지출을 합산해봅니다. 파리에서 유능한 신문 기자 친구가 있는데, 그는 둘이 살자면 하녀를 두지 않고 변두리 작은 단독주택에 살아도 3천 리브르의 수입이 필요하다고 했습니다.

이 한탄할 만한 생활, "명예로운 고독", 절망적인 권태, 이는 영국에서 클럽을 번창하게 하는, 방황하는 그림자들의 생활입니다. 프랑스에서도 시작되고 있습니다. 잘 먹고, 따뜻하고 훌륭한 집에서, 갖가지 신문과 풍부한 책으로 넘치는 서재에, 부족함 없이 잘 성장하고 예의 바른 주검들처럼 살면서, 이들은 깊어가는 우울 속에서 자살을 준비합니다. 말이 필요 없을 만큼 모든 것이 잘 갖춰졌습니다. 그러나 체면까지 구길 수는 없습니다. 한 해의 특별한 날에, 재단사가 와서 수치를 재기도 하겠지요. 하지만 여자는 아무도 없습니다. 게다가 아가씨가 있는 곳도 점점 덜 찾을 것입니다. 혹 일주일에 한 번쯤, 선불한 장갑 같은 것을 배달하러 오는 아가씨가 찾아오더라도 오 분 뒤에 소리 없이 가버리겠지요.

나는 가끔 마차에서, 수수한 차림이지만 언제나 모자를 눌러

쓴 처녀와 마주칩니다. 책에만 눈길을 주고 다른 데로 눈을 돌리지 않습니다. 일부러 주시하지 않아도 가까이 앉아 있어 잘 보입니다. 책은 시험 준비를 위한 문법이나 교재 같은 것입니다. 작고 두툼한 것들인데, 건조하고 마치 결석처럼 소화도 안 되게 전체를 요약한 참고서입니다. 아무튼 처녀는 그 모든 것을 뱃속에 집어넣을 테니 젊은 희생자가 되겠지요. 처녀가 가능한 한 그것을 소화하려 악착같이 애쓰는 모습을 보입니다. 그녀는 그것을 밤낮으로 활용하고, 심지어 파리의 양쪽 끝 동네를 오가는 레슨을 하고 강의를 듣는 사이에 버스에서 쉴 틈도 없습니다. 이런 가혹한 생각에만 사로잡혀 있습니다. 처녀는 눈을 한번 치켜뜨지도 못합니다. 시험의 공포가 무섭게 엄습합니다. 그녀가 얼마나 겁에 질려 있는지 알 수 없습니다. 몇 주 전에는 잠도 안 자고 숨도 못 쉰 채 울기만 했던 처녀를 본 적도 있습니다.

가엾지 않습니까. 현재의 풍습에서 나 역시 전반적으로 명예롭고, 상당히 자유롭고 인간다운 생활을 수월하게 해줄 이런 시험을 상당히 지지하는 편이니까요. 그렇다고 그것을 단순화하거나, 요구되는 연구의 장을 좁히자고 주문하는 것은 아닙니다. 그러면서도 바라건대 방법을 달리했으면 합니다. 예컨대 역사에서 목차를 나열하지 말고, "중요한 대사건을 상황에 따라 상세하게 몇 개로 줄이자"는 것입니다. 나는 이렇게 시험관들인 동료 학자와 친구들에게 개정안을 제시했습니다.

또 공개시험을 치러 소심성을 건드리지 않기를 더욱 바라 마지않습니다. 여자들만 따로 치르고, 남자라고는 이 처녀들의 부모만 참석시키는 식으로 말입니다. 호기심 많은 대중 앞에서 이런 시련을 겪게 하는 것은 너무 가혹합니다(몇몇 도시에서 그렇게 하듯이). 시험 일자도 각자가 선택하도록 해야 합니다. 많은 사람에게 시험은 끔찍하고, 또 조심하지 않는다면 그들을 죽음의 위험에 빠트리게 될 수 있습니다.

유젠 쉬[1804~1857. 소설가로서 『파리의 수수께끼』『방랑하는 유대인』 등 당대 최고의 베스트셀러를 남겼다. 예수회를 비판하고 사회주의 사상을 열렬히 전파하다가 루이 나폴레옹 보나파르트의 쿠데타 이후 스위스로 망명해 그곳에서 사망했다]는 솜씨는 떨어지지만, 탁월한 관찰력을 보여준 소설(『보모』)에서, 보모로서 갑자기 외국인 가정에 들어가게 된 한 처녀의 사랑을 대단히 사실적으로 그렸습니다. 고등교육을 받고, 평범한 가정 출신에 개성이 뚜렷한 그녀는 큰 관심을 끌었습니다. 아버지는 그녀에게 매혹되고, 아들은 사랑을 고백합니다. 하녀들은 그녀가 이런 관심의 대상이라는 데 질투에 불타 그녀를 중상한다는 등의 줄거리입니다. 얼마나 더 많은 것을 덧붙일 수 있을까요? 쉬의 작품에서 여주인공이 위험을 걱정하고 고민해야 하는 슬픈 일리아드는 얼마나 무기력합니까? 놀랍고 믿지 못할 사건들을 찾아볼 수 있을 것입니다. 이 작품에서는, 순결한 보모를 공포에 떨게 하면서 범죄로 치닫는 아버지가 자신의 욕망 때문에 그녀의 옷을 찢고, 커튼에 불을 지르기까지 하지 않습니까! 여기에 자기 아들의 결혼을 가능한 한 늦출 시간을 벌려는 부패한 어머니는, 그렇게 기다리는 동안 아들이 부모도 없는 이 가엾은 처녀에게 "아무 결실도 거둘 수 없게" 속이면서 좋아합니다. 그 어머니는 이 고지식한 처녀를 어르고, 또 아들이 나타나지 않으면 계산된 기회를 우연한 일인 듯 엮어냅니다. 반대로 그토록 난폭하고 시기심에 가득한 이 집의 안주인이 이 가엾은 처녀의 생활을 그토록 혹독하게 만들면서, 결국 그녀는 고생을 못 견딘 채 다른 곳이 아닌 바로 그 남편에게서 피난처를 찾게 됩니다.

　자부심이 강하고 순수하며, 운명에 단호히 맞설 용기 있는 처녀가 개인적인 의존에서 벗어나 모든 것을 모색하고, 오직 대중이라는 유일한 보호자를 취하고, 또 자신이 자기 판단(사고의 열매)에 따라 살 수 있다는 유혹을 받는 것은 충분히 생각할 만한 일이고 자연스럽기도 합니다.

　그 이야기에서 얼마나 많은 여자가 우리를 깨우쳐줍니까! 매우 강렬한 이 소설에서 단 한 명의 여자가 그 이야기를 들려주는데(화자話者), 한 가지 결함이라면 너무 짧아서 그 상황이 완전하지 못합니다. 『잘못된 자리』라는 이 소설이 나온 지 15년이 되었지만 금세 사라져버렸습니다. 이 소설은 정확한 여로를 그립니다. 배울 만큼 배웠지만 가난한 처녀가 가는 길을 좇은 책입니다. 그녀는 몇 발자국을 움직이려 해도 갖가지 입장료, 통행세와 장애 등에 대가를 치러야 합니다. 그녀의 저항에서 빚어지는 고통과 흥분은, 결국 모든 것이 장애로 그녀를 둘러싸고 있다고 할 정도로 치명적입니다.

프로방스 지방에서 꼬마들이 위험하다고 여겨지는 벌레 한 마리에 떼거지로 덤벼드는 모습을 본 적이 있으신가요? 꼬마들은 그 벌레에 짚단과 마른 잎들을 쌓아놓고 불을 붙입니다. 가엾은 생명은 불길을 보고 펄쩍 뛰어오르며, 잔인하게 불타다가 다시 떨어집니다. 그것을 여러 차례 반복합니다. 이 가엾은 생명은 불굴의 용기를 가지려 다짐하지만 항상 허사입니다. 결국 주위의 동그란 불꽃을 벗어나지 못하고 맙니다.

연극에서도 마찬가지입니다. 마음속에 왕성한 힘을 느끼는 활달한 미모의 여자는 이렇게 말합니다.

"문학으로 여론을 주무르는 중개자들을 감수해야 해. 무대에서 나는 내 심판자인 대중 앞에 당당히 나서는 인물이야. 나 자신 나를 변론하고. 사람들이 '재능 있는 여자일세!' 하는 말은 필요 없어—대신 내가 '어때요!' 라고 보란 듯 말하는 거야!"

이 무슨 착각입니까! 관중은 자신이 보는 것보다는 이른바 관중의 판단이라도 주변에서 들은 것에 따르기 마련입니다. 이 여배우에게 감동을 받지만 각자는 그 말을 하기를 주저합니다. 각자는 열에 들떠 빨려들어가는 우스꽝스러운 장면을 기다리며 초조해합니다. 공인된 검열과 직업적 조롱꾼이 박수 신호를 보내야 할 때까지 기다리겠지요. 그제야 관객은 환호하고, 감히 감탄하고, 자신의 개인적인 감정을 받아들였던 모든 것을 벗어납니다.

그러나 그녀가 전전긍긍하게 될 이 심판의 날을 맞이한다는 것만도 얼마나 답답한 선결 조건입니까! 자신의 운명을 절대적으로 좌지우지하는 당사자요, 수상쩍고 거친 남자들이 얼마나 많습니까!

어떤 연줄과 어떤 시련을 거쳐야 데뷔에 성공할까요? 그녀는 자신을 소개하고 추천하는 사람들과 어떻게 타협합니까? 그리고 그녀가 자신을 소개할 연출가와? 나중에 그녀에게 역할을 만들어줄 작가와? 끝으로 평론가들과? 여기서 상당히 자존심은 있지만, 더욱 음흉하고 알 수 없는 대언론 기관을 거론하지 않겠습니다.

그 공연사 젊은 직원이 자기 사무실에서 펜을 굴리며 위악적인 몇 줄을 작은 종잇장에 긁적여 막간에 퍼트립니다. 맨 처음 들려오는 갈채에 고무되고 흥분한 그녀는 멋진 희망을 갖고 무대로 오릅니다. 하지만 막상 객석은 그녀를 알아보지 못합니다. 모두 실망스럽고 관중은 얼음처럼 차갑습니다. 서로들 웃으면서 마주 볼 뿐입니다.

나는 어렸을 때 흥분할 만큼 매우 감동적인 무대를 본 적이 있습니다. 오늘날에 이런 사정은 더는 그렇지 못합니다.

내가 알던 무서운 평론가들 가운데 한 사람 집에서 나는 작은 여자 한 명을 보았습니다. 아주 단순한 차림에 온화하고 선량한 인상으로, 이미 피곤하고 약간 시든 모습이었습니다. 그녀는 그에게 서론은 생략하고 곧장 후의를 부탁하던 중이었습니다.

어째서 하루도 자신에게 상처를 주지 않고 숨 막히게 하지 않는 날이 없느냐고 하소연했습니다. 그가 담대하게 대답하기를, 그녀의 연기가 좋지 않아서가 아니라 예의가 없어서라고 했습니다. 자신이 맨 처음 그녀를 호평한 기사를 썼을 때, 그녀는 감사의 표시 정도는 했어야 하지 않느냐면서, 그 기억에 대한 "확고한" 표시가 없었다고….

"아이고, 선생님. 저는 너무 가난하거든요! 버는 게 거의 없어요. 게다가 어머니까지 모셔야 하거든요.

– 그게 무슨 문제요. 애인이 있으면….

– 하지만 저는 예쁘지도 않잖아요. 게다가 너무 우울하고… 사람들은 명랑한 여자나 좋아하지 않나요.

– 그렇겠지요. 하지만 당신은 그렇게 보이지 않는데요. 당신

은 미인이에요. 아가씨. 의지가 약한 것이지, 자신감이 있으면 그런 건 전혀 상관없어요. 다른 사람들처럼 해야 합니다. 애인을 만들어요."

그는 더 이상 입을 열지 않았습니다.

❧

나는 여자를 야유할 힘을 갖는 사람들이 어떻게 있을 수 있는지 이해할 수 없습니다. 그들 각자는 선량하겠지만 무리가 되면 잔인해집니다. 이런 일은 때때로 지방 도시에서 벌어집니다. 연출가에게 그 능력 이상을 끌어내려고, 또 일급 연기자들을 불러오게 하려고. 그녀 자신 재능이 있을지 모르지만 저녁마다 그렇게 악착같이 수치스런 고문으로 정신없이 흔들리고, 구걸하는 가엾은 아가씨를 성가시게 굴고, 더 이상 무슨 말을 해야 할지 모르게 됩니다.

아가씨는 울고, 말도 없어지고 눈물로 하소연합니다. 하지만 사람들은 웃고 조롱합니다. 흥분한 그녀는 과도한 야만성에 저항합니다. 하지만 그녀는 너무나 맹렬하고 무시무시한 폭풍에 넘어지고, 용서를 빌고 맙니다.

여자의 기를 꺾는 자에게 저주를! 여자에게 그녀가 지닌 자부심과 용기와 혼을 없애려는 자에게 저주를!『잘못된 자리』에서 이런 순간은 너무나 비극적이며 사실적으로 두드러져 현실 그 자체인 듯 실감이 납니다. 현장을 생생하게 포착했지요. 배운 여자로서 카미유는 꼼짝없이 "동그란 불꽃"에 갇혀, 출구도 없이 죽고 싶어합니다.

그렇게 못 죽은 것은 예상치 못한 우연과 불가피하고 어쩔 수 없는 기회에 그나마 약간 좋은 일이 생기고 나서입니다. 동정을 기다리면서, 물러진 그녀는 자긍심이 절망으로 바뀌면서 그 기운을 잃습니다. 이때 "구원자"가 나타나고 그에게 양보합니다. 이렇게 많은 수수께끼가 뒤섞여 있는 커다란 궁지를 벗어나면서 "천박해지고", 자기방어를 하지 못하게 됩니다.

"사악이 죄라면 거만은 더욱 큰 죄다."

콧대 높던 그녀는 갑자기 착해지고 순종하는 여자가 됩니다. 그녀는 여자로서 맹세를 합니다.

"나는 주인이 필요해. 명령하고 이끌어줄… 나는 그가 원하는 대로 할 거야."

아! 그녀가 한 사람의 여자가 되자마자, 부드러워지고 자존심을 내세우지 않자마자 모두 친구가 되고 순탄해집니다. 성인군자들은 그녀가 겸손해진 데에 감사합니다. 사교계 사람들은 거기에 흐뭇한 희망을 품습니다. 이제 그녀 앞에 문이 열립니다. 문학과 극장의 문입니다. 사람들은 일하고, 그녀를 위해 함께 꿍꿍이를 짭니다. 자기 마음을 죽일수록 그녀의 생활도 더욱 안정됩니다. 외모도 다시금 빼어나게 되고. 예술가와 부지런하고 독립적인 여자에게 전쟁이던 모든 것이, 복종하는 여자에게라면 좋은 것이 됩니다(장차 그렇게 해나가게 되겠지만).

이 소설의 작가는 결말에서 고통을 주던 여주인공 카멜리아를 구합니다. 저자는 여자의 가슴에 뜨거운 칼을 꽂게 합니다. 진정한 사랑의 칼입니다. 그녀는 숨을 거두고, 퇴색하기 전에 정신을 잃습니다. 이런 행복은 거의 없습니다. 행복을 생생하게 느끼기에 대부분 너무 고통에 시달렸고 너무 밑바닥까지 내려갔기 때문입니다. 이런 여자들은 노예로서의 운명을 따릅니다―기름지고 화려한 노예가 되었지요.

누구의 노예란 말인가요, 라고 당신은 말하지 않겠습니까? 훨씬 불확실하고 덜 알려진 이 사람에게 책임이 있는데, 그만큼 경박하고 존경심도 동정도 없는 인물입니다. 그의 이름은 "네모"입니다. 율리시즈가 시클로프[그리스 신화에 나오는 외눈박이 거인족]에게서 구해냈던 것과 같은 이름입니다. 여기에서 시클로프는 바로 탐욕스런 반인반수입니다. "그 누구"라고 할 특정 개인이 아니라 바로 "세상 모든 사람"입니다.

나는 그녀를 "노예"라고 했습니다. 농장에서 일하는 흑인보다 더 비참한 노예입니다. 시궁창의 셀 수 없이 많은 창부보다 더 비참합니다. 어떻게 그럴 수 있을까요? 이 비참한 여자들은, 최소한 걱정은 없고 실직을 두려워하지도 않으며, 그들의 독재자의 손으로부터 먹을 것을 받아먹고 살기 때문입니다. 그러나 가엾은 '카멜리아'는 이들과 달리 아무것도 안심할 수가 없습니다. 어느 날에든 그녀는 버림받을 수도, 굶주려 죽을 수도 있습니다. 그녀는 명랑하고 근심 없는 표정으로 미소를 잃지 않는 일뿐이겠지요. 그녀는 웃습니다. 그러면서도 이렇게 말합니다.

"내일 굶주릴진 모르지만… 물러나면 끝장이야!"

심지어 그 강인한 내면에서도 그녀는 명랑하려 애를 씁니다. 병들고 깡마를까 두려워서 슬퍼할 수도 없다는 것이야말로 잔인합니다. 그녀들은 약간 냉소적으로 어중간한 대우를 받으면서, 심란한 날일지라도 외모가 조금이나마 변하는 것을 용서받지 못할 것입니다.

고통의 그림자, 병약해서 조금 창백한 얼굴은 대부인이라면 더 돋보이는 치장이겠지만, 즉 사랑스러워 미치게 만들 수도 있는 것일 테지만, 카멜리아에게는 황량할 따름입니다. 그녀는 눈부시게 신선한 모습을 보여야 합니다. 거의 야할 정도로. 우아함이 아닙니다. 그녀들 중에 한 명이 불렀던 아주 정직한 의사는 여드레 뒤에, 그저 동정심만으로 길을 가다가 올라와 그녀의 상태가 어떤지 물었습니다. 그녀는 너무 감격해서 마음을 열고 이렇게 말했습니다.

"내가 늘 혼자인 줄 아시잖아요. 그 사람은 일주일에 한 번이나 들어올까요. 오늘처럼 이렇게 아픈 날 그는 이런 말을 했어요. '안녕. 나 무도회 갈 거요.' (다시 말해서 여자를 찾아간다)라고 건성으로 말하면서 내가 아무짝에도 쓸모없다는 것을 알아들으라고 하는 것이지요. 내가 내 밥값도 못 한다고요."

이런 식으로 벗어나는 것은 가장 잔인합니다. 부이에〔1822
~1868. 동향 귀스타브 플로베르 작품의 편집자〕는 그의 훌륭
한 연극 「엘렌 페롱」에서 매일같이 보는 것을 연출했습니다.
사람들은 면전에서 갈등을 보이기 싫어하고 너무나 잘 감추기
때문에, 버려진 그 여인은 내일 당장 아무 수입이 없을지 모르
므로 의리 없는 다른 친구의 사랑을 너무 경솔하게 받아들입니
다. 그러면 원래 애인은 그녀가 자신을 배신했다고 아무렇지
않게 떠듭니다.

형언할 수 없이 우아한 불멸의 시편에서, 베르길리우스는 리
코리스의 애인이 빠져 죽은, 가라앉지 않는 고통의 바다와 그
쓰라림을 표현했습니다. 노예 신분의 화류계 여자들은 인색한
주인이 임대하고 팔고 하는, 프로페르티우스와 티불루스라는
불운한 뮤즈의 가슴을 찢는 노래를 끌어냈습니다. 이 여자들은
유식하고 우아한 진정 "숙녀"들이었습니다. '앙시앵레짐'〔대
혁명 전 절대왕정시대〕의 철없이 썩어빠진 쾌락의 요소일 뿐,
느낄 줄 모르고 아는 것도 없는 『마농 레스코』〔아베 프레보의
소설. 훗날 푸치니가 오페라로 개작했다〕보다는 『카멜리아』에
등장하는 부인을 훨씬 더 닮았습니다.

여기서 위험은 너무나 큽니다. 가장 안전한 것은 멀리 있습니다. 어느 날 자애심이 많지만 요즘의 풍습에 익숙한 학자인 내 친구가 이런 말을 했습니다. 보잘것없는 사람과 가벼운 관계를 즐기면서, 진지하게 말려들지 않고 고독하게 연구에 매진할 수 있었다고. 나는 이렇게 말했습니다.

"뭐라고! 자네 보잘것없다고 했나? 바로 그게 엄청난 위험 아닐까? 자네가 망각이든 추론이든 철학을 얼마나 더 공부해야만 불행하게 배신당해 길바닥에 던져진 저 불운한 여자를 볼 수 있겠나. 그 끔찍한 운명에 괴로워하지 않아야 하잖아. 그런데 그 가엾은 여자는 운명의 장난감이니, 가서 그 마음을 잡아주지 않으면 잃고 말 걸세!"

그는 웃으면서 이렇게 말했습니다(물론 상당히 씁쓸한 미소였지요!).

ー내가! 그런 일은 없을 거야. 우리 부모님이 그럴 작정을 하고 있거든. 두 분이 우리 두 미치광이에게 문을 닫아걸었어. 내 마음을 느끼기도 전에 두 분이 그것을 앗아가버렸지. 내 마음속의 사랑을 죽였어.

이런 소름끼치는 말에 나는 치가 떨렸습니다.

로마제국 최후의 날에 궤변가 황제가 했던 말이 떠올랐습니다.

"사랑은 발작이다."

그다음 날 모든 것은 무너집니다. 야만족의 침략 때문이 아닙니다. 독신자와 때 이른 죽음의 공격 때문입니다.

4. 여자는 남자 없이 살지 못합니다

부지런한 생활은 우리에게 부족했던 새로운 감각으로 우리를 앞세우면서 풍요롭게 합니다. 지난겨울(1858~1859) 내 기분은 어린 아기 같았습니다. 알지도 못한 채 이런 기분을 마냥 좋아했습니다. 나중에 어떤 독일 부인이 내게 가르쳐준 흐뭇한 깨달음을 털어놓겠습니다. 바로 이 부인이, 곧 읽게 되겠지만 교육을 다룬 첫 번째 장에서 최상의 것을 가르쳐줄 사람입니다.

교육을 살펴보자면 나는 어린이를 해부학적으로 더 잘 알아야겠다고 생각했습니다. 내 친구 베로는 외과 전문의인데, 과거에 클라마르 병원에서 해부학 실습조교로 일했습니다. 여전히 젊은 이 친구는 명의 로뱅과 함께 쓴 훌륭한 생리학 논문으로 유명한데, 클라마르 병원에서 내가 지켜보는 가운데 여러 아이를 해부했습니다. 그는 소아 연구는 성인 연구로써 매우 유용하게 해명된다고 했습니다. 이렇게 그의 도움으로 도판으로만 알던 해부학에 참여했습니다.

자부심이 강하고 순수하며, 운명에 단호히 맞설 용기 있는 처녀가 개인적인
의존에서 벗어나 모든 것을 모색하고, 오직 대중이라는 유일한 보호자를
취하고, 또 자신이 사고의 열매에 따라 살 수 있다는 유혹을 받는 것은 충분히
생각할 만한 일이고 또 자연스럽기도 합니다.

그토록 실용성과 거리가 먼, 독립된 이 감탄할 만한 공부의 바탕은 완전히 정신적인 것입니다. 해부학은 성격을 단련시킵니다. 우리는 삶과 죽음을 검토하는(함께 바라보면서) 굳은 시선으로 인간이 어떤 것인지 절감하는 인간이 됩니다! 사실 잘 알려지지 않았지만, 해부학은 우리 마음을 인간적인 것으로 만듭니다. 여자의 다독거림 같은 것으로써가 아니라, 인간만이 타고난 자연적인 움직임으로 엄청난 것들을 밝혀줍니다. 훌륭한 해부학자 한 명이 내게 이런 말을 했습니다.

"어깨를 짓누르는 물동이 무게를 견디면서 그것을 이고 가는 여자를 보면 고통이지요. 여자의 근육이 얼마나 약한지, 그 신경의 움직임이 얼마나 예민한지 아니까요. 그런데 감수성은 또 얼마나 발달했습니까!"

내 인상도 이와 비슷했습니다. 운명적으로 꼼지락거리는 아이의 신체기관을 보았을 때, 그 아이는 본능적으로 끊임없이 움직이게끔 돼 있으니, 나는 학교에서 아이들에게 숨 막히는 부동자세를 취하게 하는 그 지옥을 생각하지 않을 수 없었습니다. 더구나 나는 독일식 교육에 관심이 많은 만큼(프뢰벨의 어린이 공방과 정원) 그럴 수밖에 없었지요. 그곳에서는 아이들에게 하고 싶은 대로 뛰어놀게 내버려두고, 그들에게서 인간의 진정한 재능인 창의적 활동을 발전시키도록 합니다.

현실에 물들어 보지 못하고 있는 만큼, 우리는 이 모든 것을 망설이고 의논하고 수다를 떨면서 허송세월하고 있습니다. 어느 날엔가 우리는 모든 것을 이해하고 느끼게 됩니다. 삶을, 그 살아가는 활동을 존중하고 인간을 혹사하지 않는 법을 가르쳐 주는 것은 특히 죽음입니다. 해부학의 정신적 영향을 의심할 수 있겠지만, 내가 아는 최상의 인간들은 위대한 의사들이었다는 사실을 상기해보면 됩니다. 클라마르에서 공부할 때 나는 영국 명의 한 사람을 만났습니다. 그는 여든 살 노인인데도 매년 바다를 찾아 이 과학의 중심지로 들어감으로써, 인류의 위안을 위해 끝없이 창의적인 재능으로 찾고 있는 새로움을 이해하려고 했습니다.

나는 특히 뇌 해부에 관심을 쏟았습니다. 성性과 나이를 가리지 않고 공부했습니다. 뇌의 아랫면이 얼마나 곧이곧대로 그 외관에서 얼굴의 표현과 일치하는지 알고서 놀라버렸습니다. 대뇌가 아니라 소뇌에서, 그 모든 엽맥으로 덮인 부분이 그렇습니다. 즉 갈〔골상학을 개척한 신경전문의〕이 지나치리만큼 중시했던 부분입니다. 지능이 발달함에 따라 소용돌이처럼 기복이 심하게 얽힌 동맥으로 가득한 그것은 뇌를 커다랗게 담아내는 골재용기가 아닙니다. 바로 이곳에서 얼굴과 마찬가지로 한 인간의 개성이 활달하게 드러납니다. 외부의 수천 가지 충격에 노출되어, 찡그리는 반응에 왜곡되는 거친 얼굴조차 눈이 붙어 있기에 망정이지, 그토록 잘 보존되고 섬세하며 경이로운

71

뇌의 이런 부분보다 그 표정이 풍부하지 못했을 것입니다.

❧

분명히 거친 직업에 종사하는 천박한 여인들에게서, 뇌는 형태가 매우 단순하고 초보적 단계에 머문 듯 보입니다. 그녀들은, 일반적으로 여자는 이 핵심적인 신체기관에서 남자보다 열등하다 생각하는 심각한 오류를 입증해줄지 모릅니다. 다행히 다른 여자들의 뇌에서 이런 생각을 품지 않을 수 있었습니다. 특히 병리학적으로 매우 특이성을 보인 어떤 여자의 것에서, 베로는 그녀의 질환은 물론이고 그 이전 사람들의 질환도 알 수 있게 해주었습니다. 여기서 아쉬운 점은 다른 시신들의 경우, 그 삶과 운명의 이야기를 모른다는 점입니다.

그런 극히 보기 드문 특이성은 자궁에서 발견되는 상당수 결석結石입니다. 일반적으로 오늘날 상당히 변질된 이 기관은, 이 정도로 되기까지 거기에 그토록 예외적인 상태를 드러낸 적은 없습니다. 생명을 잉태하는 이 비옥하고 성스런 기관에서, 이런 잔인한 건조 현상과 절망적인 위축 작용이 일어났다는 것은, 마치 아라비아 사막의 돌멩이처럼 불운이 돌로 굳은 듯했습니다. 그 모습 앞에서 나는 침울한 생각에 끝없이 빠져들고 말았습니다.

그런데 다른 기관들은 생각처럼 그렇게 변질되지 않았습니다. 머리는 표현이 가장 풍부했습니다. 그 뇌가, 남자들에게서 쉽게 볼 수 있듯이 그렇게 크고 강하고 힘찬 것은 아닐지라도, 그래도 동맥의 소용돌이만큼이나 다양했습니다. 무한히 작은 세부로 드러나는 울퉁불퉁하고 작은 소용돌이들은, 우리가 느껴왔듯이 수많은 생각과 미묘한 뉘앙스와 여성적 꿈의 세계를 담고 있습니다. 이 모든 것이 이야기를 합니다. 또 내가 눈으로 보았듯이, 과거 한때 거의 표현이 없는, 다시 말해서 침묵하는 뇌들은 처음 볼 때부터 일정한 언어를 보여줍니다. 그것을 자세히 들여다보면서 나는 여전히 그 메아리처럼 울려나오는 아련한 반향을 목격했습니다.

한편, 부드럽고 상당히 가는 손들도 보았습니다. 유한부인의 손처럼 고루 길지는 않았습니다. 보통보다 짧았고, 잡기 위한 것이었습니다. 물론 작은 물건들을 쥐었을 것이고, 손을 뒤틀리거나 왜곡시키지는 않지만 곡선적으로 휘고 또 모아지게 합니다. 일을 많이 하는 세탁부의 손이 아니었을까요? 화원에서 일하는 사람의 것이었을까요? 이런 자연스런 추측을 해보게 됩니다.

스물여덟 살 정도의 사람일 듯했습니다. 눈썹은 짙고 검으며, 눈은 푸르스름한 회색이고, 피부색으로 미루어 서부나 노르망디, 브르타뉴 지방의 여자로 보였습니다. 남쪽 지방까지 내려가지는 않는 중부 지방 정도의.

얼굴은 엄숙하고 자존심이 강해 보였습니다. 처지지 않고 활처럼 팽팽히 굽은 눈썹은 자신의 혼을 죽음과 싸우는 그 순간까지 지켰던, 전혀 비굴하지 않고 정직한 그녀의 인품을 증언했습니다.

병원에서 이미 활짝 해부해 열어놓은 신체는 왼쪽 가슴에 크게 발전한 폐렴 탓에 그녀가 생명을 잃었음을 보여주었습니다. 그녀는 3월 21일에 사망했습니다. 12일 전이면 마르디 그라〔가톨릭의 참회의 화요일, 즉 사육제 마지막 날〕로, 3월 9일입니다. 사람들은 그녀가 당시 무도회의 수많은 희생자들 중 하나였을 것으로 짐작합니다. 병원과 묘지가 갑자기 가득 차던 잔인한 때 아닙니까! 그래서 사람들은 '반인반수'의 축제라고 불렀습니다. 얼마나 많은 여자가 산 채로 잡아 먹혔을까요!

일하는 여자들, 특히 재봉사의 일처럼 마른 빵조각을 먹고 썰렁한 다락방에 혼자 살면서, 건조하고 공허하며 혜택도 못받는 생활, 너무나 단조롭고 끔찍하게 지겨운 일을 생각해보면, 그녀가 청춘의 열광이나 더욱 성숙하고 관심을 받는 친구들의 유혹을 물리치기 분명 어려웠을 것입니다. 하지만 언제나 고통스러운 것은, 그런 즐거움을 마음으로 제대로 누리지 못하고, 이 가엾고 당황한 처녀를 거의 보호하지도 못하며, 배려도 하지 않고, 불이나 때는지 혹 내일 먹을거리와 생필품은 있는지, 옷이나 제대로 걸치고 귀가하는지조차 전혀 관심이 없다는 것이겠지요(사내들은 두툼한 외투를 걸치고 있으면서도!). 아이고, 야만인들! 당신들은 이 모든 것을 "경박"하게 보았습니까? 그렇고말고요. 당신은 이런 것에 익숙하고, 잔인하고 인색하며, 더 알고 싶어하지도 않고, 그녀의 삶과 죽음을 모른 척하기나 하지 않았습니까.

◦❦◦

다시 돌아와보면, 그 시대에도 불구하고 나는 이 여자의 얼굴에서 그녀가 무도회에 드나들던 '여학생'은 아니었을 것이라는 의심이 들었습니다. 그 부류라면 쉽게 알 수 있습니다. 그녀는 그렇게 성공하지 못했을 것입니다. 두툼하고 짧은 코, 좁은 턱, 가늘고 또렷한 입과 수수한 분위기는 그다지 존중받지 못했을 것 같습니다.

나중에 조사로써 내 판단이 옳다고 입증되었습니다. 이 아가씨는 시골 소상인 집안 출신으로, 독신자나 고용인 등이 대부분인 마을에서 그 타고난 정직함에도 불구하고 자신을 쫓아다니는 사내들의 끝없는 공격을 버텨낼 수 없었습니다. 그저 결혼 약속만 믿고서 그녀는 사랑했고 애를 가졌습니다. 여기에 속은 그녀는 자기 손과 바늘 외에 아무런 생계 수단 없이 마을을 떠났습니다. 프랑스에서 여자들이 살아가는 데 큰 장애가 없는 마을인데도…. 그녀는 그곳에서 원하는 모든 것을 얻을 수 있었습니다. 그러나 그녀는 파리로 가서 남의 눈에 띄지 않고 굶어 죽는 길을 택했습니다. 게다가 아이까지 딸려 있었지요. 모든 점에서 큰 장애였을 것입니다. 그녀는 하녀 일도 가게 점원일도 할 수가 없었습니다. 바느질로는 돈이 안 되었습니다. 그녀는 다림질을 하려고 했습니다. 하지만 병들고 슬픔에 찌든 그녀는 일할 때면 치명적인 두통을 일으키는 탄가루를 피할 수 없었습니다. 그녀는 이런 고통 속에 온종일 서서 일하기도 어려웠습니다. 동료 세탁부들은 아무것도 모른 채 단지 그녀가 게으름을 피운다고 생각했습니다. 파리 여자들은 빈정대기를 잘하고, 이 가엾은 촌아가씨를 서슴없이 비웃어댔습니다. 어쨌든 파리 여자들은 선량하기도 하므로 곤경에 처한 그녀에게 돈을 빌려주기도 했습니다.

낡아빠진 그녀의 옥양목 드레스를 보면, 이런 극도로 비참한 상태에서 그녀가 미모를 가꿀 여유는 전혀 없었음을 보여줍니다. 얼마나 닳아빠진 옷을 입었는지…. 이 여자가 얼마나 젊은 사람이었는지 알아볼 수 있는 방법은 전혀 없을 정도입니다. 고통과 비참한 생활로 마르긴 했지만, 지나치게 환락을 즐기는 여자들처럼 추하게 삭지는 않았습니다. 그녀는 삶의 재미를 거의 맛보지 못했음이 틀림없을 것입니다.

그녀가 일하던 세탁소 여주인은 그 작업장으로 쓰던 큰 고미다락에 그녀가 잠을 잘 수 있게 해줄 만큼 인정이 많았습니다. 그런데 그곳은 석탄 연기가 강하게 배어드는 곳이었고, 아침에는 일자리로 쓰도록 비워주어야 했습니다. 그녀의 고통이 얼마나 심했는지, 그녀는 단 하루도 침대에 그냥 편히 누워 있지도 못했습니다. 새벽같이 일하는 여자들이 와서는 "게으름뱅이, 아무짝에도 쓸모없는 년"이라고 놀려댔습니다.

5월 1일, 그녀는 통증이 더욱 심했고 미열도 있었고 기침도 했습니다. 만약 그녀가 자기 집에 있었더라면 이런 것은 별것 아닐 수 있지 않겠습니까. 하지만 그렇지 못했으므로, 자기 어린 딸을 주인 여자에게 맡기고 병원을 찾았습니다.

그녀가 이 오래된 병원에 들어왔을 때는 장티푸스 환자들이 많았습니다. 매우 유능한 의사 한 사람이 그녀의 증세를 이런 장티푸스의 가벼운 증세로 보았습니다. 곧 나으리라 기대했습니다. 의사는 그녀의 건강이 전반적으로 양호하냐고 물었습니다. 그녀는 부끄러워하면서 "그렇다"고 답했습니다. 속의 심각한 증상을 감춘 채, 아픈 검사를 무서워하면서….

많은 환자가 모여 있는 그 커다란 병실들에서, 자기 곁에서 신음하고 죽어가는 사람들을 보는 이런 슬픔은 종종 병에 병을 더하기나 합니다. 부모는 정해진 날에만 만날 수 있습니다. 그렇지만 부모조차 없는 사람들이 좀 많습니까! 얼마나 많은 사람이 혼자 죽어갑니까! 이런 사람에게는 자애로운 아주머니가 찾아오기도 하지만, 아무튼 장티푸스 환자들을 많이 보면서 겁을 먹고 다시는 나타나지 않습니다.

커다란 창문으로 시원하게 통풍이 되도록 옛날식대로 환기를 하는 등 사람들은 최상의 체제를 유지하려고 노력합니다. 하지만 이런 통풍에 거의 무기력한 환자들은 커튼으로 그 찬바람을 막기란 어렵습니다. 그녀의 대단치 않던 기침은 심각하게 기관지를 확장했고, 폐렴으로 발전했습니다. 오래전부터 영양

실조에 시달려 지친 그녀는 여기에 버텨낼 기운이 없었습니다. 그녀는 정성스런 간호를 받았지만 3주 만에 사망하고 말았습니다.

그녀의 어린 딸은(이미 분별할 줄 아는 귀여운 아이) 미아보호소로 보내졌습니다.

아무도 찾지 않는 그녀의 시신은 클라마르로 이송되었습니다. 감히 말하자면 그녀의 시신은 매우 유용했는데, 풍부한 귀납으로 그녀에게서 끌어내게 될 사실로써 과학을 명증하게 했기 때문입니다. 다른 한편 이 짧은 이야기도 유용했을지 모릅니다. 선량한 사람들의 주목을 끌었다면 말입니다.

"여자는 가정의 보호를 받지 못하면, 죽습니다."

만약 이 여자에게 보금자리와 한 주일을 위한 침대만 있었더라도, 모든 면에서 불편은 없었을 것이고, 그녀는 여전히 살아 있지 않겠습니까.

남자에게 여자의 관용이 필요할 때도 있습니다. 총명한 여자에게, 결정적인 날에 불행이 삼켜버린 것을 구해주는 것보다 더 좋을 것이 어디 있겠습니까! 이 여자는 병원 근처의 공원을 건너가면서, 벤치 위에 그가 작은 꾸러미를 곁에 놓고서 앉아 있는 모습을 보았을 것입니다. 오래 걸었기에 집으로 들어가기 전에 잠시 쉬고 있는…. 이 부인은 창백한 그 모습에서, 남루한 옷차림에도 불구하고 준수하고 정직한 인상에 놀랍니다. 그는 그녀 옆에 앉아 예의를 갖춰서든 그렇지 않든 말을 걸어봅니다.

"무슨 일이 있습니까?
– 저는 열이 있어요. 몸이 아주 안 좋거든요.
저런! 저도 조금은 압니다. 그래요, 별것 아닙니다. 요즘 극성인 전염병이 병원에서도 너무 많아요. 이겨낼 수 있을 겁니다. 기나피 포도주〔키니네 원료〕를 조금 드신다면 이틀이면 거뜬해질 겁니다. 우리 집에 다림질할 것이 산더미 같습니다. 이틀 동안 저희 집으로 와주시면 어떻겠습니까. 그리고 낫게 되면 일을 해주시고요."

바로 이렇게만 해도 그녀의 목숨을 구할 수 있었을 텐데….
이틀로는 부족할지 모릅니다. 일주일이라면 회복할 수 있겠지요. 부인은 그의 얼굴에서 이런 정직하고 믿음직한 사람의 모습을 보면서 훨씬 더 좋아질 수 있지 않았겠습니까. 젊은 하녀처럼 좀 더 잘 입고, 평온한 생활로 몇 달을 지내고서 다시 아름다워지고…. 이렇게 한다면 그녀는 그 착한 마음의 꿈을 건드릴 수도 있었겠지요. 그녀의 현명한 처신과 절약하고 부지런한 생활로 훌륭하게 보상받는 귀여운 아기를 가졌다가 실패했다 하더라도, 그것이 사랑을 결코 멈추게 하지 못합니다. 나는 이런 식의 입양을 하는 도량이 넓은 선량한 노동자들을 여러 번 보았습니다. 훌륭하게 살림을 꾸려나가는 모습도 보았습니다. 감히 말하자면 여자는 자기 남편을 사랑하고 칭찬하며, 아이는 어떤 본능에서 우러났는지 모르겠지만, 보통 아빠에게 하는 것보다 더욱 그를 따랐습니다. 아빠가 출근할 때, 또 그의 귀가가 늦을 때에 아기는 울면서 그를 다시 보고 싶어했습니다.

우리는 운명을 돌이킬 수 없다고 너무 쉽게 단정짓습니다. 옛날 프랑스 사람들은 그렇게 생각하지 않았습니다. 이를테면 캐나다로 이민을 떠나 모든 잘못과 불행을 순화하면서 살도록, 바다의 세례를 받으며 그렇게 떠난 여자들이 있었습니다. 이것은 공허하지 않았습니다. 그 여자들은 실제로 완벽하게 그런 모습을 입증했고, 가정에서 감탄할 만한 아내이자 훌륭한 어머니가 되었습니다.

그러나 우연히 경박한 생활에 빠지게 된 철부지인 여자들에게, 최상의 이민은 용감하게 일을 찾고 내핍생활을 되찾는 것입니다. 우리의 일급 사상가 한 사람은 어떻게 구렁텅이를 벗어날 수 있는지에 대한 질문을 받고서, 그토록 총명하면서도 그토록 불운하고 가엾은 우리의 여성 투사 한 사람에게 엄격한 편지로 이 문제를 지지했습니다. 형식적으로는 대단히 딱딱한 편지이지만 사실상 그 바탕은 매우 선의에 넘치는 것으로, 어떻게 그녀가 불행으로 속죄하고 노동과 자의적 고생으로 깨끗해지며, 위엄과 순수함을 되찾을 수 있는지 역설하고 있습니다. 그가 전적으로 옳습니다. 남자의 영혼보다 더욱 유연하고

동적인 여자의 영혼은 절대로 그렇게 깊게 부패하지 않습니다. 여자가 다시금 착해지려고 진지하게 원하고, 노력과 희생과 반성하는 생활을 한다면 그녀는 정말로 갱생할 수 있습니다. 이는 강물과 상당히 비슷합니다. 어떤 날에는 더럽혀졌다가도 오늘 다른 물이 흘러들어오면서 맑아집니다. 이렇게 여자가 바뀐다면, 마음은 아무것도 아니었던 원치 않는 실수라는 악몽을 잊어버리고, 만약 그녀가 사랑하기만 한다면 그 마음을 되찾게 됩니다. 모든 것이 구원받게 되고. 이 세상의 정직한 남자라면 그녀에게서 행복을 얻을 수 있고, 또 그녀 덕분에 영예롭게 됩니다.

이렇게 서글픈 이야기를 더는 하고 싶지 않습니다. 마음을 움직인 친구들이 일어날 것입니다. 단 한마디, 그들에게 이전에 무슨 일이 있었는지 상기하도록.

귀하들께서 결혼하게 될 이유, 마음속에 가장 강한 동기는 이런 것 아니겠습니까.

"여자는 남자 없이 못 산다."

어린애가 여자 없이 못 사는 것이나 다름없지요. 길에 버려졌다 찾아낸 아이들은 죽어갑니다.

그러면 남자는 여자 없이도 살까요? 당신이 직접 말해보시지요. 당신의 삶은 "어둡고" "쓸쓸" 하다고. 여자들과 공허한 어둠에서 오락하는 와중에도, 만약 당신에게 아내가 없다면 행복도 안식도 없다고. 영양가 있는 식사도 제대로 못 하고, 그토록 생산력을 도와줄 조화로운 균형도 잃게 된다고.

자연은 인생을 절대적인 세 가지 끈으로 묶었습니다. 남자, 여자, 아이. 우리는 별수 없이 각자 죽어가고 또 모두를 함께 건지지 못한다는 것을 알고 있습니다.

양성 간의 모든 논쟁과 자부심은 아무짝에도 쓸모가 없습니다. 그런 것은 끝내야 합니다. 이탈리아, 폴란드, 아일랜드, 에스파냐에서처럼 해서는 안 됩니다. 그곳에서 가족의 허약하고 고독한 이기주의는 나라를 무너뜨릴 정도로 큰 영향을 끼쳤습니다. 금세기의 매우 독창적인 저서에 위대한 시적인 개념이 들어 있는데(그랑빌의 '최후의 인간'이라는 시), 그 저자는 세상이 메말랐다고 생각하며 대지는 거의 끝났다고 믿습니다. 하지만 절대적인 장애가 하나 있습니다.

"대지는 끝을 모른다. 만약 단 한 사람이라도 여전히 사랑하고 있다면."

피곤에 지친 대지를 불쌍히 여깁시다. 사랑 없이는 존재 이유도 없을 테니까. 사랑합시다. 이 세상의 안녕을 위해서.

내가 당신을 이해했을까요? 당신은 사랑하고 싶어도 우선 걱정을 앞세운다고. 솔직히 여자를 두려워한다고…. 여자가 옛날처럼 어떤 물건 같은 것이라면 당신은 결혼하겠지요. 그렇다면 그것이 무슨 결혼입니까. 결혼은 두 사람의 결합입니다. 오늘날 결혼할 수 있게 된 것은 여자가 인간이기 때문입니다. 그런데 요즘은 결혼하더라도 각자 다른 생각으로 합니다.

당신은 진정 남자 아닙니까? 자연을 천재적으로 개발하는 데 힘을 쏟는 당신에게 그런 힘[결혼하는 데 쓸 만한]이 없을까요? 여자가 필요하지 않습니까? 자연을 요약하는 행복 그 자체라고 할 만한 유일한 존재, 여자만 당신의 능력 밖에 있는 셈이군요! 과학을 통해서 당신은 은하수의 찬란한 아름다움에 접근하지요. 홀로 있는 이 지상의 찬란한 미인이 당신에게 '수학'이나 하라고 딱지를 놓았기 때문입니까(마치 루소가 베네치아 미녀에게 퇴짜 맞았듯이)?

믿음의 차이가 크고, 여자를 당신에게 끌어들이기 어렵다는 문제는 냉정하고 실용적인 당신에게는 그렇게 큰 문제가 아닙니다.

융합은 두 사람의 결혼과 두 집안의 세대가 이어짐으로써 완전해집니다. 최상의 결혼 상대는 내가 『여자의 사랑』에서 제시했던 그녀, 단순하고 사랑하며, 현대적인 사고방식의 결정적인 영향을 받아들이진 않지만 배척하지도 않고, 과학과 진리에 편견이 없는 여자입니다. 나는 가난하고 외로우며, 가족이 거의 없는 여자를 좋아합니다. 조건과 교육은 극히 부차적입니다. 모든 프랑스 여자는 여왕으로 태어났고 그와 비슷해집니다.

장차 색싯감으로 "소박한 여자"를 키울 수 있습니다. 또 딸로서 "믿음이 깊은 여자"를 아버지가 완전히 그렇게 키울 수 있습니다. 이렇게 여자의 창조성을 가로막고서 우리 주위를 맴도는 불운한 고리를 끊어버릴 수 있습니다.

최소한 마음으로라도 남편과 같은 믿음을 나누는 훌륭한 아내와 함께, 남편은 자연의 막강한 순리를 따르면서, 훗날 자기 아이에게 믿을 수 없을 만큼 큰 권위와 온정을 줄 수 있습니다. 딸이 아빠를 얼마나 신뢰합니까! 그런 믿음이 있으면 아빠가 원하는 대로 됩니다. 그토록 고상하고 순수한 이런 사랑의 힘으로 그녀는 반드시 지혜롭고 감탄할 만하며, 이상적인 '여자'가 되됩니다. 오직 이와 같은 이상을 통해서, 가족과 사회 자체도 다시 시작할 수 있습니다.

제1부

교육

"여자는 하나의 종교입니다. 여자의 운명은 그녀가 종교적인 시詩처럼 더욱 고상할수록, 공동의 실생활에서 더욱 유능해지게 합니다. 남자에게서 유능함이란 관념과 별개입니다. 훌륭한 물건을 만들어내는 기술은 때로는 그 작가가 천박해지면서 자기 작품 속에서 아름다운 것을 지키지 못하게 될 수도 있습니다. 그런데 여자에게 이런 일은 전혀 없습니다."

젊은 아기 엄마가 아기를 바라보며 황홀해하는 첫 번째 시선, 그 신성한 만족감, 그 신神 같은 아기를 얻었다는 순수한 경이감, 그토록 생생하게 이 기적적인 꿈을 꾸는 듯한 종교적 감정, 이런 것은 늘 보면서도 정말 설명하기 어렵습니다.

1
태양, 공기, 빛

어떤 유명한 관찰자의 흥미로운 주장이 있습니다. 현미경으로 볼 수 있는 수많은 미생물이 어둠 속에 살고 있는데, 이것들은 원래 식물이었다가 햇빛으로 활기를 띠게 되면서 결국 동물이 된다고 합니다. 그런데 누구나 인정하고 반박할 수 없는 확실한 것은 빛에서 멀어지면 동물은 식물이 된다는 사실입니다. 즉, 식물이 꽃을 피우지 못하게 되면 창백하게 시들어 발육이 부진한 끝에 죽고 맙니다.

어떤 생물보다 인간이라는 꽃에도 햇빛이 필수입니다. 태양은 최우선이며, 절대적으로 생명을 좌우합니다. 어둠밖에 모르는 갓 태어난 아기를 한 살 된 아기와 비교해봅시다. 빛의 자식과 어둠의 자식의 차이는 극명합니다. 한 살짜리의 머리를 갓난아기와 나란히 놓고 보면, 완전히 변신한 감동적인 기적을 보여줍니다. 그 모습에서(두뇌의) 다른 어떤 연계기관보다 시각기관이 가장 큰 자리를 차지한다는 것은 그리 놀랍지 않습니다. 빛은 머리로 흘러넘치면서 차츰 모든 신경조직의 척수와 감수성, 운동 기관을 낳게 되는 깊이 파묻힌 신경까지 뚫고 들어갑니다. 빛이 그 속으로 통하는 시각기관(눈동자 등 관과 같은 통로) 위로, 뇌 주요부의 큰 덩어리("찬란한 왕관"이라고 하는)로 의심할 나위 없이 광선을 끌어들입니다.

사랑의 으뜸가는 의무는 아이를 낳는 것이고, 또 어제까진 어렸지만 이제 출산으로 흐트러지고 젖을 주느라 지친 젊은 여자에게 충분히 빛을 쬐고 맑은 공기를 마시게 해주는 것입니다. 신선한 햇살의 축복을 받도록 해야 합니다. 태양이 그녀를 내려다보면서 점심때를 지난 오후 두 시경까지도 가능하면 햇살로 몸을 밝히고 덥혀주면서 그녀 곁을 떠나기 아쉬워하기라도 하듯 해야 합니다.

이른바 '사교계(상류사회)'의 거창하게 꾸민 생활을 하는 사람들은 서향西向 집을 좋아합니다. 왕과 대신, 유한계층 사람들은 자기네 베르사유 같은 궁전에서 축제를 멋지게 장식해줄 석양을 찾습니다. 그러나 부지런히 일하며 삶을 신성하게 하는 사람, 사랑하는 아내나 아기와 나누는 축제를 즐기는 사람은 대부분 아침과 더불어 삽니다. 이런 사람은 아침에 모든 생명이 다시금 활력에 넘치는 그 신선함을 보장받습니다. 아침은 행복하게 깨어나는 자연을 매혹하는 한 떨기 꽃 같은 기쁨을 줍니다.

이렇게 펼쳐지는 아침의 순수하고 그윽한 맛을 무엇에 비하겠습니까. 착한 일꾼이 커튼 자락 뒤로 요람 속의 아기와 젊은 엄마에 감탄하며 찾아오는 해를 기다리면서 바라보는 시간을. 아기 엄마는 놀라 기지개를 켭니다.

"어머, 벌써 이렇게 됐어!"

그리고 웃으면서 덧붙입니다.

"난 정말 게을러!"

남편은 이렇게 말합니다.

"여보, 다섯 시밖에 안 됐어. 아기 때문에 제대로 못 잤잖아. 제발 한 시간만 더 자."

이렇게 서두를 필요가 없게 되고 두 사람은 다시 눈을 붙입니다.

샘이 나더라도 커튼과 덧창을 닫아줍시다. 그렇지만 날은 물러설 줄 모르고 승승장구 밝아오기만 합니다. 빛과 어둠의 멋진 싸움이 벌어집니다. 여기서 밤이 다시 이긴다면 유감이지요. 얼마나 아름다운 그림을 잃게 되겠습니까! 사랑에 넘치는 팔로 아기의 머리를 감싸줍니다. 부드러운 광채가 너울댑니다. 하느님이 내린 축복의 감동적인 후광을 그려냅니다!

나는 다른 책에서 튼튼한 나무 한 그루 이야기를 한 적이 있습니다. (밤나무였다고 생각됩니다.) 흙도 없이 공기에만 기대 살았던 나무입니다. 우리는 항아리 몇 개에 다른 거름 같은 것 없이 공기로만 자랄 멋진 식물들을 꽂아두었습니다. 우리의 가난한 농부들만이 그것들과 썩 많이 닮지 않았습니까. 공기처럼 아주 미미한 양분으로 때우고 있으니까요. 거의 별것 아닌 양식으로 그들이 어떻게 그렇게 오래고 거친 일을 견딜 수 있습니까? 바로 공기의 완벽한 힘 때문입니다. 그들은 그것을 마시며 살고, 거기에 담긴 모든 양분을 끌어내 힘을 얻습니다.

그런데 젊은 아내와 아기라는 천국의 두 사람을 먹이고 키우는 그런 당신은 얼마나 복이 많습니까. 그녀가 살아가고 또 어린 것이 훌륭한 우유를 먹고 자라나야 한다고 생각한다면, 당신은 우선 양식 중의 양식인 시원한 공기를 마시도록 해야 합니다. 순결하고 사랑스런 아내가 그 몸과 마음을 상하게 할 위험한 공기를 마시며 산다면 얼마나 불행하고 말도 되지 않게 슬픈 일이겠습니까? 안 됩니다. 섬세하고 감수성이 풍부하며, 맑고 밝은 사람이 더럽게 오염된 수백 가지 물질이 끔찍하게 뒤섞인 것을 길에서 뒤집어쓴다면 무사하겠습니까? 추잡한 사람들의 헐떡이는 숨과, 시커먼 도시에 자욱한 우리의 못된 꿈에 물든 연기가 도대체 얼마나 더럽습니까!

어떤 대가를 치르더라도 아내와 아기를 살릴 희생을 각오해야 합니다. 그러자면 도시를 떠나야 합니다.

친구들과 뜸해질 게 걱정이라고요? 그들이 진짜 친구라면 더욱 뜸할 것입니다. (덜 찾아와 성가시게 하지 않을 것이라고요.)

극장 구경도 하기 어려울 것이라고요? 사랑으로 넘치는 집과 늘 젊어지는 기쁨 같은 그 "신곡神曲"의 재미를 알게 되면 그런 오락(선정적이고 자극적인)은 꿈도 꾸지 않게 됩니다.

그렇게 된다면 살롱에 가서 수다나 떠는 아까운 저녁 시간도 잃어버리지 않습니다. 그렇게 공허한 말로 시간을 때우는 대신 신선하고 차분한 아침에, 하나도 잃지 않고 착실하게 쌓아갈 일을 시작하게 될 것입니다.

넓은 공원이 아니라 정원을 원합니다. 작은 정원이지요. 인간은 수목樹木의 조화를 벗어나면 잘 자라지 못합니다. 오리엔트의 전설은 모두 정원에서 시작됩니다. 순수하고 강인한 페르시아 민족은 이 세계가 애당초 빛으로 가득한 정원에서 시작했다고 믿었습니다.

도시를 벗어날 수 있다면 가능한 한 높은 층에 자리 잡아야 합니다. 아래층보다 5층이나 6층은 더 멋진 지붕 밑 정원이 됩니다. 빛이 넘치겠지요. 임신한 젊은 아내가 당신이 일하러 나간 긴 시간 내내 당신을 기다리면서, 아름답고 넓은 풍경을 내다보면 얼마나 좋겠습니까. 갓난아기를 발코니에 데리고 나가 처음으로 기념비 같은 건물과 그 주위를 시시각각 달라져 보이게 하는 장엄한 햇살을 보여주면 얼마나 좋겠습니까. 산과 높이 솟은 나무들과 무성한 숲이 없더라도, 웅장한 건물들이 보이겠지요(민족의 삶과 조국의 역사적 초석들이 펼쳐지는). 그렇게 아주 어릴 적에 맛본 감동의 자취는 영원하기 마련입니다. 어린애들은 말을 할 줄 몰라도 일찍부터 건물의 효과에 머리가 좋아집니다. 그런 시간에, 그런 빛과 광채는 신전을 본 듯이 눈앞에 영원히 어른거리게 됩니다.

나는 어렸을 때 세상 하늘 밑에서 판테옹〔파리 시내에 있는 민족의 위인과 영웅의 혼을 모신 거대한 묘지. 만신전이라고 한다〕을 본 기억밖에 없습니다. 아침이었습니다. 색유리창으로 쏟아져 내리는 빛으로 환한 실내는 신비스런 영광을 뿜어내는 듯했습니다. 엄숙하고 어두운 거대한 벽 위로 장엄하게 솟은 이 매혹적인 신전의 늘씬한 이오니아식〔고대 그리스의 간결한 기둥머리 장식 양식〕원기둥들 사이로 파란 빛이 자욱하게 퍼지고 있었지만, 형언하기 어려운 장밋빛이 은은히 감돌았습니다. 나는 완전히 감동에 휩싸여, 어마어마한 사건을 겪고 있는 것보다 더한 기분에 사로잡혔습니다. 그런 감동적인 시간은 지나가버렸지만, 그 광채는 아직도 내 속에 환히 살아 있습니다.

2
첫 번째 시선의 교환과 믿음의 시작

젊은 아기 엄마가 아기를 바라보며 황홀해하는 첫 번째 시선, 그 신성한 만족감, 그 신神 같은 아기를 얻었다는 순수한 경이감, 그토록 생생하게 이 기적적인 꿈을 꾸는 듯한 종교적 감정, 이런 것은 늘 보면서도 정말 설명하기 어렵습니다. 아무튼 거장 코레조〔이탈리아 르네상스의 화가〕는 그때까지 예술적 표현이 있었어도 신통치 않던 전통에서 벗어나, 있는 그대로의 자연에 고취되어 그것을 묘사해냈습니다만.

구경꾼이 요람을 둘러쌉니다. 어쨌든 그 장면은 고독해 보입니다. 오직 엄마와 아기가 하나가 되어 빚어내는 모습입니다. 아기 엄마는 떨리는 눈으로 아기를 주시합니다. 엄마에게서 아기로, 아기에게서 엄마로, 전깃불 같은 빛이 번쩍이면서 둘을 하나가 되게 합니다. 엄마와 아기는 이 떨리는 빛 속에서 원초적이고 그토록 자연스러운 한 몸으로 되돌아가지 않습니까!

엄마는 가슴속 깊은 곳에서 두근대는 행복감이 누그러지더라도, 동화 속의 마술에 홀린 듯 아기에게서 눈을 떼지 못합니다. 엄마가 아기에게 기울이는 몸은 떨리기만 합니다. 아기 엄마 또한 청순하므로 그 순진한 표시로써, 사랑으로 자신의 이 신성한 결실과 하나가 되는 기쁨을 그려냅니다. 그녀는 예전에 스스로 사랑을 키웠습니다. 하지만 지금은 그 사랑의 자양을 섭취하고 빨아들이고 "먹고 마십니다." 달콤한 생명의 교환입니다. 즉 아기는 엄마에게 생명을 주고 또 받습니다. 이번에는 아기가 엄마를 젖과 빛과 온기로서 빨아들입니다.

참으로 위대한 계시啓示입니다. 이것은 그저 눈요기나 마음을 자극하는 감성 혹은 예술의 공허한 구경거리가 아닙니다. 그렇지 않습니다. 이것은 믿음에서 나오는 행위이자 수수께끼입니다. 그러면서도 부조리하지 않습니다. 인간 생명의 모든 발전의 토대가 되는 견고한 교육적 · 종교적 받침입니다. 그렇다면 이 수수께끼는 무엇입니까?

"만약 아기가 신적인 존재가 아니라면, 엄마와 아기가 숭배하는 관계가 아니라면 아기는 살아남지 못합니다."

아기는 너무 나약합니다. 가령 엄마가 아기를 다정하게 원하고 떠받들면서 신성시하고, 자기 목숨을 바쳐 경이롭게 숭배하지 않는다면, 아기는 절대로 자라지 못합니다. 엄마는 아기를 착하고 아름다우며 완벽한 존재로 봅니다. 아기를 완전한 미와 선의 절대적 존재로서 이상적으로 본다는 것은 말할 나위 없습니다. 그런데 "아기는 악하게 태어난다. 인간은 태어나기 전부터 타락했으니"라는 짓궂은 현학자와 침울한 사람의 말을 듣는다면 그녀의 충격이 얼마나 심하겠습니까! 철학과 전설이 그런 이야기를 얼마나 많이 지어냈습니까! 여자들은 따뜻하고 참을성이 많습니다.

여자들은 그런 이야기에 솔깃해하지 않습니다. 그런 말을 믿는 여자들이라면, 단 한순간이라도 이런 생각을 진지하게 품어본다면, 모든 것은 즉시 끝장나지 않겠습니까. 자신의 삶을 그 요람에 바치지 않고 말겠지요. 그러면 방치된 아기도 끝입니다. 그러면 인류 또한 없었겠지요. 그뿐입니까. 역사 또한 시작도 하기 전에 끝났을 것입니다.

세상에 태어나 빛을 보고 엄마의 눈을 보게 되면서, 아기는 눈을 반짝이며 본능적으로 사랑의 눈길을 보내고, 그렇게 하자마자 두 사람은 깊고 다정한 삶의 수수께끼를 엮어가게 됩니다.

여기에 시간이 덧붙여지겠지요. 부부가 아기를 이해한다는 단 한 가지 사실만으로, 아기가 신성하게 꼼지락대며 움직이고 의사소통을 하려 하고, 그 작은 가슴으로 엄마를 찾고 기를 쓰려 한다는 사실만으로도 그토록 완벽한 결혼의 축복은 커져만 갈까요?

사랑과 상호 신뢰의 이 두 번째 단계를 표현한 작품은 프랑스 루브르 박물관에 있는 것이 유일합니다. 그 작가 솔라리오〔밀라노 화가. 본문에서 이야기하는 작품은 1507년 작「푸른 방석에 앉은 동정녀」〕는 이 작품 하나로 이름을 남겼습니다. 다른 작품들은 대부분 유실되었습니다. 이 화가는 오랜 세월 프랑스에서 살았으니, 자매 격인 두 나라의 혼과 감정을 두루 갖고 살았던 셈입니다. 그렇지 않았다면, 그가 그 예민하고도 세련된 생명감과 그 미묘한 떨림을 찾아낼 수 있었겠습니까?

그 그림에서 빛과 어둠〔명암대비〕의 신비스런 갈등이 빚어진다거나 마술적 효과는 전혀 없습니다. 쾌적하고 평범한 풍경이 그려내는 한낮의 나무 그늘 아래 소박하게 앉아 있는 아기와 엄마입니다. 다른 것은 없습니다. 심지어 여기저기 거친 색조(복원의 흔적이 아닐까요?)가 눈에 띕니다. 그런데도 왜 가슴을 뛰게 합니까?

젊은 아기 엄마는 곱고 가냘프며, 특이하게 섬세해 보이는데도 그 이상을 바라는 듯합니다. 젖가슴이 풍만하지 않은 것도 아닙니다. 따뜻한 젖을 주려는 욕망과 부드러움이 두드러집니다. 그런데도 이 매력적인 여인은 얼마나 나약해 보입니까! 그런 여자가 어떻게 훌륭한 젖을 먹이고 자기 자신의 건강까지 지킬 수 있을까 묻게 됩니다.

그녀는 누구인지요? 조금 지쳐 보이고, 허약한 꽃 같은 이탈리아 여인일까요? 예민하고 까다로운 프랑스 여인일까요?(나는 물론 프랑스 여인이라 믿는 편입니다). 아무튼 어떤 민족인지 그 시대만큼 암시되지 않았습니다. 비참한 전쟁을 치르던 때입니다. 고운 여인이 받는 고통, 고생하는 여자들이 울지 않으려고 웃음을 지으며 견뎌내던 모습을 깊이 꿰뚫어보면서 느끼고 표현했습니다.

엄마가 보살피는 신의 피조물로서 건강한 아기는 방석 위에 앉아 있습니다. 그녀가 들기도 어려울 듯합니다. 신비스런 의미가 있는 것은 아니지만 놀라운 크기로 그렸습니다. 하지만 위대한 민족의 아기는 여전히 영웅적인 시대에 살았던 아빠의 자식입니다. 또 젊기 그지없는 엄마는 코레조가 살았던 이탈리아의 고통에 신음하고 병들어가던 시대 사람입니다〔르네상스 말기를 말한다〕. 고통스레 짜낸 최후의 신성한 묘약입니다.

이런 고약한 시대에, 아기 엄마는 제대로 먹지도 못했는데도 오랫동안 아기에게 젖을 주었다고 생각해봅시다. 아기가 그 맛을 알면 알수록, 감미롭고 더욱더 물리치기 어렵습니다. 그녀는 단호히 젖을 뗄 힘도 없습니다. 그녀는 기운이 없다고 느끼고 있습니다. 그래도 한 방울이라도 나온다면 더 줄 생각입니다. 그녀의 힘이 떨어진다 해도, 아기를 울리지 않으려고 자신은 죽어갈 것입니다.

이렇게 솔라리오의 작품은 세 가지 말을 전해줍니다.

약한 여인은 웃음을 지으며, 남아도는 것이 아니라 자기 생존에 필수적인 것을 주면서 열렬하게 말합니다.

아무리 순진하기만 한 귀여운 아기라지만, 악착같이 젖을 빠느라고
엄마의 풍만한 가슴에 상처를 남깁니다. 그래도 그녀는 여전히 이런 말을
합니다. "빨고 마셔라. 내 고통이다."

"아가, 어서 먹어라. 내 생명을!"

아무리 순진하기만 한 귀여운 아기라지만, 악착같이 젖을 빠느라고 엄마의 풍만한 가슴에 상처를 남기든가, 그 젖을 빠는 힘으로 가슴의 섬유조직에 남기는 아픔을 그녀는 느끼고 힘들어합니다. 그래도 그녀는 여전히 이런 말을 합니다.

"빨고 마셔라. 내 고통이다."

젖은 가슴을 부드럽게 부풀리면서 흘러나옵니다. 그렇게 고통을 참는 모습은 자기 목숨이 붙어 있다고 좋아하는 부상자가 보여주는 매력처럼 부드럽게 마비되었습니다. 그렇지만 그 모습은 행복해 보입니다. 비록 자신의 생명은 작아지고 죽어가지만 아기에게서 다시 크게 늘어납니다. 여인은 자기 존재의 깊은 샘에서 그렇게 이상한 기분을 느낍니다. 그러면서 이렇게 말합니다.

"먹어라, 내 기쁨이니!"

어떤 일이 있든 간에 엄마는 물리칠 수 없이 힘이 센 아기를 떼어놓지 못하는 동안, 아기는 그녀를 알고 사랑하면서, 신체적으로나 그 어린 마음으로나 모두 그녀에게 빨려듭니다.

철부지인데도 침착해 보이는 아기는 기쁨과 고통의 화살을 한꺼번에 맞아 신음하면서도 아기를 강하게 안고 있는 엄마와는 다른 모습입니다. 아기가 이런 말을 하지 않겠습니까.

"엄마가 내 절대적이고 완전한 궁극적 세계랍니다. 내 모든 것은 엄마 것이니까요. 항상 엄마한테 돌아가려 하잖아요. 내가 살아 있는지 아닌지는 몰라도, 분명 엄마를 사랑해요!"

인도에서는 손으로 발을 잡고서 활처럼 휜 몸으로 자신에게 집중하고 있는 신의 자세로써 완벽하고 신성한 삶의 윤회를 상징합니다. 마찬가지로 아기들도 엄마 품에서 그런 모습을 하곤 합니다. 엄마는 아기가 자신에게 다가오도록 도와줍니다. 하지만 아기도 가능한 한 그렇게 합니다. 본능적으로 깜찍하고 귀여운 동작으로 그렇게 하는데, 그 모습을 보면 부드럽게 힘을 쓰고 자기 몸을 집중하면서 단번에 모든 힘을 다 쏟아 온몸은 활처럼 휩니다.

3

놀이- 아기가 엄마를 가르칩니다

아기를 낳고 나서 그 덕에 완전히 새로워진 젊은 아기 엄마가 아기를 달래고, 즐겁게 놀아주고 의사소통을 하려고 쩔쩔매는 모습은 더없이 감동적이고 사랑스럽습니다. 엄마는 수수께끼처럼 감탄을 자아내는 이 보물을 어디서부터 붙잡아야 할지 몰라 합니다. 자신의 욕구와 뜻을 알아주고, 거기에 따르도록 애써주었으면 하면서 기다리는 모습이니까요. 아기에게 감탄하면서 엄마는 그 주위를 돌고, 너무 세게 껴안지 않도록 조심합니다. 또 자기에게 매달리도록 해봅니다. 이런 서투른 모습을 보고서 그녀를 말없이 지켜보던 사람은〔유모〕젊은 여자가 아기를 가졌다고 하기에는 너무 처녀 같아 보이므로 웃음을 참지 못합니다. 처음 아기를 낳은 여자들은 서툴기만 합니다. 익숙해지자면 이미 사랑에 익숙한, 정말 여자가 되어야 합니다.

그런데 마침내 이렇게 부인이 되어 여러 해를 보냈으니 처녀라고 하긴 어렵잖습니까? 내 기억으론 당신은 열여섯 살까지도 옷 입는 연습을 핑계로 인형을 가지고 놀지 않았습니까? 또 혼자가 되었을 때는 인형을 안아주고 자장가도 불러주곤 했지요—이제 놀아달라고만 하는 살아 있는 인형이 여기 있지 않습니까. 그러니 놀아보세요. 어린 마나님! 엿보지 않을 테니까.

"그래도 엄두가 안 나요. 아기는 두려워요. 너무 까다롭거든요! 건드리면 울고. 내려놓아도 울고. 다칠까 겁도 나거든요!"

이렇게 정말이지 정신이 없을 만큼 아기를 들여다보고 받드느라고 엄마들은 온종일 아기 앞에서 무릎을 꿇고 있곤 합니다. 젖과 눈길과 자장가 몇 곡으로 엄마들은 아기와 하나가 되는 느낌일 뿐 다른 것은 원치도 않습니다. 이뿐만이 아닙니다. 움직이는 동작마다 협조가 이루어집니다. 당신과 함께 움직이지 않는다면 아기가 당신을 사랑한다고 알 수 있겠습니까? 이것은 가장 긴밀한 접촉을 빚어내는 놀이이자 수유 자체는 정신의 수유와 마찬가지의 효과를 냅니다.

그 어린 혼과 사고와 의지는 같이 노는 가운데 깨어납니다. 아기에게 한 사람의 인간을 깨워냅니다. 그러면서 당신은 그 영혼과 인간, 그 욕구와 의지가 누구보다 당신에게로 향한다는 데 행복해합니다. 당신의 도움으로 자유롭게 되어도 그 첫 번째 자유로운 기운은 당신에게로 돌아오려는 것 아니겠습니까.

아기가 얼마나 옳습니까! 이 세상의 거짓 행복을 겪고 나서 우리는 얼마나 자주 자발적으로 모성의 천국으로 되돌아가곤 합니까! 여자의 품에서 벗어나더라도 이 세상 우리가 사는 하늘 밑에서 결국 그녀의 품으로 되돌아오게 될 뿐입니다.

"하지만 내가 어떻게 해야 하나요? 물론 아기의 동무가 되는 것이 아주 행복하지만, 뭘 어떻게 해야 하지요?

– 별일도 아닙니다. 아기 저 스스로 할 테니까요. 잘 지켜만 보고, 양지바른 풀밭에 가만히 내려놓으시면 됩니다. 화단에. 그러고 나서 지켜보세요. 아기의 몸놀림대로 따라하고 그것을 배우면 되지요."

이런 움직임, 이런 외침, 우선 힘겨운 노력, 그 작은 놀이는 전혀 멋대로 하는 것이 아닙니다. 여기서 당신은 당신의 젖먹이만 보고 있는 것이 아닙니다. 바로 당신이 그랬듯이, 아기처럼 어린 인간성을 보고 있는 것입니다. 프뢰벨〔독일 교육학자〕은 이런 말을 했습니다.

"이 맨 처음 움직임이 우선 우리 인류가 갖고 있던 성향과 사고와 욕구를 우리에게 이야기해주고 또 새롭게 합니다. 아기는 물론 인위적인 사회생활로 변질된 우리 인종적 성격 때문에 약간 당황스런 요소를 거기에 덧붙이기는 합니다. 하지만 전체적으로 인류의 까마득한 시원과 그 미래의(장차 발휘할) 본능을 상당히 진지하게 드러내는 면이 있습니다. 아기의 놀이는 마술 거울 같은 것입니다. 그것을 들여다보면서 우리는 인간이 무엇이었고, 무엇이 될지, 그 목적에 이르도록 하자면 어떻게 해야 할지 등을 배우게 됩니다."

여기서 이미 으뜸가는 교육 원리를 끌어내봅시다. 그 원리가 다른 나머지 원리들을 주도하니까요.

"아기 엄마가 아기에게 가르치는 것은 먼저 아기가 그녀에게 가르쳐주었을 것일 뿐이다."

즉, 엄마는 아기에게서 발전하는 것의 맨 처음 싹들을 끌어낸다는 뜻입니다. 또 아기를 통해서 그녀는 우선 이성의 반짝임을 보게 되며, 이것이 결국 그녀를 돕고 깨우칩니다. 그녀는 이렇게 말합니다.

"그렇게 그 싹이 좋고, 반짝이는 이성이 신성하다고요? 감사합니다. 아! 나도 그렇게 생각하고는 있었어요. 아기가 착하지 않다는 험담을 듣기도 했지요. 그런 말을 누가 믿겠어요. 이제 그 애 속에 선한 하느님을 느낄 수 있게 되었군요!

멋진 충고로군요! 마음에 와닿아요! 내 눈으로 그 애를 똑똑히 보고, 그 애를 모든 점에서 내 법으로 삼거든요. 그 애가 바라는 것만 바랄 뿐이니까요!"

104

아기 같은 엄마, 진정하시고 우선 아기가 무엇을 원하고 또 알고 있는지 주목해봅시다. 아이가 한꺼번에 어지럽게 몰려드는 많은 것에 질려 하진 않는지, 그중 하나를 고르기 위해 당신에게 도움을 청하지는 않는지, 아기가 원하는 대상을 분명히 해줍시다.

프뢰벨이 얼마나 잘 지적했습니까. 그는 바로 여기서 현자들이 헛고생하며 찾아왔던 교육의 수수께끼를 "훌륭하고 단순한 방법"으로 찾아냈습니다.

프뢰벨이라는 사람에게 어울리는 이론입니다. 이 독일 농부는 유능한 교육가가 될 만큼 훌륭했습니다. 그는 어린애 같은 특별한 재능으로 가장 어렸을 때 받은 인상을 또렷하게 되살리는 독특한 능력을 타고났습니다. 그는 이렇게 말합니다.

"나는 짙은 안개에 덮여 있었다. 아무것도 보이지도 들리지도 않았다. 우선 자유로웠다. 하지만 많은 이미지와 소리가 우리 감각에 전해지면서 현실은 우리를 압박한다. 잘리고 뒤섞인 이해할 수 없는 것들의 세계가 감당하든 말든 우리에게 들이닥친다. 우리는 놀라고 걱정하고 옴짝달싹 못하고 너무 흥분한다. 그렇게 많은 순간적 인상 끝에 피로만 남는다. 이때 구원과 행복이라면, 친절한 사람이 자주 나타나 쉽고 익숙해질 수 있는 것을 골라줄 때이다. 바벨탑처럼 어지러운 혼란에서 우리를 구하고 숨을 돌리게 해줄 테니까."

아기를 거북하게 하지 않는 이런 초기 교육이 아기에게는 구원이자, 숨 막히게 너무 많은 인상에 시달리도록 하는 "혼돈에서 탈출"하는 것입니다. 엄마는 질서 있게 하나씩, 편안함을 고려해가면서 아이에게 물건을 주어야 합니다. 그 작은 물건을 아기가 좋아하는지, 그 나이에 필요한 자유로움을 방해하지는 않는지 관찰하고 조절하면서.

이런 식으로 좋고 확실한 방법을 찾자면 아기의 성향을 이해하면 됩니다. 밤낮으로 아기를 돌보며 주시하고, 아기의 상태와 원하는 것과 해줄 수 있는 것을 잘 알고 있는 엄마로서는 쉬운 일입니다.

첫째, 아기는 사랑받고 싶어합니다. 당신이 자기를 보살피고 사랑을 보여준다는 것을…. 얼마나 쉽습니까!

둘째, 아기는 항상 활발하게 움직이고 싶어합니다. 자기 행동의 작은 반경을 더 많이 넓혀가면서, 이런저런 식으로 여기저기 멋대로 옮겨 다니고 싶어합니다. 그러니 놀라지 마십시요. 당신 곁에서 멀지 않은 곳일 뿐이니까. 당신의 옷자락을 놓치지 않을 정도로 가깝고, 특히 금세 달려들어 껴안을 만큼 가까운 곳에 제한된 자유 아닙니까.

셋째, 이미 새로운 것을 발견하는, 돌아다니는 재미를 들인 아기는 새로운 대상에 적지 않게 관심을 둡니다. 아기가 알고 싫어하는 것은—당신을 통해서, 아기는 항상 당신의 일부입니다—단지 무지하고 약한 본능에서만이 아니라, 뭐라 말하기 힘든 것이지만 바로 따뜻하고, 사랑하고 좋은 것은 모두 당신, 삶의 젖이요 자연의 꿀인 당신을 통해서 나타납니다.

넷째, 겨우 걸음마를 하고 말문을 여는 아주 어린 아기도 이미 우리 어른이나 다름없습니다. 아기의 눈과 마음도 우리와 마찬가지로 판단하고, 당신을 매우 아름답게 봅니다. 아기에게는 당신을 닮은 것이면 무엇이든 아름답습니다. 가깝든 멀든 모든 것은 엄마의 사랑스런 모습을 연상시킵니다. 아기는 또박또박 말합니다.

"이거 예뻐!"

물건의 경우도 아기는 생물의 아름다움과 관련해서 이해합니다. 이런 물건에서도 그 살아 있는 아름다움이 아기의 판단에 큰 영향을 줍니다. 이중적 신체기관과 형태의 균형, 당신의 손과 눈은 아기에게 조화로운 관념을 심어줍니다.

그 밖에도 아기가 정말로 신처럼 굉장한 것은, 너무나 활기에 넘쳐 모든 대상에 거침없이 달려든다는 것입니다. 이 경우 단순한 것들이 제일 좋습니다. 생물 같은 것도 즐거워하겠지만, 그 멋대로의 움직임에 거북해합니다. 아기는 알고 싶어서든 호기심에서든 그것들을 악의도 없이 자르거나 할 것입니다.

따라서 아기에게 기본적인 행태로 구성된 것(아기 또한 여전히 초보적인 상태거든요), 규칙적인 모양의 것을 주어야 합니다. 놀면서 유기적으로 짜 맞춰볼 수 있는 것으로. 자연은 처음 결합하려는 노력에서 수정을 만들어냅니다. 자연처럼 해야 합니다. 아기에게 수정을 만들어내기에 유리한 형태를 주어야 합니다. 여러 재료를 갖고서 아기는 그것을 겹치거나 늘어놓거나 하며 무언가 만들어냅니다. 아기의 본능은 그런 것입니다. 아무것도 주지 않으면 아기는 모래를 갖고서라도 그렇게 애쓸 것입니다. 항상 무너져 내릴망정.

특히 종속적으로 보고서 따라하는 모델은 곤란합니다. 모방하는 아이를 만들지 맙시다. 아기의 정신, 최소한 그 기억을 믿도록 합시다. 아기는 작은 집에서 예쁜 원형을 찾아낼 것입니다. 어느 날 아침 당신은 그 집을 알아보고서 놀라겠지요.

"기적이야! 이걸 걔가 만들었어요. 우리 아들 천재적인 예술가예요!"

이런 모습을 보여주는 창조적인 예술가가 정말 인간의 고유한 이름입니다.

무언가를 만들어내는 가운데 인간은 자기 자신을 창조합니다. 진정한 프로메테우스입니다.

그렇기에 순수한 본능에서 우러나오는 마음으로, 말은 하지 않아도 우선 당신은 그가 신과 같다고 느꼈을 것입니다.

그러니 이렇게 두려워하게 됩니다.

"그렇다면 벌써 독립한 셈이잖아. 금세 떠나버리면 어떡해!"

아닙니다. 걱정 마십시오. 아주 오랫동안 아기는 사랑에 기대 살 것이고, 당신에게 속해 있고, 그렇게 하는 것이 아기의 행복입니다. 만약 아기가 무언가를 만든다면 그것은 당신에게 주고 싶어서 그러는 것입니다.

"마마, 이것 좀 봐(아기에게 당신의 시선과 그 축복만큼 아름다운 것이 어디 있겠습니까). 엄마 주려고 만들었지…. 예쁘지 않으면 다른 것 만들어줄게."

돌에 돌을, 나무에 나무를 얹는 아기입니다.

"이것 좀 봐. 엄마가 앉을 작은 의자야. 작은 계단 두 개, 복도, 이건 지붕이야. 엄마가 어린 아기랑 살 집이야."

이렇게 당신은 아기와 완전히 하나의 고리가 됩니다. 아기는 당신에게서 시작해서 당신에게로 돌아옵니다. 그 어린 창의력을 보이는 첫 번째 노력과 시도는 그런 자기 작품 속에 당신을 들어앉히려는 것이고, 그렇게 해서 자기 집에 당신을 들어앉히려는 것입니다.

어린이의 행복한 생활은 모두 사랑 속에서 이뤄집니다! 누가 아쉽고 그리워하지 않겠습니까?

4

아기는 얼마나 연약하고 신성합니까

일반적으로 아기들이 많이 살아남지 못한다는 사실을 생각할 때, 부모는 어떤 대가를 치르든 아기들을 행복하게 해주고 싶은 강렬한 욕구를 보입니다[19세기 당시 유아 사망률은 오늘날보다 훨씬 높았다].

일 년을 못 넘기고 신생아 가운데 4분의 1이 사망합니다—곧 이 첫해에 두뇌에 신성한 빛의(이성) 세례조차 받지 못한 때입니다. 3분의 1은 이 년을 못 넘깁니다. 엄마의 달콤한 애무를 거의 알기도 전이고, 또 엄마에게서 지상 최고의 행복을 맛보지도 못합니다.

절반은(여러 나라에서) 성년이 되기 전에 사망합니다. 첫사랑의 오로라를 보지도 못한 채. 어린이로서 무리한 노동과 건조하고 엄격한 공부에 시달리다가 이 청소년들은 어른이 되는 매혹과 행복이라는 두 번째 탄생에 이르지 못합니다.

이런 상황에서 고아에게 최상의 피난처는 묘지가 될 뿐이라고 하겠습니다. 모스크바에서 지난 20년간 3만7천 명 가운데 1천 명만이 살아남았습니다. 더블린에서는 1만2천 명 가운데 2백 명입니다. 60분의 1에 불과합니다. 파리의 고아원은 어떨까요? 찾아가보고 감탄했지만, 결과는 실제로 잘 알려지지 않고 있습니다. 그곳에는 매우 다른 두 개의 반이 있었습니다. 1반은 다 커서 들어온 '고아'들이라 생존 가능성이 높습니다. 2반은 "버려진 아기", 즉 신생아들입니다. 유모에게 보내지지만, 이들의 목숨은 고작 몇 달에 지나지 않습니다.

우선 "행복한" 아이들 이야기만 해봅시다. 엄마가 있어 애정으로 보살핌을 받으면서 미래를 약속받은 아이들 말입니다. 그 아이들을 봅시다. 다섯 살까지는 모두들 예쁜데, 그러다가 아홉 살이 되면서 미워집니다. 즉 우리가 아이들을 교육제도 속에 가두어 가르치기 시작하면서 애들은 변하고 천박해지며 왜곡됩니다. 이런 모습을 두고 우리는 자연 탓을 합니다. "말썽부리는 시기(미숙기)"라면서. 그런데 고약하고 삭막한 것은, 완전히 활달한 어린아이를 야만적으로 가두어놓고, 예민하고 상상에 넘치는 작은 머리를 독서나 산수 같은 추상적인 것으로 몰아가는 우리의 서투름입니다. 다른 것이 아닙니다! 어린이에게 해가 되지 않도록 하자면 잘 준비된 여러 해의 이행기를 거치는 것이 절대적으로 필요합니다. 짧고 쉽고 크지 않은 과제에 다양한 활동을 가미해야 합니다(아무튼 이런 활동은 기계적인 것이 아니어야 합니다). 우리의 고아원은 이런 조건을 채우기에는 터무니없이 부족합니다.

❦

교육 문제는 미래의 발전 문제만은 아닙니다. 그 대부분은 삶과 죽음의 문제입니다. 그러니 슬퍼할 수밖에 없지요. 이 세상에는 그간 내가 보아온 교육제도로 두 가지가 있지만 모두 실패한 듯합니다.

전통적이고 권위적으로 가르치는 교육, 즉 에콜이나 콜레주(작은 세미나―아무튼 똑같은 방법을 따르고 있습니다)〔콜레주는 오늘날 중학교를 뜻하지만 당시는 유소년 기숙학교〕같은 공사립 학교에서 시행하는 교육은 유럽에서 권위를 잃고 있습니다. 너무나 분명한 이런 무기력에서 벗어나보려는 최근의 시도는 되레 혼란만 가중시키고 있습니다.

다른 한편 자유 학교, 즉 아이들을 주입식으로 가르치기보다는 개성을 살려주려는, 루소와 페스탈로치의 영향으로 개설된 학교들은 독창성 있고 훌륭하지만, 스위스와 독일에서만 한동안 잘나가다가 포기되고 말았습니다.

이런 학교들은 엄마들의 마음에 들었습니다. 어찌됐든 간에 아이들이 다니기를 좋아했기 때문입니다. 하지만 아빠들은 이 학교들이 지나치게 더딘 교육 방법을 택하고 있어 가르쳐주고 이끌어주는 것이 너무 없다고 생각했습니다. 엄마들은 결국 울음을 터트렸지만, 모든 어린이가 콜레주로 들어가게 되었습니다(민간이든 가톨릭이든). 많은 아이가 거기서 시들고 죽어갔습니다. 배우는 것도 거의 없이, 죽을 정도로 초인적인 노력을 해야 했기 때문입니다. 너무 다양한 교과목을 서로 긴밀한 관계도 없이 각각 나넌 채 따르다보니 이것이 어린 정신을 고갈시키고 짜증에 시달리게 했습니다.

이제 곧 이야기하게 되겠지만, 여자 아이들은 페늘롱〔프랑스 교육학자〕이 훌륭한 책을 내놓고, 『에밀』을 쓴 루소가 주인공 소피를 그려낸 시대가 되어서야 교육받기 시작했습니다. 살아갈 날에 대비하도록 여아들에게 가르쳐주는 것은 아무것도 없었습니다. 놀라운 재능을 발휘하기도 하고, 남자 아이를 위한 공부(상대적으로 빈곤 계층의 교실)를 하기도 했습니다. 그러나 여자로서, 아내와 어머니에게 적합한 어떤 교양도, 즉 여성에게 특수한 교육은 전혀 없었습니다.

나는 지겨울 정도로 이런 문제를 다룬 형편없고 쓸데없는 책들을 읽어보았습니다. 다른 한편 학교생활을 했던 교육자로서 나 자신의 방법에도 많은 의문이 들었습니다. 그래서 그 해 나는 더 위로 거슬러 올라가기로 결심했습니다. 사람의 신체기관이 처음 발달하는 시기를 공부하고, 그 실체를 검토하고, 물질적인 관찰을 했습니다. 그 과정에서 신체는 정신에 관해 많은 이야기를 해주었습니다. 어린아이가 가지고 놀고 싶어하는 도구, 자신의 경향을 드러내게 해주는 도구를 더듬어보는 데에서 그 아이 능력의 수준을 알 수 있었습니다.

봄이었지요. 클라마르 병원에서의 해부 실습은 끝나고, 겨울 동안 북적대던 이곳도 이미 고요해졌습니다. 나무는 새들로 넘치고, 화단에 가득 핀 꽃들만 썰렁한 회랑을 채웠습니다. 하지만 어떤 꽃도 내가 공부했던 상형문자 같은 꽃에 비할 순 없었습니다. 이 말은 막연한 비유가 아닙니다. 내 인상은 정말이지 그랬으니까요. 어떤 거부감도 없었습니다. 그러기는커녕 감탄과 애정, 측은한 마음만 불러일으켰습니다. 한 살짜리 아이의 뇌는 처음 보았을 때 그 밑바탕이(머리 안쪽 면입니다) 크고 힘차게 핀 카멜리아 꽃송이 같습니다. 푸르스름한 빛이 감도는 섬세한 장밋빛 혈관이 퍼진 상아빛 엽맥葉脈에 덮였습니다. 기껏 상아빛이라고 했지만 사실 순백에 가까웠고, 그러면서도 지상의 어떤 것과도 다르다는 생각을 줄 뿐인, 특이하게 애처로움을 자아내는 부드러운 빛깔입니다.

이런 점은 분명했습니다. 아무튼 강렬한 첫인상에도 환상적인 모습을 불러일으키지는 않았습니다. 닥터 베로는 유능한 화가이기도 해서, 그는 매일 이런 것을 보면서 그리는 데 익숙했는데 그도 나와 같은 생각이었습니다. 이 세상 어느 것보다도 섬세하고 순수하며 매력적인 그 뇌는 정말로 꽃 중의 꽃입니다. 자연이 피워낸 가장 감동적인 아름다움입니다.

내가 연구하던 이 병원은 규모가 커서 신중하게 관찰한 것을 되풀이하며 확인할 수 있었고, 연령별 성별이 다른 아이들을 비교도 하고, 아이들을 성인·노인과 비교할 수도 있었습니다. 며칠 만에 나는 모든 연령의 두뇌를 보게 되었고, 나이가 들고 시간이 변하면서 이행된 과정을 추적할 수 있었습니다.

영아들 가운데 가장 어린 여아는 불과 며칠밖에 살지 못했습니다. 남아들은 일 년 이상이었습니다. 그 여아는 눈도 뜨지 못했고, 남아들은 그 살았던 자취를 간직했습니다. 그 어린 여아의 두뇌는 거칠고 희미했습니다. 반대로 사내아이들 것은, 더 나이든 아기들이나 성인들 것만큼이나 화려할 정도로 뚜렷하고 강한 모습이었습니다.

생후 첫해에 이렇게 거대한 혁명을 거치면서 정신의 발전은 (얼굴에서도 나타나는) 나이보다 두뇌의 모습을 훨씬 더 수정하곤 합니다. 대여섯 살짜리의 또랑또랑하게 생긴 여아는 스물여섯 살이나 서른여섯 살의 천박한 여자들보다 소용돌이 꼴과 주름[두뇌 조직]이 더욱 선명하고 섬세하게 두드러졌습니다. 소뇌의 두께, 즉 "생명의 나무"라고 부르는 부분이 그려내는 신비스런 모양이 그토록 어리고 귀여운 소녀에게서 윤곽이 훨씬 더 뚜렷하고 명확했습니다.

그런데 이런 것이 예외는 아닙니다. 비슷한 또래의 여러 소아에게서 나는 거의 같은 특징을 보았습니다. 이런 사실에서 나는, 다섯 살이면 두뇌뿐 아니라 척수와 모든 신경조직이 가장 크게 발달한다는 결론을 얻었습니다. 근육이 그와 같이 발달하기 훨씬 오래전에, 인간으로서 여전히 나약한 단계에서 감수성과 운동에 관련된 두뇌 신경은 매우 성숙합니다. 이미 그 매력적인 조화는 한 사람인 인간의 것입니다.

그런데 이렇게 성장하기는 했지만, 그 또래 어린이는 여전히 의존적이며 어른에 의해 좌우됩니다. 다섯 살짜리의 두뇌는 깨끗하고 순수한 칠판, 눈에 띄게 섬세한 상아판 같아서 거기에 쓰여질 것을 기다리는 모습입니다. 이런 말을 하는 듯합니다.

"원하시는 대로 써보세요. 믿고 따르겠어요. 그렇게 하려고 여기 와 있거든요. 나는 당신께 너무 기대고 있고 완전히 당신 거예요!"

어떤 고통을 피할 줄도, 자신에게 필요한 것을 할 줄도 모르는 그 또래 어린이의 말입니다. 그러면서도 사랑하고 이해하는 능력은 대단히 앞서 있으니 그런 도움을 애원하는 듯합니다. 차라리 기도 같다고나 할까요. 죽어서도 그 소녀는 여전히 기원하고 있었습니다.

깊은 감명을 받기도 했지만 무엇보다 깨우칠 것이 많았습니다.

가엾은 소녀의 신경망을 보면서 어린이의 운명을 결정하는 현실의 모순을 매우 분명하게 직시하게 되었습니다.

우선 다른 어떤 필연적인 움직임보다 더 "살아 움직이는" 것이 신경조직입니다. 가동성, 즉 움직임을 관장하는 신경은 거기에 대칭되는 균형을 잡아주는 신경보다 먼저 활달하게 발달합니다. 그 꾸준한 작용은 우리를 끝없이 성가시게 하고 자극합니다. 그 나이를 알 수도 없습니다. 가동성 신경은 생명 그 자체입니다.

다른 한편 "감수성의 신경은 완벽합니다." 그래서 아픔과 사랑을 느끼는 능력은 우리가 생각하는 것을 훨씬 능가합니다. 버려진 아기들에게서 그것을 볼 수 있습니다. 대여섯 살에 버려진 아이들은 사랑받지 못하고 위로받지 못한 깊은 아픔 때문에 죽고 맙니다.

더더욱 놀라운 것은 그토록 여린 나이에 사랑의 감수성은 어른보다 더욱 강하게 신경조직에서 드러납니다. 무섭기조차 했습니다. 성기 속에서 여전히 잠든 상태의 사랑이 이미 성에 작용하는 척수의 끝에서 모두 깨어나 있는 모습으로 보였습니다. 아주 미미한 부름(맨 처음의 부름)에도 예민하게 반응하리라는 데 의심의 여지는 없습니다. 따라서 까닭을 알 수 없게 해대는 순진한 예쁜 짓과, 갑작스런 수줍음, 낯을 가리는 순간적인 동작 등이 놀랍지 않은 것입니다.

가슴이 떨릴 만큼 딱한 조건입니다. 끝없이 움직이는 이런

다혈질의 변덕스런 어머니들은 자신들의 격한 성격으로 아이들을
흥분시키고 강요합니다. 나는 그런 어머니들이 섬세한 신체기관의 모습처럼
고통스러우면서도 유익한 인상을 보여주길 원합니다. 아이는 조용하고
부드러운 사랑과 순수한 조화의 세계에 둘러싸여 있어야 합니다.
그 작은 피조물은 그 자신 이미 사랑을 느끼고 있는데, 엄한 것 못지않게
지나친 애정도 두려워합니다.

존재는 그와 동시에 무한하게 예민하다는 사실을 잊지 맙시다. 관대하게 대하고 참을성을 보입시다! 제발.

우리는 이런 것을 종종 거칠음 못지않게 자기 식대로의 애정으로 무시하게 됩니다. 다혈질의 변덕스런 어머니들은 자신들의 격한 성격으로 아이들을 흥분시키고 강요합니다. 나는 그런 사람들이 그토록 섬세한 신체기관의 모습이 주는 고통스러우면서도 유익한 인상을 보았으면 합니다. 아이는 조용하고 부드러운 사랑과 순수한 조화의 세계에 둘러싸여 있어야 합니다. 그 작은 피조물은 그 자신 이미 사랑을〔신체기관으로〕 느끼고 있는데, 엄한 것 못지않게 지나친 애정도 두려워합니다. 이 작은 아이들을 아낍시다. 그리고 살아나게 합시다!

5
여섯 살의 사랑- 인형

마담 네케르 드 소쉬르[19세기 문인]의 생각은 놀랍습니다. 열 살까지 사내아이와 계집아이는 거의 같고 또 한쪽에 대한 말을 다른 쪽에도 똑같이 할 수 있다고 했습니다.

그런데 잘 들여다보면 이런 "엇비슷한" 것이 실은 차이가 굉장히 큽니다.

어린 소녀들은 나이에 비해 가뿐하지만 이미 꽤 차분합니다. 소녀들은 온화하기도 합니다. 소녀들이 강아지를 못살게 굴고 목을 조르며 새의 깃털을 뽑거나 하는 것은 보기 힘든 일입니다. 소녀들은 착하고 다정한, 깜찍한 능력을 보여줍니다.

한번은 내가 몸이 조금 불편해서 소파에 기대 외투를 반쯤 덮은 채 잠이 들었습니다. 마침 어머니를 따라 우리 집에 와 있던 소녀가 깜찍하게도 조르르 달려와 외투로 나를 잘 덮어주고 마치 침대 덮개처럼 만들어주려 했습니다. 이 귀여운 소녀를 어떻게 사랑하지 않을 수 있겠습니까? 그럼에도 우리는 그 사랑을 지나치게 보여주어서 버릇을 나쁘게 할 수는 없겠지요.

소년은 전혀 다릅니다. 사내아이들은 함께 오랫동안 어울려 놀지 못합니다. 우선 집짓기를 시작했다면 소년은 금세 그것으로 자동차 놀이를 하려들곤 합니다. 그것을 껑충 넘어 정복할 목마를 원하곤 하겠지요. 그러면 여자 아이는 따로 놀게 됩니다. 사내아이는 계집아이에게 오빠나 동생 또는 어린 남편감 같은 역할에 미덥지 못합니다. 사내아이가 계집아이보다 더 어릴 경우에도 계집아이는 그에게 실망하고, 혼자 노는 편을 택합니다. 이런 일이 있습니다.

특히 겨울이 그렇지만 난롯가에서 이런 것을 보게 됩니다. 더욱 움츠려 처박혀 있을 때일수록 돌아다니지도 않게 되고, 바깥활동도 크게 줄어듭니다. 어느 날 당신은 딸아이에게 야단을 조금 쳤습니다. 그런데 아이가 한구석에서 조용히 작은 물건을 포장하는 모습을 보입니다. 작은 막대나 끈 또는 헝겊조각 같은 것으로 가운데를 묶고, 조금 위쪽도 감아 묶습니다. 키와 머리를 나타내려는 것이지요. 그러고 나서 그것을 꼭 껴안고 흔들어주며 작은 소리로 속삭입니다.

"너, 날 사랑하지? 넌 나 야단치지 않지?"

놀이지만 진지하고, 우리가 생각하는 것보다 훨씬 더 진지합니다. 우리 아기의 아기인 이 새로운 인물은 누구일까요? 이 수수께끼 같은 장난감의 역할을 따져봅시다.

당신은 이것이 단순히 엄마처럼 크고 싶어서 "엄마 흉내 내기"를 하는 것이라고 생각합니다. 딸아이 또한 그 장난감을 어린 계집아이 삼아 지배하고, 껴안거나 야단치고 싶어합니다. 그렇지만 이것이 전부는 아닙니다. 이런 흉내를 내는 동안 그 마음은 모든 것에 전해집니다.

있는 그대로 말해봅시다. "이것이 첫사랑입니다." 이상적인 것은, 남자 형제가 아니라(너무 거칠고 수선스럽습니다) 어린 자매, 자신과 마찬가지로 사랑스럽고 부드러우며 자신을 애무하고 위로하는 여동생입니다.

또 다른 관점도 설득력이 있습니다. 바로 이런 놀이가 "최초의 독립심을 보여줍니다." 개성의 수줍은 노력입니다.

그 귀여운 행동에서 그 아이 자신도 모르는, 혼자 조금 겸손하게 물러서려는, 여성적인 이의 제기의 모습을 보입니다. 딸아이는 여성적인 역할을 시작합니다. 언제나 권위를 따르면서 소녀는 엄마에게 조금 투덜댑니다. 이것은 훗날 남편에게 그러는 것과 비슷합니다. 소녀는 한숨을 돌리자면 아주 작고 믿음직한 존재가 필요합니다. 어떻게? 오늘은 없을지 모르지만 언젠가 앞날에 찾아오지 않겠습니까? 어린 것이 얼마나 옳습니까! 아이고, 요것아. 네 작은 행복들은 고통과 뒤섞이게 될 텐데! 너희에게 감탄하는 우리 남자들은 그러면서도 너희를 얼마나 울리곤 하더냐!

농담을 할 수 없습니다. 그것은 진지한 열정입니다. 엄마는 그것을 잘 지켜보고, 비록 장난감이나 인형이지만 선의로 딸아이의 아기를 환대해야 합니다. 인형을 무시하기는커녕 변덕스러운 아이가 항상 좋은 엄마가 되라고 힘주어 말해야 합니다. 제대로 입히고, 버릇없게 하지도 않고 팽개치지도 않으며, 아이처럼 똑같이 합리적으로 대해주어야 합니다.

이 책을 읽는 큰아기들인 아빠, 오빠, 어른 등 여러분도 집에 있는 이런 어린 아기를 비웃지 않아야 합니다. 곰곰 생각해보시지요. 여러분도 마찬가지 아니었는지요? 심각한 일에 부딪혔을 때 얼마나 번번이 쑥스럽게 반성하면서 웃어 넘기곤 했습니까. 인형을 가지고 놀았었다고 털어놓으면서….

어린 딸아이의 인형은 그 아이의 작품입니다. 그것이 소박하며 초보적이고 개성적이면서, 아이가 거기에 자기 마음을 더 많이 쏟는 만큼, 몹시 슬퍼할 위험도 크다는 사실을 유념해야 합니다.

프랑스 북부의 가난하고 힘들게 사는 농촌에서 나는 나이보다 똑똑한 야무진 소녀를 보았습니다. 이 소녀에게는 오빠들밖에 없었습니다. 소녀는 늦둥이로 태어났고, 부모는 아이를 더 가질 생각도 못 하고 있다가 엉겁결에 이 딸을 낳았던 모양입니다. 엄격하고 부지런한 소녀의 어머니는 아들들이 놀고 있는 동안 항상 이 딸을 곁에 두고 일을 했습니다. 아무튼 오빠들은 어린 또래의 아이들이 그렇듯 까불며 나대고, 어린 누이와 놀아주지 않았습니다. 소녀는 직접 정원을 만들어보려고 했지만 오빠들은 이런 동생을 놀리기나 하고 그 땅을 짓뭉갰습니다. 소녀는 당연히 헝겊으로 작은 인형을 만들어 오빠들의 심술이나 엄마의 야단을 하소연하며 위로받았습니다. 소녀의 정은 너무나 깊었습니다. 인형은 그것을 느끼고서 놀랍게도 소녀에게 귀여운 목소리로 답하곤 했지요. 소녀의 애틋한 토로와 감동적인 이야기를 들을 때면 인형도 눈시울을 적시고, 결국 둘은 서로 끌어안고 울곤 했습니다.

그러던 어느 일요일, 그런 모습을 오빠들이 보았습니다. 오빠들은 깔깔대면서 인형을 빼앗아 나무 꼭대기에 던져버렸습니다. 소녀가 오를 수 없을 만큼 높은 곳이었지요. 울고불고 해도 허사였습니다. 그 인형을 사랑하던 소녀는 괴로워하면서 결코 다른 인형을 만들지 않았습니다. 날씨가 궂은 계절에는, 소녀는 인형을 생각하고 눈보라 속에서 얼어 죽지 않을까 슬퍼했습니다. 봄이 오고 나무를 베어내게 되었을 때, 소녀는 나무꾼에게 인형을 찾아달라고 애원했습니다. 오래전부터 이 가엾은 자매인 인형이 북풍한설에 날아가버렸던 것을 알지도 못했겠지요.

그로부터 2년 뒤 소녀의 어머니가 이곳을 찾은 행상으로부터 오빠들에게 입힐 옷을 고르고 있었습니다. 그 행상은 인형도 팔고 있었는데, 딸아이가 그것들을 들여다보는 것을 알았습니다. 딸아이 옷을 사 입히지도 못했던 어머니는 무언가 사주고 싶어 작은 독일 인형을 골라주었습니다. 소녀는 너무 좋아 어쩔 줄 몰라 하며 인형을 안아들고 깡충거리며 제대로 걷지도 못할 정도였습니다. 접히는 형태의 이 인형은 온순하게 소녀의 뜻을 따랐습니다. 소녀는 인형에게 화장도 해주고 옷도 입혔습니다. 주인으로서 인형을 예쁘고 눈부시게 가꿔줄 생각뿐이었습니다. 그런데 이것이 문제였습니다. 오빠들은 예쁜 인형을 빼앗아 죽도록 춤을 추게 하면서 팔을 뽑아버리고 말았습니다. 소녀는 그 충격으로 병상에 누울 정도가 되었습니다. 이 새로운 고통으로 소녀는 비쩍 마르기 시작했습니다.

그런데 다행히 한 처녀가 소녀가 그토록 슬퍼하는 것에 안타까워하며 자기가 옛날에 가지고 놀던 예쁜 인형을 찾아냈습니다. 옛날 인형이라 낡긴 했지만 나무 인형보다는 훨씬 더 환상적이었습니다. 그 모습은 완벽했습니다. 옷을 입히지 않아도 살아 있는 듯했지요. 소녀 또래의 여자 동무들이 그것을 너무 좋아했습니다. 이미 이 동무들의 놀이에서 가장 중요한 것이 되었고, 또 가장 일찍 나타나는 열애의 표시를 보이기도 했습니다. 소녀가 아파서 잠시 누워 있을 동안, 아마 질투심 때문일지 모르지만, 누군가 인형을 잔인하게 부숴버렸습니다. 이 세 번째 비극은 너무나 강렬해서, 소녀는 심하게 실망하고서는 절대 웃지도 놀지도 않게 되었습니다. 항상 자신의 꿈에 속은 소녀는 삶에 절망했고, 다시 피어나지 못하게 되었으며 어떤 것으로도 회복시킬 수 없었습니다. 불행했으면서도 그토록 포근한 애정이 가득했던, 이 귀엽고 순진한 소녀는 그녀를 알던 모든 사람을 애석하게 하면서 죽었습니다.

6
여자는 종교입니다

아버지는 교육에서 미래에 대한 생각에 꽉 차 있습니다. 즉 불확실성에. 반면 어머니는 주로 현재에, 즉 지금 아이가 행복하게 살기를 바랍니다. 나는 어머니 편입니다.

살아남아야지요! 사실 이것이 가장 어렵습니다. 남자들도 이런 사실을 모르지 않습니다. 남자들은 나약한 어린아이를 매일 보살피는 걱정과 배려와 노력이 얼마나 큰 것인지를 빤히 보고 있지만, 그래도 냉정하게 아이가 10년 뒤에 어떻게 될지 곰곰 생각합니다. 남자들은 아이들의 무서운 사망률의 확실한 공식적 수치가 무슨 뜻인지 잘 알고 있습니다. 태어난 아기는 오랫동안 언제 죽을지 모를 날들을 살아갑니다. 어머니가 없다면 그런 죽음은 확실합니다. 요람이라는 것은 대다수 아기들에게 밤과 밤 사이의 잠깐 밝았던 낮일 뿐입니다.

글을 쓰는 여성들은 자신들 여성의 불행에 대해 웅변적인 책들을 내놓고 있습니다. 그런데 만약 아기들이 글을 쓸 수 있다면 얼마나 할 말이 많겠습니까!

"우리를 보살펴주세요, 아껴주세요. 요 몇 날 몇 달 사이에 우리는 자연의 가혹함에 시달렸거든요. 우리가 얼마나 엄마 아빠한테 기대어 살고 있는지 아시잖아요! 정말이지 엄마 아빠는 힘도, 생각도, 경험도 뛰어나잖아요! 조그만 기술과 솜씨를 보여만 주셔도 우리는 잘 따르고 원하시는 대로 할 거예요. 그래도 엄마들 치마폭에서, 은은한 빛을 쐬고 있는 그 단 하나뿐인 시간을 줄이지 말아주세요. 만약 우리가 내일 땅속으로 들어가면 어떻게 하려고요. 우리가 이 세상 모든 좋은 것을 눈물에 젖게 하면서 가져갈 텐데."

이래서 성급한 사람들은 내가 아이들에게 무한한 자유를 주자고 주장한다 여기겠지요. 그만큼 우리가 고생할 것이라고. 내가 아이들의 본능적 성향만 문제 삼으며 그렇게 따라야 한다면서….

그렇지 않습니다. 내 출발점은 이미 보았다시피, 프뢰벨이 일찍이 주장했던 독창적이고 심오한 생각입니다.

"세상에 태어나 맨 처음 받는 혼란스런 인상에 젖어 있도록 그대로 내버려둔다면, 아기는 매우 불행해진다. 엄마가 이런 피곤한 혼란을 조화로운 몇 가지 대상으로 대신해주면, 이는 아이에게 해방과 같다. 엄마가 주도하면서 질서를 찾아주는 것이다. 질서는 인간 정신의 불가분한 것이며 어린이에게는 행복이다."

엉뚱한 움직임과 무서운 소란, 복잡하게 뒤얽힌 감각 작용의 혼란은 무익하며, 발육기 아기의 행복에는 불필요합니다. 나는 자기 멋대로 할 수 있게 내버려둔 가엾은 어린 것들을 종종 보았습니다. 엉뚱한 짓과 쓸데없는 흥분 때문에 스스로들 피곤해하는 것을 알 수 있었습니다. 인간적인 제약을 받지 않을 때 아기들은 매 순간 말이 없지만, 확고한 현실적인 장애라고 할 사물의 제약과 마주칩니다. 아기들은 분통을 터트려보지만 헛일입니다. 반대로 친절하고 자연스럽게 질서 있게 이끌어주면, 아기들은 불가능한 폭군을 만날 일은 없고, 진정 자유롭게 활동합니다.

질서 있는 가운데 자유로운 습관이 든다면, 머지않아 아기는 자연스럽게 자연 자체를 따르려는 고상한 유혹을 받게 되고, 또 더 높은 수준의 자유로써 자유를 능가하는, 즉 "노력하려는 의지"와 희생하려는 유혹도 받게 됩니다.

"노력 그 자체는 본능일 뿐만 아니라 최상의 본능입니다!" 자유롭게 원하는 노력일 경우.

나는 이런 설명을 미리 내놓았습니다. 읽지도 않고서 비판하려는 사람들을 위해서입니다. 내가 지금 다루고 있는 어린 아기에게 노력을 부과하려는 생각은 전혀 없습니다. 아기는 똑똑하고 사랑스럽습니다. 하지만 여전히 미숙한 존재입니다. 하느님 이 가엾은 어린 것을 지켜주십시오! 당신께 그 모든 것을 다 털어놓을 수 있도록! 오늘, 아기의 의무는 살아나고 크고 잘 먹고 잘 자고 들판과 꽃밭에서 뛰어노는 것입니다. 하지만 항상 뛰어다닐 순 없고 또 만약 엄마나 언니가 놀이라는 아이의 일에 익숙해지도록 함께 놀아준다면 아주 행복해할 것입니다.

'의무'란 내면의 혼이고, 교육의 생명입니다. 아기는 이것을 아주 일찍부터 느낍니다. 우리 인간은 누구나 태어나면서 마음에 올바른 것에 대한 생각을 새깁니다. 내가 지금 그것에 호소할 수도 있겠지만 아직은 때가 아닙니다. 우선 생명이 완전하고 확고해져야 합니다. 그 행동을 제한하기 전에. 살아남을지조차 불확실한 아기에게 규범과 복종을 내세워 소란을 피우는 사람들은, 이해해야 할 것을 억누르고 제한하기에 바쁜 사람들은 어리석기 짝이 없습니다. 딱한 사람들! 당신들 가위를 좀 내려놓아보면 어떻겠습니까! 옷감을 재고, 자르고, 재단하기 전에 최소한 옷감이 남아나야 할 것 아닙니까.

교육적 토대가 되는 그 정신과 꾸준한 활동이 일찍부터 의식

속에 나타납니다. 즉 "좋은 것"과 "바른 것"에 대한 의식입니다. 사랑과 다정함과 질서와 조화로써 아기는 건강하고 완전한 생명을 얻으면서 점점 더 자신 속에, 깊은 사랑 속에 새겨진 "정의를 감지하도록" 하는 것이야말로 가장 위대한 예술입니다.

모범을 보여야지 규범이 아닙니다(최소한 아기를 처음 가르치기 시작할 때). 아기 스스로 어느 하나를 쉽게 골라잡도록 해야 합니다. 아기는 의도한 것도 아닌데 이런 것을 찾아냅니다.

"나를 이렇게 사랑하는 엄마를 '사랑해야 해.'"

바로 이것이 '의무'입니다. 이보다 더 자연스러운 것이 어디 있습니까.

이 자리에서 교육론을 쓰는 것은 아닙니다. 일반적인 관점에 머무르지 않고 '여아 교육'이란 특수한 문제를 강조하려 합니다. 계집아이와 사내아이의 공통점을 요약해보고, 그 차이를 주목해봅시다.

그 차이는 깊기만 합니다.

남아의 교육은 현대적 관념에서 효과적이고 생산적인 "힘을 키우도록 하는 것"이며, "창조하는 인간"을 만들어내는 일입니다. 바로 현대인을 키우는 것이겠지요.

여아의 교육은 조화를 빚어내게 하는 것입니다. "일종의 종교를 조율하는 것입니다." 여자는 하나의 종교입니다. 여자의 운명은 그녀가 종교적인 시詩처럼 더욱 고상할수록, 공동의 실생활에서 더욱 유능해지게 합니다.

남자에게서 유능함이란 관념과 별개입니다. 훌륭한 물건을 만들어내는 기술은 때로 그 작가가 천박해지면서 자기 작품 속에서 아름다운 것을 거의 지키지 못하게 될 수도 있습니다.

그런데 여자에게 이런 일은 전혀 없습니다.

마음에 생기가 없는 여자, 시적 감정이 풍부하거나 남자를 격려하고, 아기를 키우고, 끊임없이 가족을 고귀하고 성스럽게 하는 그런 능력이 없는 여자는 자신의 과업에 실패하고, 또 흔해빠진 일에서조차 아무런 영향력을 발휘하지 못할 수 있습니다.

자기 딸 요람 앞에 앉아서 어머니는 이런 말을 해야겠지요.

"이 세상의 전쟁과 평화가 여기 있구나. 사람의 마음을 흔들거나 하느님의 고귀한 조화와 평화를 주거나 하겠지.

내가 죽으면, 바로 네가 열세 살이 되면 내 무덤에 그 작은 날개로 네 아빠를 데려와서 하늘로 데려다주겠지(『마닌의 일생』, 마닌은 이탈리아 통일에 결정적 역할을 한 베네치아 출신 정치인).

132

네가 열여덟이 되면, 뻐기면서 총각한테 "내가 큰일을 할 거야"라고 다짐하게 만들겠지.

네가 스물하나나 서른, 아니면 평생 동안 매일 밤 악착같이 돈 벌려고 일에 지치며 걱정이 많은 네 서방을 훨훨 날뛰고 다시 활짝 피게 하겠구나.

네 서방이 하늘이 막막하고 모든 것에 환멸감을 느끼는 그런 시련의 날에, 그를 하느님께 이끌고, 가슴을 펴고 기운을 차리게 하겠지."

딸자식을 키운다는 것은 사회 그 자체를 키우는 것과 다름없습니다. 사회는 그 조화가 곧 여자인 가족에서 시작합니다. 딸자식을 키우는 일은 헌신적이고 숭고한 작업입니다. 아이고, 어머니, 당신이 그 애를 낳았어도 그 애는 당신을 떠나버리고 가슴을 찢어지게 하겠지요. 딸은 "다른 남자"에게로 갈 수밖에 없습니다. "다른 사람"을 위해서 살게 됩니다. 당신이나 그 애 자신이 아니라. 바로 이런 상대적인 성격 때문에 딸자식은 사내자식보다 더욱 소중하며 종교가 됩니다. 딸은 사랑의 불꽃이고 가정의 불꽃입니다. 딸은 미래의 요람이고, 학교이자 또 다른 요람입니다. 한마디로 "딸은 성스런 제단입니다."

하느님의 가호로 소년의 교육을 위해 다투던 모든 제도는 여기서 끝나고 논쟁을 멈춥니다. 이론과 방법의 거대한 싸움은 이 축복받은 꽃의 평화로운 문화 속에서 잦아들고 맙니다. 무장하고 불화 속에 살던 것들은 이 미의 여신 속에서 서로 화해합니다.

여자의 아름다움은 강하고 격렬한 동작을 하지 못할 운명입니다. 여자는(의 아름다움은) 남자의 모든 힘을 넘어, 커져만 가는 무시무시한 세계를 따르지 않게 되어 있습니다.

여자가 가장 높은 사색에 이를 수 있을까요? 못 할 것이 뭐 있겠습니까? 하지만 우리의 잘게 갈라진 노선을 따르지는 않습니다. 우리는 여자, 그 아름다운 사람이 정신을 잃게 될 예비적인 고문을 거치지 않고서도 관념의 세계에 도달할 길을 찾게 될 것입니다.

그녀가 무엇이 되어야 합니까? 조화로운 미인입니다. 어떤 모범으로. 오 어머니! 그녀를 키우겠습니까?

매일 아침저녁으로 당신은 이런 기도를 하겠지요.

"하느님, 저 좀 예쁘게 해주세요! 내 딸도 그렇게 되게 해주세요. 그저 나만 바라봐도 되게…."

⁂

이 세상에서 여자의 목적은, 그 자명한 과업은 사랑입니다. 자연의 적으로, 아무 목적도 없이 고통으로 일그러져 태어나야 했다면 불행할 것입니다. 심지어 하느님께조차 그 아름다운 육신이, 그 부드러운 마음이 고립되어야 하느냐고 항의할 정도로. 이런 말이 들려옵니다.

"혼자 있도록 키웁시다. 가장 확실합니다. 사랑은 예외지만, 냉담은 규범입니다. 스스로 알아서 살아갈 수 있습니다. 일하고 기도하며, 죽고, 한구석에서 구원을 찾도록."

하지만 나는, 여자는 절대로 사랑을 잃지 않는다고 생각합니다. 여자는 여자로서 남자를 행복하게 하는 가운데 구원받는다고 생각합니다. 여자는 사랑하고 아이를 낳습니다. 바로 이것이 그 신성한 의무입니다. 이 말을 잘 이해해야 합니다. 만약 여자가 아내와 어머니가 아니라면, 여자는 교육자일 것입니다. 어머니 역할 못지않게 사람을 키워낼 것입니다.

그렇습니다. 불행히도 여자가, 가장 사랑받을 만한 사람으로서 사랑받지 못하는 몹쓸 시대에 태어났다 해도, 자기 팔을 벌리고 마음을 열어 큰 사랑을 보일 것입니다. 그녀가 한 아이를 낳더라도, 수천 명의 아이를 사랑하고 안아주면서 "아무것도 잃은 것은 없어"라고 할 것입니다.

남자가 그나마 아는 것이 하나 있다면, 자연이 여자의 가슴속에 매혹적이며 고귀한 수수께끼를 숨겨놓았다는 사실일 텐데, 이것은 그녀의 가슴속에 사랑을 띄우는 신성하고도 모호한 것입니다.

남자들에게 이것은 항상 욕망입니다. 하지만 여자는 자신도 모르게, 거의 맹목적인 의욕으로, 모성의 본능이 여전히 다른 것들을 압도합니다. 남자가 정복했다고 으스대면서 애인에게 종종 여자가 타고난 꿈을 따랐을 뿐이라고 하겠지만, 아기에 대한 열망과 사랑을 여자는 태어나면서부터 가슴에 품고 나옵니다.

고상하고 순수한 시詩입니다. 사랑의 단계마다 감각이 솟구칠 때, 모성의 본능은 그것을 피해 사랑을 더 높은 종교로 이끕니다.

여자를 키운다는 것은 그녀의 변모를 따르는 것입니다. 인생의 단계마다 그 가슴의 크기만 한 사랑을 주고 돕고 펼치도록, 또 그토록 순수하면서도 생기에 넘치는 그 형식을 키우는 것입니다.

이 숭고하고 감미로운 시에 한마디 덧붙여봅시다. 태어나면서부터 여자는 어머니입니다. 모성에 미친. 여자에게 자연의 모든 것은, 생명이 있든 없든 작은 아기와 같은 것입니다.

우리는 이런 것이 얼마나 다행인지 느끼고 있습니다. 오직 여자만이 남자를 키울 수 있습니다. 특히 가장 중요한 성장기에, 신중한 관심으로 철없이 자유를 추구하는 사내아이의 균형을 잡아주며 돌봐주어야 합니다. 지금까지 해왔듯이 인간이라는 나무를 거칠게 꺾고 자르자면 여자는 필요 없었습니다. 그러나 여자들이 유일한 교육적 대안이라는 것을 인정받게 되지 않겠습니까. 아이들에게 무한하게 다양한, 고유의 적성을 계발해주고 싶어하지 않습니까. 어느 누구도 세련된 감각을 솎아내는 데에 여자만큼 예리하고 부드러우며, 참을성을 갖고 있지는 못합니다.

이 세계는 여자의 힘으로 살아갑니다. 여자는 모든 문명을 만드는 두 가지 요소를 내놓습니다. 그 아름다움과 섬세함을. 하지만 이것은 특히 그 순수함의 반영입니다.

이런 요소가 부족하다면 남자의 세계는 어떻게 되겠습니까? 그런 것이 부족한 사람들은, 이런 아름다움 즉 최소한 순수한 모습이 없다면, 사랑은 이 세상에서 사라질 것이라는 점을 모릅니다. 사랑, 우리 인간활동의 막강한 박차 아닙니까. 감미로운 고통이고 알찬 아픔입니다! 여자가 아니라면 누가 생명을 바라기나 하겠습니까?

여자는 절대로 우아해야 합니다. 여자가 아름답지 못할 수도 있지만 우아함은 여자에게 고유합니다. 자연은 여자에게 우아함을 풍기도록 해주었기 때문입니다. 인류도 여자를 그렇게 만들어왔습니다. 우아함은 남성적 기술을 매혹하고 사회 전체에 기막힌 웃음을 선사합니다.

어린이가 어떻게 매력적인 여인이 되던가요? 자신이 사랑받는다고 느끼고 있어야 합니다. 고르게 되어야 합니다. 거친 것에서 부드러운 것으로, 급격한 변화는 절대로 안 됩니다. 급하고 서둘러서도 안 됩니다. 아주 천천히 해나가야 합니다. 중단하지 않아야 하지만, 그렇다고 큰 힘을 들이지 않도록 합시다. 거추장스럽게 꾸밀 필요도 없습니다. 부드럽게 받아들이면서, 새로운 아름다움이 내면에서부터 피어나도록 해야 합니다.

우아한 매력은 순결한 바탕에서 피어나는 사랑의 반영입니다. "순결이야말로 여자 그 자체입니다."

딸을 낳으면 어머니는 즉시 이런 생각을 하게 마련입니다.

아기의 순수성은 우선 어머니의 순수성입니다. 아기는 그렇게 언제나 천진난만하고 밝으며, 완전히 맑아야겠지요. 어떤 숨을 불어대도 흐려지지 않는 거울처럼….

아침저녁으로 아기와 엄마는 미지근하거나 약간 찬물로 서로를 씻어줍니다. 모든 것을 함께 맞잡습니다. 엄마가 더욱 관심을 보일수록 아기도 그만큼 몸과 마음으로 대응합니다.

맑은 공기와 환경. 순수하게 하나가 되는 영향. 아기를 칭찬하면서도 엄한 어머니 모습을 보이는 것처럼 잘해놓고서 망치는 일은 없습니다. 특히 음식이 순수해야 합니다. 무슨 말이냐고 하겠지요?

여아는 어린이 음식을 먹어야 한다는 말입니다. 여아는 우유처럼 부드럽고, 자극이 거의 없는 음식을 계속 섭취해야 합니다. 이 아이가 당신의 식탁에서 같이 먹더라도, 당신의 음식, 그 애한테는 독이 될 것을 건드리지 말게 해야 한다는 말입니다. 벌써 혁명이 있었습니다. 우리는 프랑스의 건강한 식사를 포기하고, 점점 더 이웃의 무겁고 비린내 나는 요리를 택했습니다. 우리의 것보다 그들의 기후에 더 어울리는 것인데도. 더욱 나쁜 것은 이런 음식을 아이들에게 먹인다는 사실입니다. 정말 이상한 광경은 어머니가 딸에게, 어제까지 젖을 먹이던 딸아이에게, 이런 피가 철철 흐르는 비린내 나는 거친 음식을 먹이고, 위험하기 짝이 없고 자극적인 포도주처럼 자극이 심한 커피까지 먹이는 것 아닙니까! 그러면서 어머니는 자신의 잘못인데도, 딸이 난폭하고 거침없으며 들뜬 모습에 놀랍니다.

어머니가 여전히 간과하는 것, 또 다른 의미에서 심각한 것은 프랑스 사람은 너무 조숙해서(갓난아기에게 젖을 먹일 때부터) 이런 음식의 직접적인 자극에 예민하다는 사실입니다. 튼튼해지기도 전에 아기는 과민하게 흥분하고 약해집니다. 어머니는 벌써 깜찍하게 응답하는 활달한 아기, 너무 예민해서 한마디 말에도 눈시울을 붉힐 정도인 그 귀여운 아기를 예뻐서 어쩔 줄 몰라 합니다. 이 모든 것이 어머니 때문입니다. 그녀 자신이 과민한데, 그녀는 아기도 자기 같기를 바라면서 자기도 모르는 새에 딸에게 해를 끼칩니다.

이런 것은 아기에게 전혀 도움이 못 됩니다. 물론 아기 엄마도 마찬가지입니다. 엄마는 아기를 먹이지 않고서는 아무것도 먹지 못하겠다고들 합니다. 그렇더라도 우선 아기 엄마부터 참아야 하고, 지친 남자에게 좋을진 모르지만 활동력이 떨어지는 여자에게는 해로운 음식을 자제해야 합니다. 여자를 거칠게 하고 말썽을 일으키거나, 무기력하고 무겁게 하는 음식을.

악취 나는 고기를 피하고, 특히 과일을 먹는 것이 어머니든 딸에게든 좋습니다. 차라리 어느 누구에게도 해롭지 않은 음식, 맛도 좋고 향긋한 음식이 좋겠습니다. 이 소중한 사람들이 어떤 면에서도 혐오감을 주지 않고, 남자에 비해 우리를 매혹하는 그럴 만한 까닭이 있습니다. 여자들이 과일과 향긋한 야채를 좋아하기 때문입니다. 이런 깨끗한 음식은 사람을 마치 순수한 꽃처럼 만드는 데 적지 않게 이바지합니다.

7
열한 살의 사랑– 꽃

훌륭한 프뢰벨 씨가 조금 서툴지만 멋진 솜씨로 우리의 소중한 어린이의 초기 성장과정에 손을 댔을 때, 그는 어린이에게 식물을 사랑하게 했습니다. 집 한 채를 짓는 것도 근사합니다. 그런데 나무 한 그루를 심는 것은 또 얼마나 훌륭합니까. 새 생명을 키우고 꽃이 피고 하면서 그 수고에 보답하지 않겠습니까!

어린이가 아주 좋아하는 강낭콩을 엄숙한 예를 갖추어 땅에 심었습니다. 그렇지만 기다린다는 것은 여섯 살배기에게 얼마나 힘든 일입니까? 자연 스스로가 움직이는 것을 어떻게 가만히 보고만 있겠습니까? 바로 그다음 날부터 콩나무를 찾아가 봅니다. 정성껏 흙을 다져 바로 세우고 해보지만 아직 쑥쑥 자라는 모습은 아닙니다. 아이는 걱정스레 콩을 돌보기에 분주합니다. 최소한 김을 매주기는 합니다. 어서 자랐으면 해서 물뿌리개를 바삐 놀립니다. 그래도 나무는 느긋하기만 합니다. 땅은 항상 갈증을 느끼고 있었다는 듯이 물을 빨아댑니다. 그렇게 물을 주며 돌봐주었건만 강낭콩은 자라지 못하고 죽습니다.

텃밭이나 정원 가꾸기는 인내와 미덕으로 하는 작업입니다. 그 일은 아이의 성격 형성에 매우 유익합니다. 그렇지만 도대체 몇 살에 시작할 수 있을까요? 독일에서 프뢰벨의 어린이들은 다섯 살에 시작했을 것이고, 프랑스 어린이들은 그보다 조금 뒤입니다. 프랑스 계집아이들은(사내아이들보다 조금 더) 좋아하는 식물에 마음과 정을 기울이며, 아껴 키우고 기다립니다. 일단 한 차례 노력에서 성공하게 되면, 이때부터 계집아이들은 감격해서 작은 식물에 입을 맞추는 등 모든 것이 잘됩니다. 되풀이해서 이런 기적을 일으키고 싶어하면서 참을성을 갖게 됩니다.

어린이는 들에 나가 노는 것이 참으로 좋습니다. 그러나 도시에서도 가능한 한 식물의 세계와 접하도록 해야 합니다.

이렇게 하는 데 꼭 큰 정원이나 넓은 밭이 필요한 것만은 아닙니다. 별것 아닌 작은 것은 더욱 사랑하게 됩니다. 처마 밑 발코니에, 벽에 기댄 작은 비단향꽃무우 한 송이도 괜찮습니다. 이 꽃 한 송이만으로도 소녀는 망쳐버릴 줄밖에 모르는, 거대한 화단을 뛰어다니는 버릇없는 부잣집 딸보다 더욱 많은 것을 얻을 수 있습니다. 그 꽃을 꾸준히 돌보면서 아이가 꽃과 날씨와 계절의 관계를 이해하게 되는데, 바로 이것만으로도 완전한 교육입니다. 관찰하고, 경험을 쌓고, 의문을 품고 추측을 합니다. 창가 화분에서 우연히 돋은 딸기로부터 베르나르댕 드 생 피에르[1787년 「폴과 비르지니」라는 걸작을 발표한 문인]가 끌어낸 감탄할 만한 교훈을 누가 모르겠습니까? 그는 거기서 무한한 세계를 보았고, 그 식물과 소박함, 민중적인 것과 어린이 같은 조화가 시작되는 것을 보지 않았습니까. 게다가 그 조화는 때때로 과학적인 것이기도 하다고(독일 철학자 알렉스 훔볼트를 참고합시다).

한 송이 꽃은 순수하고 평화로운, 완전한 세계입니다. 인간의 어린 꽃인 여아는 본질적인 면에서 보기보다 훨씬 더 스스로 조화롭습니다(자율적입니다). 여자, 특히 여아는 신경이 예민한 생명체입니다. 신경이 없는 식물은 그 아이에게 부드러운 보완물이자 진정제요, 상당히 순수한 휴식거리입니다.

이런 식물도 사실 흥분한 듯 활짝 피어날 때는 동물처럼 살아 꿈틀대는 모습입니다. 또 몇몇 식물 종에서(아주 작아 현미경으로만 볼 수 있는), 사랑하는 기관(생식기)을 통해서 식물도 고등생물과 놀랍도록 같은 양상을 보입니다. 하지만 어린이는 식물의 이런 황홀한 짓을 이해하기에는 미숙하니 그저 그윽한 향기에만 취합니다. 어린이는 늘 움직임이 많기 때문에 차분히 오래 관찰하지도 못합니다.

소년보다 훨씬 예민하고, 미묘한 인상에도 감수성이 풍부하며, 일찍부터 완벽한 존재가 되는 소녀는 향기에도 더욱 민감

합니다. 소녀는 향기에 취하고, 잠시 짜릿한 감각에 어쩔 줄 몰라 한다고 해서 이 꽃이 별것 아닌 정다움과 기쁨을 주는 것만은 아닙니다. 소녀는 여기서 배우고 활동하고 걱정하며, 성공하고 즐거워하는 마음이 움직이는 기회를 맞고 있습니다. 요컨대 여기서도 다시금 "모성애가 사랑의 균형을 잡아주고 치료합니다." 꽃은 소녀의 애인이 아닙니다. 왜? 소녀의 딸이니까요.

시원한 바람을 쐬지 않고 움직이지도 않고 방구석에 처박힌 처녀에게 가장 해로운 도취는 꽃다발(애인이 보낸)에 코를 처박고 있는 것입니다. 머리만 이상하게 돌아가는 것이 아닙니다. 어떤 소설가는 이런 향기에 도취된 처녀의 불안정한 성격을 보여주며 재미있어 하기도 했습니다. 이런 집중된 향기는 어린 소녀에게도 위협적일 수 있습니다. 감각을 혼란시키고, 나중에 천천히 찾아오는 편이 좋을 감각기관을 너무 일찍 앞당겨 피어나게 합니다.

무슨 이야기인지 털어놓아야겠습니다(숙녀들은 충격이 대단하겠지만 어쩌겠습니까?). 내가 싫어하는 것 세 가지가 있습니다. 미술관이라고 하는 그림들의 바벨탑입니다. 거기서 그림들은 서로를 죽입니다. 또 새장이라고 하는 나뭇가지들의 바벨탑입니다. 그곳에서 밤꾀꼬리는 천박한 새들의 노래에 뒤섞이다가 엉뚱한 목소리를 낼 수 있습니다. 세 번째는 색과 향기가 뒤섞인 꽃다발입니다. 서로 다투면서 별것 아닌 빛깔과 냄새로 떨어지고 맙니다.

생명을 예민하게 느끼는 사람이라면 누구든 화려해 보일지는 몰라도 이런 뒤섞임과 혼란을 괴로워할 것입니다. 냄새마다 그 나름의 향과 신비와 언어가 있습니다. 뭐든 한꺼번에 쏟아지면 머리가 아프거나, 하모니카 쇳소리처럼 신경을 긁어놓습니다. 얼얼한 쾌감이지만 곧 싱거워집니다. 웃지만 마음은 돌아섭니다. 그 짙은 냄새는 질식할 듯 야만적으로 답답하게 숨을 조입니다. 강한 장미 냄새에 숨 막힌다며 마요라나〔꽃박하〕는 이렇게 투덜대겠지요.

"에구! 너는 사랑의 향기에 섞인 지독한 쓴맛을 맡을 줄도 모르는 모양이구나!"

내가 잘 아는 한 부인은 안쓰러워 절대 꽃을 꺾지 않으려 하지만, 도리 없이 꺾어야 할 때에는 아주 미안해합니다. 꽃들은 각기 제자리에 있을 때 고유한 멋을 보여줍니다. 어머니인 땅에서 타고난 매력과 조화가 있으며 그런 것을 뽑아버릴 수는 없습니다. 그 얼굴에 담겨 있던 귀엽기도 하고 고혹적인 기품을 이제 누가 알겠습니까. 애틋하고 소박한 꽃들은 우리의 정원사들이 그 불임술로써 과장되게 키워낸 화려한 처녀 꽃들 사이에서 그 수수한 맛을 잃어버립니다. 우리 아이들을 위해 식물계에 순수하고 건강한 참모습을 찾아줍시다. 아이는 얼마나 어려서부터 그 완벽한 생명에 걸맞게 식물을 이해하고, 느끼고 사랑합니까.

아이들은 꽃을 애교와 사치를 부리는 면으로 이해하지 않습니다. 식물의 어느 한때, 꽃이 피던 어느 시점으로 이해합니다. 종이꽃처럼 공허한 장식이 주는 일시적 재미로 꽃을 보게 한다면 이는 대단히 부당한 일입니다. 현실적인 경이, 작은 성소에 감춰진 채 펼쳐지는 기적, 미래와 불멸의 숭고한 작용, 이런 작용으로 해마다 삶이 죽음을 벗어나고 그것을 비웃을 수 있는 그런 작용을 잊은 채 말입니다.

2월 겨울 산책길이었는데, 소녀는 나뭇가지에 돋은 불그스레한 싹에 눈길을 줍니다. 그러고는 숨을 크게 내쉬며 "이제 곧 봄이 오나요?"라고 묻습니다. 소녀는 갑자기 소리치며 발치에서 그것을 봅니다. 작은 종처럼 푸른 잎 사이로 눈꽃이 피었습니다. 한 해의 시작을 알리는 모습입니다.

햇살은 다시금 강해집니다. 3월부터 그 눈부신 광채는 다채롭고 변덕스레 모든 작은 세상을 깨웁니다. 앵초, 들국화 등 이르게 피는 어린 꽃들은 작은 금빛 잎사귀로 태양의 아기들이라고 속삭입니다. 제비꽃을 제외하면 그 향기는 대단치 않습니다. 땅은 아직 너무 축축합니다. 수선화, 히아신스, 은방울꽃은 숲의 습한 그늘 아래 젖은 풀밭에서도 모습을 드러냅니다.

얼마나 기쁘고 놀랍습니까! 이 순수한 초목의 생장은 이런 경이와 환희를 어린아이에게 전하려는 듯합니다. 매일, 아이는 내일이면 던져버릴 작은 꽃들을 따 모으고 묶고 합니다. 또 새로 피어나는 것들을 차례로 반기고, 언니처럼 입을 맞춥니다. 이 봄의 축제를 방해하지 않도록 조심합시다. 하지만 한두 달이 지나 아이가 만족하고 나서는 이런 말을 해야겠지요.

"애야, 네가 노는 동안 자연의 큰 놀이와 세상이 굉장히 멋지게 달라졌어. 저것 좀 봐. 산이나 언덕이 커다란 주름이 잡힌 드레스를 입었잖아. 너한테 들국화만 주려고 했을까? 그렇게 하려고 그 가슴으로 이렇게 큰 풀과 꽃으로 넘치는 바닷물을 쏟았을까? 아니거든. 세상에 젖을 주는 큰 유모 같은 사람이 있어. 우선 이런 꽃 잔치를 우리 형제자매에게 베풀어주거든. 그러면 형제자매들이 우리를 먹여 살리고, 큰 암소, 온순한 양, 튼튼한 염소는 오래 살지 못하지만, 제일 가엾은 것을 살려준단다. 이런 우리 형제 같은 짐승들을 위해서 들판이 아름답게 피는 거야. 땅에서 나는 푸른 우유로 짐승들이 가슴에 젖을 담고, 우리한테 젖과 버터를 주는 거야. 그러니 그것을 먹을 때는 고마워해야 착한 어린이지."

신선하고도 따뜻한 이 먹거리에 햇감자, 햇과일도 파릇파릇 끼어듭니다. 날이 차츰 따뜻해지면 까치밥나무 열매와 맛있는 작은 산딸기가 무르익으면서 그윽한 향기를 풍깁니다. 이른 것은 시큼하고, 늦은 것은 살살 녹습니다. 또 달콤해지는 체리는 열광적인 열기에 취하는 여름이 쨍쨍한 볕에서 수확의 과업을 시작하기 전까지 더운 날들이 우리에게 주는 예방약 같은 것입니다.

황홀한 방향芳香은 우선 장미향입니다. 그윽하지만 너무 강렬해서 머리가 띵할 정도입니다. 이 교태 넘치는 꽃의 여왕은 자매군을 당당히 이끕니다. 유용한 약제이기도 하지만 독성이 강한 꽃들을.

위대한 모성을 발휘하는 것들도 있습니다. 이런 식물은 여러 마을 사람을 먹여 살리기도 합니다. 즉 "떠받들 만한 콩과 식물들(E. 노엘)"입니다. 주로 포아풀과로 식물계에서 초라한 종이지만, 린네〔스웨덴 식물학자로 유전학의 대가〕가 말한 대로 영웅적인 능력을 갖고 있습니다.

"그 떡잎 두 장이 젖에 해당됩니다. 초라한 포아풀잎 대여섯이면 그 젖이 넘쳐 사람을 먹여 살린다(E. 노엘)."

"사람의 딸아! 철부지 흉내를 내지 말아다오. 개양귀비와 수레국화가 그 독한 빛을 퍼트리는 금빛으로 만발해 출렁이는 것을 보고서 그 꽃들을 찾아가지 않아야 하니까. 네 작은 발로 좁고 험한 오솔길을 얼마나 잘 걷겠다고. 우리를 부양하는 훌륭한 아버지 같은 밀을 아껴야 하지 않을까. 줄기는 가늘지만, 힘들게 숙인 그 머리에서 내일 우리가 먹을 빵을 줄 테니까. 네가 그 이삭을 해친다면, 거기서 곡식을 거두려고 한 해 내내 고생하는 그토록 가난하지만 귀한 농부들은 얼마나 많이 목숨을 빼앗기겠니.

밀 그 자체도 존경하고 남을 만한단다. 겨우내 땅속에서 추위를 견디지 않던. 그러고 나서 봄에는 찬비를 맞으며 그 어리고 푸른 싹이 얼어붙어버리거나 양들에게 잡혀 먹히기도 하지만 그렇게 버텨내지 않던. 어디 그뿐이냐. 혹심한 땡볕을 견디며 자라지 않아? 내일, 낮에 잘려 도리깨질을 당하고, 돌에 으깨지고 그렇게 더 이상 부서질 수 없을 만큼 고운 '밀가루'가 된 이 가엾은 순교자는 빵으로 구워져 우리 입으로 들어가거나 맥주처럼 발효되어 마실 것이 되기도 하잖니. 아무튼 그 죽음이 우리 사람을 살리는 거야."

이렇게 많은 민족이 이 순교자와 그 자매인 포도를 예찬합니다. 밀은 우리의 기후에서 가장 효과적인 양분을 빚어냅니다. 포도는 당분과 취기를 빚어냅니다. 인체의 특징을 구성하는 당糖을 만들어내는 장점은 사람들이 섭취하는 식물 속에 들어 있습니다. 이런 것으로 한 해의 노력이 마감됩니다. 사람이 땀 흘려 일하고 지친 만큼, 자연이라는 어머니는 사람에게 생기 넘치는 식량을 줍니다.

�֍

젖과 초원의 봄에 이어 밀이 여무는 철이 다가옵니다. 또 밀을 베고 나자마자 작은 포도나무가(더 그윽하게 세련된 맛을 내도록 반듯하게 기울여 심은) 하늘도 까무러칠 만큼 기막힌 음료〔포도주〕를 준비합니다. 얼마나 할 일이 많습니까. 이 볼품없는 나무가, 왜소하고 비틀린 놈이 봄에는 무시당하기나 했지만, 이제 사람의 힘을 불끈 솟게 해주지 않습니까! 3월부터 프랑스의 남북으로 뻗은 거대한 샹파뉴〔동북 지방〕, 부르고뉴, 미디 지방을 누벼보면, 수백만의 사람이 포도나무를 잇고 자르거나 그 받침대를 다시 세우고, 그 둘레에 김을 매주고, 이 까다로운 나무를 무사히 키우려고 일 년 내내 바삐 움직이는 것을 볼 수 있습니다. 여기에 안개 한번 잘못 닥쳐도 모두 죽어버릴 수 있습니다.

삶과 죽음은 엄하게 교대합니다. 죽은 나무는 다른 것들의 양식이 됩니다. 가을이 다 끝날 무렵에 계절의 기운이 시들해지면, 잎사귀가 바람 한 점 없는데도 힘없이 떨어지는 것을 보지 않았습니까? 한 잎 한 잎이 조금 돌면서, 소리도 요구도 없이 아주 겸손하게 떨어집니다. 식물은(그런 것을 알지 모르지만) 적어도 자기가 자매를 먹여 살리고, 그러려고 죽는 줄 입니다. 이렇게 선의로 죽어 안식에 들어가고, 그 몸이 썩어 바람에 실려가거나 땅속으로 묻힙니다. 그렇게 또 다른 자신이 될 친구들의 탄생을 준비합니다. 이런 식물이 위로받게 될지 또 누가 알겠습니까. 하느님의 뜻대로 제 의무를 다하고서 편히 쉬게 되어 좋아할는지?

이렇게, 이런 것을 알았다면, 매년 햇빛에 노출될 때마다 진화하는 이 찬란한 원을 따라 도는 또 하나의 어두운 원이 있다는 것도 알아야 합니다. 그보다 더욱 어둡고 고요한 그 원의 안쪽에서 정다운 자매들과 교환되면서, 각자 시샘하지 않고 물러서면서 다른 것들에 생명을 건네주며 돌아간다는 것을.

겸손하고, 순수하며 평화로운 세계입니다. 하지만 똑같은 법에 따르면서도 고등동물은 그와 같이 하는 데 큰 어려움을 겪어야 합니다. 자연의 말을 들어봅시다.

"어떻게 하라고? 내 잘못이 아닙니다. 나는 여러분 모두에게 나눠줄 기본적인 것(재료)밖에 없습니다. 그 이상은 없어요. 늘리고 싶어도 못 합니다. 각자 차례대로 조금씩 줄, 딱 그만큼밖에 없거든요."

자연은 이번에는 동물에게 말합니다.

"그러니 여러분은 우수한 신체를, 특별히 타고난 생명의 특혜를 받은 만큼 식물 자래를 부양하는 일을 면제해줄 순 없습니다. 매일 고맙게도 여러분을 먹여 살리고 있잖아요. 여러분에게 공물을 바치면서(당신들에게 유익한 것만)…. 여러분이 철이 바뀌고 털갈이하는 것이 다른 종을 낳게 되고. 여러분이 죽어 남긴 것이 훗날 또 그렇게 새 종이 됩니다. 물론 죽음을 늦출 생각을 해볼 방법을 여러분한테 주었어도, 결국 죽고 말 것입니다. 그 이상 더 어떻게 할 뾰족한 방법이 없으니까요."

이렇게 합리적입니다. 자연의 아버지인 하느님은 우리를 만들고, 우리에게 손을 익숙하게 놀리고(또는 그렇게 하기에 적합한), 여전히 경박하지만 차츰 묵직해지고 있는 머리로 생각하고, 일에 참여할 수 있다는 굉장히 영예로운 타고난 재능을 주셨습니다. 우리는 야채를 심고 키우며, 꽃 같은 어린 딸을 낳고 키울 수 있습니다. 그 생기를 북돋워주고, 하느님의 위대한 일에 진심으로 동참할 수 있습니다. 훗날 여자가 되고 어머니가 되어, 당신의 딸이 때가 되면 다른 사람들의 삶을 함께 살게 될 것이고, 그렇게 훌륭한 유모인 자연을 살리는 은총을 알게 되고, 자신도 자연의 양식으로 될 줄 알게 됩니다.

8
작은 살림, 작은 정원

가령 어린 소녀에게 장난감을 골라보게 하면, 거의 틀림없이 부엌살림 등의 작은 가재도구를 고르곤 합니다. 여자가 해낼 의무의 전조이자 자연스런 본능입니다. 여자는 남자를 부양하게 되니까요.

고상하고 신성한 의무 아닙니까! 특히 햇살이 적도 부근만큼 강하지 못한 프랑스 같은 지역에서 더욱 그렇습니다. 채소가 많이 자라지 못하고 남자가 그것을 소화할 수 있을 만큼 무르익지도 않습니다. 하지만 여자가 태양의 몫을 이어갑니다. 여자는 음식을 어느 정도 익히거나 조리해야 남자에게 적합한지, 그 소화 흡수와 혈기를 되살리는 데에 좋을지 잘 압니다.

이는 마치 수유授乳와 같습니다. 여자는 마음만 내킨다면, 남편과 아기에게 자기 젖을 먹일 수 있습니다. 그렇게 할 수 없어 자연에서 재료를 구하더라도, 자신의 애정을 섞어 맛있게 만들어줍니다. 딱딱하고 거친 밀로 여자는 가족이 그녀의 사랑을 나눠 가질 기막힌 과자를 만듭니다. 그녀는 우유로 백 가지도 넘는 형태를 빚어냅니다. 거기에 섬세함과 향기 등을 가미하면서. 그러면 우유는 가벼운 공기 같은 '크림'처럼 달콤한 양식이 됩니다. 가을에 쏟아져 나오는 제철 과일들을 그냥 넘겨버리지 않고 여자는 그것을 거두어 보관하는 마술을 부립니다. 아이들은 첫눈이 오기 전에 다 없어졌으리라 예상했던 그 맛있는 보물들이 해가 지나서도 다시 나타나는 것에 펄쩍 뛰며 좋아할 것입니다. 바로 이런 것들이 그녀의 이미지와 다름없이 늘 충실하고, 그녀의 삶처럼 청순하며, 그녀의 마음처럼 투명합니다.

얼마나 감미롭고 아름다운 힘입니까! 임신이나 다름없습니다. 매일 천천히 조금씩, 그러면서도 꾸준한 창조 작업입니다. 여자는 아기와 남자에게 몸과 마음, 기질과 힘을 만들어주고 또 재생합니다. 그들의 활동을 늘리거나 줄이고 신경을 차분히 가라앉힙니다. 변화는 미미해 보이지만 결과는 심오합니다. 여자가 무슨 일을 못 하겠습니까? 장난기 많고 말도 안 듣고 변덕스런 철부지 아이를 부드럽게 다스릴 수 있습니다. 과욕으로 일에 지친 남자는 여자의 힘으로 차츰 젊음을 되찾습니다. 어느 날 아침, 사랑에 뿌듯한 가슴으로 남자는 이렇게 말하겠지요.

"당신, 완전히 다시 봤어."

여자가 이런 큰 힘을 현명하게 쓰면 치료하고 자시고 할 일이 없습니다. 여자는 완벽한 의사입니다. 여자는 매일매일 건강과 균형을 창조하면서 질병이 집 안에 침투하지 못하게 합니다. 이런 생각을 하는 마당에 여자가 아내와 어머니로서, 어떤 마음으로 자연과 흥정하고 또 맛없는 것을 내놓겠습니까!

사랑은 정신적인 것입니다. 사랑하는 사람의 삶에 필요한 모든 것에서, 사랑은 그 영혼만을 볼 뿐입니다. 이런 겸허한 배려가 빚어내는 고귀한 결과가 그들을 귀하고 따뜻하게 하며, 고상하게 드높입니다.

까다롭고 매우 예민한 젊은 부인이라면 자기 밤꾀꼬리의 먹거리를 누구에게도 맡기지 않을 것입니다. 이 날개 돋은 예술가는 인간과 다름없습니다. 뜨거운 목을 덥히려고, 이 새는 사자의 골수를 먹고 싶어합니다. 그에게 고기와 피가 필요합니다. 이 부인의 하녀는 그런 것을 역겨워하지 않겠습니까. 하지만 부인은 전혀 상관치 않습니다. 자신이 기운을 불어넣을 사랑하는 사람과 노래만 생각할 뿐입니다. 그는 그녀의 손에서 영감에 넘치는 잔칫상(피와 삼과 양귀비)을, 삶과 도취와 망각을 받습니다.

푸리에는 어린이들이 요리하기를 좋아하거나 그것을 재미있게 돕는다는 점을 주목했습니다. 이것은 모방일까요, 식탐일까요?

나는 푸리에의 주장처럼 모방이라 생각하지 않습니다. 그렇다고 이렇게 중요한 문제일 경우, 어린이가 그 놀이를 즐기거나 인형에게 음식을 차려주려고 복잡한 일로 시간을 낭비한다고 생각하지도 않습니다. 조금 더 주의해서 보면, 소녀가 꾀가 생기고 또 이미 정원을 가꾸려 진지하게 애쓸 때, 엄마가 자신들을 부양하는 사람(아빠)을 자신들이 먹여 살린다는 역할을 가르쳐주는 것이라는 생각이 듭니다. 그렇게 하면서 아이는 식사할 때 처음으로 "아이고, 우리 딸 고맙구나" 하는 소리를 듣고서 행복해합니다.

기술은 어느 것이나 인간에게 새로운 자질을 개발하게 합니다. 살림과 조리는 매우 깔끔해야 하고, 어느 정도 능숙해야 합니다. 이런 일에서 엇비슷한 기질과 성격도 우리가 생각하는 것보다 훨씬 더 중요하게 작용합니다. 산만하고 허둥대는 사람이 그런 일을 잘해낼 순 없습니다. 정확한 절도 감각이 필요합니다. 가장 적절한 순간에, 끝내야 할 때 끝낼 줄 알아야 하지 않겠습니까. 딱 알맞은 때에 그칠 줄 알아야 합니다.

정원(텃밭)을 가꿀 때도 이에 못지않게 중요한 재능이 필요합니다. 재미로 시작했더라도 정원이 살림을 보완하고, 사랑하는 사람의 생활과 건강을 위해 가꿔진다는 것을 알게 되면서 더욱 중시하고 열심히 가꾸게 됩니다. 다양한 상황을 관찰하고 이해합니다. 시간을 존중하며 창피하게 안달하거나 조르지도 않고, 어린 마음으로도 보편적인 법칙을 따릅니다. 즉 자신의 활동을 이용하지만 자기만이 전부가 아니라 자연과 서로 협력한다는 것을 알게 됩니다. 결국 번번이 실패하면서도 절대로 실망하지 않게 됩니다. 바로 이것이 문화요, 모든 일에 결부되는 일입니다. 즉 사람이 살아가는 일입니다.

부엌과 정원은 같은 목적을 추구하는 같은 실험실 속에 있는 셈입니다. 부엌은 정원에서 시작되었던 것을 무르익게 합니다. 부엌과 정원은 서로 힘을 주고받습니다. 정원은 부엌을 살아 있게 하고, 부엌은 정원을 풍요롭게 합니다. 우리가 내던져버리는 지저분한 설거지물이 맑고 고운 꽃들에게 훌륭한 양식이 됩니다(빼어난 솜씨의 원예술을 믿어본다면). 식물은 별것 아닌 오물, 작은 커피 찌꺼기도 불꽃같은 생기로 탐욕스레 집어 삼킵니다. 3년이 다 지나고 나서도 그것들은 여전히 그 열기를 간직합니다.

그러므로 아이들에게 생명에 긴요한 법칙을 일러주어야 합니다. 물질의 변화와 그 자연스런 순환을 전혀 모르도록 내버려둔다면 어리석은 일입니다. 우리네 무심한 처녀들은 그저 꽃을 꺾을 줄이나 알 뿐 꽃이 동물처럼 잘 먹는 줄은 모릅니다. 처녀들 자신은 어떻게 살더랍니까? 그런 생각은 결코 해보지도 않습니다. 이런 처녀들은 대단한 식욕으로 먹어대지만 그 보상의 의무는 꿈도 꾸지 못합니다. 아무튼 결국 죽음으로써 그렇게 하게 되지 않겠습니까. 또 땀을 흘리고 머리털이 빠지는 등 우리 자신이 줄어드는, 그런 일상적인 작은 소멸 작용은 하등생물에게 유익하도록 자연이 우리에게 부과한 것입니다.

이런 운명적인 '순환(일종의 윤회)' 작용은 얼마나 거대합

157

니까. 그런데 분명 아이에게 유익한 감동을 안겨줄 중요한 면이 있습니다. 우리가 매일 나약해지므로(음식을 섭취하지 않는다면), 우리는 살아남으려면, 우리 형제인 동물이 비축한 힘을 구할 수밖에 없다는 사실입니다.

여기에 두 가지 교훈이 있습니다. 처녀들이 활짝 피어나는 나이에 아주 자부심에 넘쳐 이런 생각을 할 때 유익한 것입니다.

"나는 나야. 딴 사람은 아무것도 아냐. 세상에서 매력적인 꽃은 나뿐이야. 나머지는 별 볼일 없는 퇴짜야."

꽃이라고? 미녀라고? 젊다고? 좋습니다. 그렇지요. 하지만 무슨 대가로 그렇게 되었는지 잊지 맙시다. 겸손해야 하고, 자연이 우리 생명에 부과한 엄하고 험한 조건을 잊지 맙시다. 완전한 죽음에 이르기 전에 조금씩 죽어가고 있다는 것을. 그렇게 매일 푸짐한 밥상 앞에서 어쩌겠습니까. 순진한 생물의 죽음이 우리를 다시 살리는 것을.

자연의 형편이 이런 만큼, 동물을 살아 있을 동안이나마 편안하게 해주어야 하지 않겠습니까. 아이에게 동물이 살 권리와 그들에 빚진 것에 대한 우리의 아쉬운 심정을 가르쳐줍시다. 우리의 몸을 살려야 하기 때문에 어쩔 수 없이 그들을 잡아야

처녀들이 활짝 피어나는 나이에 아주 자부심에 넘쳐 이런 생각을 할 때
유익한 것입니다. "나는 나야. 딴 사람은 아무것도 아냐. 세상에서 매력적인
꽃은 나뿐이야. 나머지는 별 볼일 없는 퇴짜야." 꽃이라고? 미녀라고? 젊다고?
좋습니다. 그렇지요. 하지만 무슨 대가로 그렇게 되었는지 잊지 맙시다.
겸손해야 하고, 자연이 우리 생명에 부과한 엄하고 험한 조건을 잊지 맙시다.

할 때라도 그렇게 합시다. 지금 우리를 해칠 만한 놈들일지라도 동물이 얼마나 유용한지 세심하게 가르쳐주어야 합니다. 어린이는 시적인 감정이 매우 풍부하지만 그렇다고 시인은 아닙니다. 그런데도 어린 딸은 고 귀여운 마음으로 조그만 충격에도 본능적으로 느낍니다. 새들의 영웅적인 모성을 봅시다. 그렇게 힘겹게 둥지를 짓고, 고통스런 시련을 마다하고 새끼들을 지키는 모습에서 딸아이는 분명 깊은 감명을 받게 됩니다. 개미와 꿀벌의 모성이 고취하는 또 다른 예술적 재능을 보면서 아이는 종교적 감정에 가까운 느낌을 받지 않겠습니까. 햇살이며 공기 등 모든 기후 조건에 따라, 30층 내지 40층으로 정확하게 계산된 계단을 오르내리면서 알을 굴리는 개미들의 엄청난 작업에 아이는 감탄하고 맙니다. 이런 아주 작은 것에서, 아이는 깊은 수수께끼를 처음으로 기분 좋게 풀어내면서, 최초의 깨달음을, 위대하고 보편적인 사랑을 알게 됩니다.

이 세상에서 늘 창조하는 행복을 아는 만큼, 나는 딸아이를 창조하도록 이끌어주면서 항상 그 애가 행복했으면 하고 노력합니다. 다섯 살 그 고운 손에 규칙적인 형태의 재료를 쥐여주면(자연이 최초의 합성을 시도하면서 수정을 빚어내듯이), 유치한 작품이지만 제멋대로 나무 수정 같은 것을 만들어내면서 작은 집을 짓습니다.

나중에 대자연이 서로 대립하는 것들을 한마음으로 묶어 찬란하고 그토록 아름다운 진짜 수정을 어떻게 만들어내는지 보면서, 그 아이 자신도 그렇게 하게 되지 않습니까!

이때부터 고사리 같은 손으로 나무를 심고 가꾸며, 물을 주고 돌보면서 사랑에 넘치는 꽃을 피게 합니다.

딸아이는 애벌레를 순진하게 모아 보살피고, 따뜻하게 키우면서 밤낮으로 가슴에 품어주기도 하지만 아직은 때가 아닙니다. 그러다가 어느 날 아침 자신의 작은 사랑이 꽃 피듯이 나비가 날아오를 때, 새로운 세계를 보면서 행복해합니다.

이렇게, 소녀는 무언가 만들어내기를 좋아합니다. 그렇게 계속 크면서 사랑하고, 아기를 갖고 그러겠지요. 나중에는 진정한 엄마의 사랑에 이르겠지요. 그 다정한 마음을 품는다고 아직 무슨 대가를 치르는 것은 아닙니다. 지극한 평화로움으로 창조해야 합니다. 나중에는 얼마나 많은 아픔을 치러야 합니까! 그야 물론 아빠의 가슴도 아프기는 마찬가지입니다. 그러니 지금 오늘만이라도 재미있게 즐기도록 해야 합니다. 그렇게 편안하게, 순진무구한 정으로 어린 것이 풍요한 행복을 맛보고 있는 모습만큼 푸근한 것이 어디 있겠습니까. 어쨌든, 어떤 일이 벌어지든 이 세상에 그 아이의 몫이 있겠지요. 이 몫은 협력하고 창조하는 건강한 작업 속에 있습니다.

9
열다섯 살의 모성- 대변신

이 어린 것에게 한 가지 걱정되는 것이 있습니다. 몽상입니다. 다섯 살에 벌써 꿈꾸는 모습을 보입니다. 그렇지만 다행스럽게도 이런 꿈에는 제약이 있습니다. 첫째는 활발한 생활에 관한 것이고, 둘째는 태어나면서부터 더 높은 존재, 즉 엄마라는 존재에 대한 믿음입니다.

여자는 평생, 마치 자연의 생리 때문에 피를 흘리듯 심정을 토로합니다.

따라서 아직 어린데도 엄마는 딸을 매일 저녁 붙들고서 이심전심 말합니다. 털어놓으면 마음이 가뿐해지고, 심지어 자책하면서도 얼마나 행복해합니까!

"말해봐, 얘야. 말해! 잘하면 안아줄게. 잘못하면 내일 우리 함께 더 잘해보자."

그러면 딸아이는 모든 걸 털어놓습니다. 무슨 탈이 날까요?

"큰 탈이에요. 엄만 내가 잘못하면 괴로워할 거잖아….

– 괜찮으니까 해봐. 그래서 내가 울 일이라도 네 마음도 나 같아질 거야."

이런 자식의 효심에서 우러난 고백은 유아기의 완전한 수수 께끼입니다. "어린이는 매일 고백을 되풀이하면서 스스로 배 웁니다."

아주 푹신한 베개에 머리를 박고서 그녀는 깊은 잠을 자고 있습니다. 그런데 무슨 일이 있을까요? 있습니다. 열네 살이 지나고 난 지금 활기가 없고 심란해합니다. 예쁜 그녀에게 무 엇이 문제일까요? 여태까지 즐겁고 재미있게 살아왔는데. 살 아 있는 인형들과 놀았었지만 이제 인형놀이가 시큰둥해졌을 때. 자연 속에서 자신이 인형이 된 듯 즐거워했었는데. 꽃들을 사랑하고 그 친구가 되었었는데. 자유로운 새들은 그녀를 따라 다니다가 자기네 둥지조차 잊어버리고, 어떤 날은 피리새〔밭 에서 쟁기질하는 농부를 쫓아다니는 것으로 유명한 새〕가 그 녀를 따르느라 자기 짝을 떠나기도 하지 않았습니까.

내가 보기에 그녀에게 친구가 있어야겠습니다. 새와 꽃, 나 비와 강아지 같은 친구가 아니라 남자 친구가 필요합니다. 대여섯 살에, 엄마를 따라 '어린이 놀이터'로 놀러 다녔습니다. 그러나 이제 시골에서 그녀는 더는 소녀가 아닙니다. 이미 자기를 너무 좋아하고 곁을 떠나지 않던 남동생도 있습니다. 하지만 그 남동생을 여동생처럼, 또 남동생은 자신을 형처럼 여기고 싶어합니다. 이 동생은 어머니와 누나에게 지나치게 어리광을 부리지 않게 하고, 더욱 사내아이다운 환경에서 크도록, 상급학교에 진학할 때까지 그 친구 집으로 보냈습니다. 동생이 집으로 데려 오기도 했던 친구들은 집 안을 발칵 뒤집어놓곤 했습니다. 그녀는 이 극성맞은 개구쟁이들에 질색하곤 했습니다. 소리를 지르고 두드려대고 치고 박고 하는 통에 그녀는 내빼기 일쑤였습니다. 온화하고 신중한 엄마를 빼닮은 그녀는 조용하고 차분한 놀이를 즐기니까요.

이럴 즈음에 정원을 혼자 거니는 그녀를 불러봅니다. 착한 그녀는 조금 머뭇거리며 다가오는데, 마음은 부풀었다고 해도 눈은 촉촉합니다. 왜 그러니? 엄마가 안아주지만 그녀는 말이 없습니다. 무슨 답을 하겠습니까. 그 이유를 잘 모르겠는데. 그 이유를 더욱 잘 아는 우리가 낫게 해주어야 합니다. 지난 세월 매번 잘해냈듯이, 새로운 사랑을 하도록 거들어야 합니다.

엄마는 딸을 가엾어하면서 그런 걱정과 불안을 덜어주려 합니다. 물건이 아니라 누군가를 품에 안겨주고 싶어합니다.

엄마는 딸을 곧장 마을의 어린이 학교로 데려갑니다. 그곳에 가서 어린이들을 보여줍니다. 처음에는 몽상에 가득한, 젊은 처녀가 다 된 딸은 꼬마들에게 별 관심 없이 시큰둥해합니다. 그래도 아이들에게 부족한 것이 많다는 점을 주목하도록 해봅니다. 어떤 아이는 옷을 제대로 못 입었고, 또 어떤 아이는 도시락도 없이 학교에 나왔습니다. 그 엄마는 빵을 구울 형편이 못 되었으니까요. 심지어 엄마도 없고 아빠도 돌아가신 아이도 있습니다. 다섯 살인데 혼자입니다. 가능한 한 먹여야 합니다. 이런 자리에서 젊은 가슴이 열립니다. 아무 말도 없이 딸아이는 어린 고아를 데려다 챙겨줍니다. 서툴지도 않습니다. 그녀가 전부터 아이들을 잘 다루었던 것이 아닌가 싶을 정도입니다. 아이를 씻기고, 안아주고, 빵과 버터와 과일 등 자기가 가진 것을 찾아다줍니다. 베르테르는 샤를로테가 어린아이들에게 버터와 잼을 바른 빵을 주는 것을 보면서 사랑에 빠지지 않았습니까〔괴테의 소설 『젊은 베르테르의 슬픔』의 주인공들〕. 나라도 그러고 남겠습니다.

그녀는 다른 애들보다 고아에 관심을 기울입니다. 예쁜 애도, 똑똑한 애도 있습니다! 병든 아이도, 삐뚤어진 아이도 있으니 위로해주어야 합니다. 이런 어린이들이 그녀와 함께 즐겁고 재미있어 합니다. 이 귀여운 인형들을 장악했다니 얼마나 행복합니까. 말하고 웃고 먹고, 벌써 제 뜻도 내세우며 사람이 다 되지 않았습니까! 이런 아이들을 놀게 하는 것이 얼마나 즐겁습니까! 그런가 하면 이런 핑계로, 그녀 자신도 순진한 언니가 되어 함께 노니 얼마나 좋습니까. 집에 와서도 그 생각을 합니다. 꿈도 많아지고, 활기를 되찾고 명랑해진 그녀는 진지하기까지 합니다. 갑자기 삶에 깊은 관심을 갖게 된 모양입니다. 그녀는 이제 혼자가 아닙니다. 엄마를 찾고, 말을 해야 합니다. 이것저것 요구하고 타협할 엄마가 필요합니다. 매일, 시간이 날 때 그녀는 어린이들을 찾아갑니다. 그리고 거기에 가까이 섞여들어가, 다양하고도 작은 그 세계의 모든 것을 경험합니다. 그곳에서 우정과 취미를 쌓고 적응합니다. 가벼운 걱정거리도 생기지만 자애는 더욱 깊어지고, 기쁜 일도 있습니다. 어쩌면 누가 압니까. 걱정에 떨고 눈물도 흘릴지. 그러나 그녀는 왜 우는지 압니다. 처녀들에게 최악의 사건이란 이유도 없이 눈물짓는다는 것입니다.

그녀는 5월에 열다섯 살이 되었습니다. 처음 장미처럼 피어나고 있었습니다. 비가 몇 차례 오고 난 뒤 이제 늘 화창한 계절이 이어집니다. 그녀도 폭우를 한번 만나 고열에 몸살을 앓았습니다. 그녀는 여전히 조금 창백하고 야윈 모습으로 오랜만에 처음 외출을 했습니다. 세련된 색조에 물든 뭐라 말로 하기 어렵게 미묘한 파란 하늘(차라리 연보랏빛 라일락 같다고나 할까요?)이 눈에 들어옵니다. 그녀는 큰 편은 아니지만 그래도 부쩍 자라 늘씬합니다. 얼마 전까지만 해도 어린아이 같더니 벌써 처녀티가 납니다. 몸매도 날씬해졌습니다. 아무튼 훨씬 더 차분한 모습에 엄마가 "내 새야, 내 나비야!"라고 부르기가 쑥스러울 정도입니다.

처녀는 우선 자기처럼 정말로 아름답게 달라진 정원에서 꽃 몇 송이를 따다가 엄마 아빠에게 건넸습니다. 아직도 여전히 자기를 애지중지하는 부모님이니까요. 만면에 미소를 띠고서 존경심을 표합니다. 부모님도 서로 말없이 같은 생각에 젖은 채 기특해합니다.

오랜만에 처음으로 딸을 둘 사이에 놓고서 마주봅니다. 딸이 아주 어렸을 때, 걸음마를 시작할 때, 양옆에서 지켜주어야 했지요. 그런데 제 어머니만큼이나 훌쩍 큰 딸은 이제 자기가 부모님을 지켜주어야겠다고 느낍니다. 부모님은 벅차고 뿌듯해 그녀를 감싸 안지만, 어머니는 결국 울음을 참지 못합니다.

"왜 그래, 엄마! 괜찮아?"라면서 딸은 엄마의 목을 끌어안습니다. 이런 포옹에 숨이 막힌 듯 어머니는 대답도 못 하고 감정이 격해질까 걱정합니다. 마음을 조금 추슬렀지만 눈물은 그렁그렁한 채로, 엄마는 웃음을 띠며 이런 말을 합니다.

"어젯밤 네 아빠한테 꿈 얘기를 했단다. 내가 정원에 혼자 있다가 장미 가시에 찔렸어. 상처를 보려고 하는데 보이지 않는 거야. 그 상처가 평생 갈 텐데… 그러더니 내가 죽었다는데, 모든 것이 보였거든.

– 안 돼, 엄마. 절대로 죽으면 안 돼!"

딸은 얼굴이 붉어진 채 엄마 품에 뛰어듭니다. 바로 이 순간, 세 사람의 마음은 하나가 됩니다. 세 사람이라니 말도 안 됩니다! 아닙니다. 한 사람입니다. 그들은 서로 사랑으로 하나가 되어 살고 있습니다. 아무 말 없는 편이 좋았습니다. 서로 너무 잘 이해하고 통하니까요. 서로의 모습도 잘 볼 수가 없었습니다. 그 사이 날이 저물었기 때문입니다. 분간할 수 없는 어둠 속에서 딸이 아버지의 팔과 어머니 품에 안긴 모습에, 두 사람은 그녀에게 몸을 기댄 채 한 덩어리였습니다.

새들의 노래 대신 지저귐이 조금 들려왔습니다. 둥지 속에서 마지막으로 은밀하게 속삭이는 중이었습니다. 아주 매혹적이고 다양합니다. 소란스레 서두르며 기뻐하는가 하면, 다른 한쪽에서는 밤의 어두움에 우울한 걱정이 실렸습니다. "내일 깨어난다고 누가 보장하지?"라고 하는 듯합니다. 밤꾀꼬리가 땅바닥을 기듯 뒤뚱대는 종종걸음으로 마당을 가로질러 둥지로 돌아왔습니다. 감격한 어미 새는 저녁 인사로 맞이합니다.

"가엾은 어린 것, 하느님이 돌봐주시겠지."

어린 딸이 이렇게 성장해서 너무 쉽게 성性에 눈을 뜹니다. 일반적인 법칙을 모른 채 내버려두어도 단김에 배우게 되는데, 이는 중대하고 위험한 일입니다. 사려 깊지 못한 부모는 무슨 생각으로 이런 일을 우연에 맡겨둘까요? 왜냐하면 우연이 뭡니까? 순진무구하지 못한 상상력을 지닌 친구와 같습니다. 우연이란, (우리가 생각하는 것보다 더욱 빈번하게) 가까운 친척 젊은이가 경박하게 내뱉는 말입니다. 어머니들은 무슨 말이냐고 불쾌해할 것입니다. 자기 집안 아이들은 모두 흠잡을 데 없다고. 이런 사람들은 진실 자체를 못 믿을 만큼 자기 자식들에게 빠져 있습니다.

어쨌든 이렇게 성에 눈을 뜨는 일은, 어머니가 가르쳐주지 않으면 무섭도록 충격적인 일이 됩니다. 딸아이는 자기 의지를 꺾습니다. 그런 때에 가엾은 그 딸은 정신을 차리기 전에 이미 제멋대로 하게 됩니다.

그렇지만 우리가 봤던 대로, 일찍이 냉정하게 식물과 곤충의 번식을 배운 처녀라면, 모든 종에서 생명은 알에서 다시 시작되고 자연 전체가 수태의 영원한 작업을 하고 있는 줄 알고 있기 때문에, 누구나 겪는 생리를 맞아서도 전혀 놀라지 않습니다. 매달 돌아오는 힘든 변화도, 하등동물의 부지런한 변신을 보았을 때처럼 아주 자연스럽게 받아들입니다.

그 모든 변신의 아픔이 이 세상의 보편 법칙에서 귀하고 중요하며, 순수해 보입니다. 또 거기서 죽음이 `파괴하는 것이 끊임없이 재생되는 것을 볼 때 더욱 위대하게 느껴집니다. 어머니는 딸에게 이렇게 말합니다.

"죽음이 우리를 압박하며 다가오잖아. 네 아빠와 나도 죽겠지. 이런 것을 이해한다면 벌써 너를 시집보내야 했을 테지. 나처럼 너도 고생하며 애를 낳아 잘 키우겠지만, 그렇게 잘 키워놓아도 네 곁을 떠날 수밖에 없게 되잖아. 다 예상할 수 있는 일이야. 울 수밖에 없게 되고… 아냐, 내 말이 틀렸구나. 우리 모두의 운명인걸. 하느님이 바라시는 것일 테니."

10

역사는 신념의 토대입니다

장 자크 루소는 현대인에게 처음으로 교육 방법을 제기했습니다. 그렇지만 교육에서 방법이 전부가 아니라는 점을 충분히 고려하진 못했습니다. 그는 학생을 '어떻게' 지도해야 하는지 탐구하거나, 아니면 어떻게 학생 스스로 자유롭게 배워 익히고 모든 것을 이해하도록 할 것인지에 관심이 깊었습니다. 내가 그의 책을 취조하려는 것은 아닙니다. 나는 단지 교육의 두 번째 문제에 단 한마디도 없었다는 점을 주목합니다. 즉 공부의 원칙적 "대상은 무엇일까?", 그 학생이 무엇을 배우게 될까 하는 문제입니다. 루소가 관례적 일상에서 독립적이며 활력에 넘치는 정신을 육성하는 데 성공했다고 가정한다면, 그것을 무엇에 쓰게 될 것인지, 그런 정신이 발전하고 자연스레 단련되는 과정에 어떤 지식(과학)이 있지 않겠습니까? '인간'을 만들어내는 것만으로는 부족합니다. 그가 가장 이롭게 자신을 실현할

'목표'를 정해야 합니다. 이런 목표가 "교육의 본질" 아니겠습니까.

그런데 이런 목표는 소년과 소녀에게서 완전히 달라야 합니다.

우리가 지금까지 제대로 하지 못했던 교육을 더욱 제대로 하자면, 양성을 구별하는 것뿐 아니라 심지어 조목조목 대립된 깊은 차이를 진지하게 주목해야 합니다.

그들은 자연스레 타고난 경향과 소명이 다릅니다. 그들에 대한 가르침도 다릅니다—소녀에게 조화와 균형을 꾀하도록 하고, 소년을 튼튼하게 하는 "방법이 다르고"—그들의 정신을 함양하는 기본적인 공부에서 "그 목표가 다른" 교육입니다.

일터로, 생존 경쟁의 장으로 나아갈 남자에게 중요한 공부는 '역사', 즉 이런 투쟁의 이야기입니다. 각 민족의 재능이 낳은 언어의 도움으로 쓰여진 역사입니다. 인권人權이 역사를 지배합니다. 인권 밑에서 인권을 떠받들고 쓰는 역사는 영원한 정의로써 끊임없이 밝혀지고 수정되며, 바로잡습니다.

여자는 자연과 인간, 아버지와 자식의 중개자로서 '자연' 공부를 하면서 실용성을 갖추고 젊음을 되찾으며, 아름다워집니다.

남자는 서로 닮은 데가 없는 사건과 사건, 경험과 경험, 전투와 전투를 이어갑니다. '인간의 역사'는 하염없이 길게 늘어지기만 하고, 항상 "앞으로!"라는 말만 합니다.

여자는 반대로 '대자연'이 변함없이 충실한 감동적인 모습으로, 자신으로 되돌아오는 조화로운 주기 속에서 성취하는 고귀하고 청정한 대서사시를 이어갑니다. 그 회귀하는 움직임이 가져오는 평화는 상대적인 부동성 같은 것입니다. 그래서 자연 공부는 결코 지겹거나 싱거운 법이 없습니다. 여자는 그 공부를 착실히 할 수 있습니다. 자연이 바로 한 명의 여자 같기 때문입니다. 우리 프랑스 사람이 어리석게도 역사를 여성형〔관사를 붙여준〕으로 부르는 것은 검게 그을고 먼지를 뒤집어쓰고 여행하는, 거칠고 야만적인 남성입니다. 하느님은 그토록 거친 그 길을 나약한 발로 따라 걷는 어린 순례자를 너무 돕지도 말라고 하셨습니다. 아이는 금세 지치고 버거워하며 쓰러지다가도 결국 길을 찾아내곤 했습니다.

"역사, 역사란다! 네게 가르쳐주어야겠지. 그 솔직하고 강하며, 단순하고도 진실하며, 쓰라린 역사, 있는 그대로의 역사를 가르쳐주마. 내가 달콤한 가짜 꿀을 발라놓지 않았을까 의심하지 않아도 돼. 네게 독이 넘치는 이 무서운 강화제로 너를 키우려고 끝까지 다 마시라고 하지 않을 테니까. 미트리다테〔독을 마시며 영생한다는 이란 신화의 태양왕〕의 독배毒杯를 들이키라고 하진 않을 테니까."

우선 네게 들려줄 역사는 너 자신의 역사겠지. 네 요람, 네 정신의 바탕이 된 것이지. 네게 들려주었다시피 네가 어떻게 태어났고, 네 엄마의 고통과 염려가 얼마나 심했고, 그렇게 네가 태어나기 직전에 얼마나 고생하고 울며, 너를 위해 죽을 고비를 얼마나 많이 넘겼는지. 이런 너의 어린 시절 이야기는 이 세상에서 너의 가장 숭고한 기억과 예찬의 역사란다.

그다음으로 훌륭한, 두 번째 어머니라고 할 조국의 역사가 있단다—하느님께서 고맙게도 너를 프랑스라는 나라에 태어나게 해주셨지. 온 세상이 매혹되고 열광하는 나라 말이다. 좋다 하든 싫다 하든, 누구도 이 나라에 무심하진 않단다. 그런데 바른길을 가고 있는지 그른 길을 가고 있는지 누가 알겠니? 그래도 이런 말은 할 수 있을 거야.

"프랑스에서는 묵묵히 용서하며 산단다. 어떻게 죽어야 할지 아는 민족이거든."

네 조상의 오랜 역사에서, 너는 큰 것을 알게 될 거야. 만약 네가 조국이 선포되던 거룩한 시절, 즉 파리에서 프랑스라는 나라를 선포하면서 모두들 이렇게 빌며 염원하던 때를 안다면.

"큰 하나[한겨레]에 바치리."

이런 통일의 노력으로 프랑스는 하나가 되었어. 이 나라는 설레는 가슴으로 우선 세상의 건강한 우애와 세상을 해방시키자는 소망을 내놓았었지.

이런 조상을 떠받들고, 그 영웅들을 영원히 사랑할 수 있지 않을까!

"너는 프랑스에서 세계로 나아가겠지. 우리 함께 준비해보자. 네 정원을 가꾸었듯이, 여러 민족이 정착하기에 적합한 땅을 찾아보자. 토양과 기후와 지구의 모양을 즐겨 공부하다보면 이런 것이 아주 다양하게 사람들의 행동을 결정하고, 또 그들 이전에 역사를 만들어왔다는 것을 알 수 있을 테니까. 땅이 지휘하고 사람이 충성하는 그런 역사 말이다. 식물과 섭생이 문명을 만들기도 했단다. 물론 인간 내면의 힘이 여기에 저항하고 맞서 싸우기도 했지. 이런 싸움에서, 네 어린 시절의 친구이던 자연과 자연과학이 서로 끼어들게 되고, 삶을 이끌어갈 정신과학(인문학)과 마주치게 된단다."

자, 이렇게 역사 교육은 소년과 소녀 누구에게나 똑같은 것입니까?

물론 신념의 기초가 된다는 점에서는 그렇습니다. 남녀 가리지 않고 역사는 그 위대한 정신적 결실로 마음의 바탕을 다져주고 일용할 양식을 줍니다. 즉 소중한 "정의로운 것이라는 문제에서 변함없는 인간 정신"을 줍니다. 하느님과 의무에 관한 인류의 믿음이 일관되게 흐르는 것입니다.

더욱 유념할 것이 있습니다. 청년은 생존 경쟁의 터로 불려 나가는 만큼, 역사 공부로써 각별히 대비해야 합니다. 역사는 남자에게 경험의 보고이자 훗날 꺼내 쓸 수 있는 병기고입니다. 처녀에게 역사는 특히 종교적·정신적 토대가 됩니다.

여자는 안정감이 떨어지고 신체적으로 매달 새로워지는 듯해도, 인간사에서 남자보다 훨씬 더 확고한 두 조건을 충족시킵니다. 즉 "모든 여자가 신성하고 순결한 제단"입니다. 생활에 지친 남자가 그 앞에서 매번 믿음을 찾고, 자기보다 더 순수하게 간직하고 있는 그 고유의 의식을 되찾습니다. 또 "모든 여자가 학교입니다." 다음 세대는 여자에게서 사실상 자신들의 믿음을 수용합니다. 아버지가 교육 문제를 생각하기 시작할 때보다 훨씬 오래전부터 어머니는 영원히 지워지지 않는 자신의 가르침을 줍니다.

여자에게도 꿋꿋한 믿음이 필요합니다.

머지않아 함정이 나타나기 때문입니다. 그 가장 위험한 것은 믿음이 흔들릴 때 찾아옵니다. 여자가 결혼하고 나서 삼 년쯤 뒤, 스물한 살가량 되었을 때 아기를 갖게 되겠지요. 그러면 사람들이 그 영토에 침입하기 시작합니다. 쾌활한 사람들이 찾아와 수다를 떨며, 웃고 놀립니다. 무엇을 두고서 그렇게 할까요? 그녀의 [친정]아버지가 선량하게 가르쳐준 것, 어머니의 소박한 믿음, 남편의 진지한 태도 등 그 모든 것입니다. 이런 것을, 이 세상에서 확실한 것은 아무것도 없다면서 냉소적인 태도를 믿게 하려고 말입니다.

정말이지 여자는 믿음이 있어야 합니다. 이런 경박하고 불순한 관심은 그녀에게 역겨울 뿐이니 진지하게 맞서야 합니다. 확고한 이성과 소박한 마음과 일관된 방향으로, 민족의 가슴에 똑같이 뿌리 깊은 바탕으로 물려받은 정신의 부드럽고도 완고한 태도를 지켜야 합니다.

아주 어릴 때부터 부모는 동의하에, 역사를 이야기처럼, 딸아이가 항상 정신적 균형과 건강한 일체감을 느끼도록 나이에 맞춰 읽어주어야 합니다.

어머니는 어린이의 수준에 적당하게 마치 젖을 먹이듯이, 우선 어린이가 자기 식으로 소화해낼 만한 큰 사건부터 들려줄 수 있겠지요. 아버지는 딸이 열두서너 살쯤 되는 이행기에 독창적인 문인들의 글을 읽도록 할 수 있을 것입니다. 헤로도토스의 역사책이나 천일야화, 알렉산더대왕 전기, 성경의 훌륭한 일화 등에 오디세우스의 모험담과 또 현대의 오디세우스 같은 대탐험가들의 전기도 좋을 것입니다. 이 모든 것은 천천히 읽도록 해야 합니다. 항상 같은 자세로, 말하자면 풍습과 도덕과 예배가 겉보기에 다르긴 하지만 인간이 얼마나 달라진 것이 없는지 이해하도록 합니다. 서로 어색한 대부분의 차이는 표면적이거나 민족과 기후의 특성에서 나오는 불가피한 것일 뿐입니다.

예컨대 인도처럼 열대의 더위가 심한 지방에서 가족의 신체적 조건은 다른 지방과 같기 어렵습니다. 그 지방에서 여자는 열 살이나 열한 살인 아이 때 결혼합니다. 그렇지만 기후가 보다 온난한 곳에서도 가족에 대한 이상은 완전히 동일합니다. 조로아스터, 호메로스, 소크라테스(크세노폰의 『경제』의 감탄할 만한 행간에서) 등이 그렇게 말했다시피, 고대 로마제국부터 지금까지도 마찬가지입니다. 아리스토파네스의 이야기에서, 그리스 여자들은 남자에 전혀 의존하지 않고 집안을 다스리고 나라에서 막강한 영향력을 발휘합니다. 이런 것은 『투키디데스』에도 있습니다. 남자들이 레스보스 족을 몰살하기로 결정하는 법령을 내렸지만, 그곳에서 저녁에 그 여자들을 보게 되면서 이런 법조항을 취소했습니다.

우리는 종종 법에 속습니다. 예컨대 사위가 장인을 부양하는 지역에서, 그는 여자를 돈으로 사서 아내로 삼는 것이고, 그렇게 아내는 노예일 뿐입니다. 잘못된 일입니다. 아프리카에서는 이런 결혼 방식을 지금도 볼 수 있습니다. 남자가 아니라 여자가 자유롭게 군림하고 통치하는 부족이 있습니다(리빙스턴). 그런데 그 돈은 여자를 사는 것이 아니라, 일종의 위약금 내지

보증금입니다. 장차 이 가정에서 혜택을 받지 못할 경우를 대비해 아이들을 위해 친정에서 보관하는 것일 뿐입니다.

회의론자들이 규칙보다 예외와 부조리한 것의 예를 찾아내려고 하는 것은 흥미롭습니다. 그러면서 정상적인 규칙에 대해 일언반구 없지 않습니까. 인간의 이성과 도덕심에 위배되는 적들은 의아하고 의심스런 소재를 잘 이해하기 어려운 사실을 찾는 수단으로나 봅니다.

11

아테나 여신과 추론의 힘

"얘야, 아직 조각전시관에 못 가봤겠지. 루브르 박물관에 가면 네 엄마는 거기가 너무 썰렁하다면서 위층으로 올라가버리곤 하지 않았겠니. 열렬하고 활기찬 그림의 세계로. 그런데 특히 여름에 이곳은 조용하고 고상한 쉼터가 되는 곳이야. 깊은 생각에 잠기고, 위층보다 공부도 잘되고. 엄마는 마침 집에서 할 일이 있으니 우리 함께 옛사람들의 장중한 세계로 여행을 떠나보자."

조각전시관에서 민족과 화파는 회화전시관처럼 나뉘지 않습니다. 그래서 순수하던 상고시대의 작품들이 퇴폐기의 작품들 곁에 놓이기도 합니다. 그래도 헷갈릴 일은 없습니다. 그리스인의 진정한 자식인 그 입상들은 그토록 소박하면서도 자부심에 넘치고 고상하기 때문에, 로마제국 황제와 원로원의 입상들 틈에서도 눈부시게 압도합니다. 세계의 주인이 자기들이라고 하는 듯합니다. 로마제국의 흥상들이 보여주는 저급한 정념은(아그리파, 비텔리우스 상 등) 이 고상한 선배들에게 나타나지 않습니다. 숭고한 청정은 이 이상理想이 낳은 자식들의 특징입니다. 지금도 그들의 이마에 아크로폴리스 언덕을 밝히던 오로라의 잔영이 어려 있습니다. 그런가 하면 그들의 깊은 눈은 나른한 몽상 대신 꿰뚫는 직관과 건장한 추론을 응시합니다.

플루타르코스의 『유명한 사람들의 삶』('영웅전'이라고도 하는)을 읽어보았겠지요. 당신이 좋아하는 비장한 죽음을 찾아보았을 것입니다. 이런 퇴폐기의 전기들은 소설처럼 재미있지만 고대의 재능과 너무 다른 생각을 갖게 합니다. 그 전기물은 영웅을 치켜세우고 신처럼 드높입니다. 그런데 고대 그리스의 아름다움은 영웅을 전혀 볼 수 없는 그런 영웅적 세계의 것이었습니다. 아무도 영웅이 아니면서도 모두가 영웅입니다. 몸과 마음을 도야하면서 시민들 모두 지극한 아름다움을 보여주었고, 영웅적인 수준에 이르러 거의 신 같은 모습이었습니다. 씨름을 하고, 광장이나 학교에서 논쟁을 벌이거나, 연극과 오락이자 경쟁이던 축제를 끊임없이 펼치면서 인간은 자기 천성에서 아름답고 강인한 모든 것을 끌어냈습니다. 또 아폴론과 헤라클레스의 이미지를 따라 자신을 갈고닦았으며, 이들의 힘과 우아한 멋이나 미네르바의 사고력처럼 그 고상한 조화를 차용합니다.

그리스 사람들 모두가 원래 잘났을까요? 웃기는 말이라고들 하겠지요. 하지만 그들은 잘나고 멋있는 사람이 되는 법을 알았습니다.

"소크라테스는 정말 목신牧神처럼 못생긴 사람으로 태어났다. 그런데 안팎으로 그는 너무나 달라졌다. 이성과 덕과 헌신의 절차탁마를 거쳐 그는 마지막 세상을 떠날 때 플라톤이 지은『파이돈』에 등장하는 것처럼 신성한 모습을 보여주었다."

거대한 조각전시관으로 들어서면 그 안쪽 깊은 곳에 멜포메네스의 거상이 버티고 있습니다. 거기까지 가기도 전에 팔라스(아테나 여신) 상 앞에 잠시 머물러봅시다. 로마시대의 석상이지만, 그리스의 아테나 여신상을 복제한 것입니다. 페이디아스가 조각했겠지요. 바로 이 신상에서, 유명한 아테네의 정치가 페리클레스나 테미스토클레스와 같은 표정을 엿보게 됩니다. 그 표정에 걸맞게 사고, 지혜 또는 "성찰"하는 사람의 얼굴입니다.

반성 · 성찰한다는 것은 자기 생각을 스스로 돌아보고, 그것을 거울에 비춰보듯 하는 것입니다. 이런 사고는 잠재적으로 이중적입니다. 즉 바라보는 생각은 바라보이는 생각을 고정하고 펼치며, 언어로 또는 말없이 마음속에서 추론하는 언어로써 파헤칩니다. 그리스의 고귀한 재능은 율리시즈와 테미스토클레스의 아시아를 정복한 유능한 솜씨가 아니라, 그 사람들이 훗날 인류의 위대한 교사들을 배출할 수 있는 힘이었던 합리성의 방법을 창안한 것입니다.

오리엔트의 시적이며 예언적인 직관은 유대인의 경전에서 매우 숭고하지만 적지 않게 안개와 신기루에 덮인 난처한 길을 따르고 있었습니다. 그럴 수밖에 없는 운명이지요. 인간적인 의지와 완전히 무관한 우연에 의존하고 있었으니까요.

그리스는 이런 모호한 방법을 누구나 아는 길을 통해 명쾌하게 정력적인 기술을 개발했습니다. 그 길을 우리는 걷고 또다시 걸을 수도 있으며, 모든 것을 확인하고 검증할 수 있었습니다. 인간은 자신을 가다듬어 새롭게 만들고, 그 운명조차 개척하는 예술가가 됩니다. 어떤 사람이겠습니까? 누구든 좋습니다. 특별히 선택되거나 예언자이거나 하느님의 희귀한 은총을 받은 사람이 아닙니다. 기술[예술. 고대 그리스에서 기술과 예술은 하나였다]과 이성으로, 아테네 사람들은 이 세상 모든 곳에 평등의 가능성을 열어놓았습니다.

이러기까지 긴밀히 연결된 것은 아무것도 없었습니다. 맹목적인 감흥과 반성의 노력이 있었지만 금세 고갈되곤 했습니다. 모든 것이 조리 없고 우연하며, 규칙적이지 못했습니다.

그때까지 모든 진보는 엉뚱한 격변이었습니다. 현실에서 인류가 움직이는 역사는 전혀 없었습니다. 아시아에서 역사적 요소는 거의 없었습니다. 그 희귀한 연대기는 서로 무관하게 떨어진 사실들을 기록했습니다. 결론을 도출할 수 없는 것이었지요. 지식으로 통제할 수 없는 운명적인 사건들에서 어떤 결론을 끌어내겠습니까?

그러나 합리성이 기술이자 방법이 되는 날이 왔습니다. 순결한 아테나 여신이 아이를 낳은 날입니다. 귀납과 계산의 순수한 능력을 지닌 아이입니다. 중단 없이 규칙적인 이 세대가 인간의 과업을 위해 살아남았습니다. 일단 이 세대가 큰 강을 이루어 흐르기 시작하자, 아테네의 정치인 솔론부터 로마의 법관 파피니안까지, 소크라테스에서 데카르트까지, 아르키메데스에서 뉴턴까지 거침없이 흘러내려옵니다.

"그런데 얘야, 이 강물은 바로 네 속에서도 세차게 흐르고 있어. 그러니 잘 다스려야겠지. 그렇다고 아주 골치 아프고 어려운 추상적인 문제를 풀라고 하는 것은 아니야. 백 년 전의 유명한 여인처럼 뉴턴을 해석하라고 하려는 게 아니야. 1859년에 그랑빌〔프랑스 북부 노르망디 지방〕에서 어떤 부인이 했듯이, 존경심으로 바라보는 아이들이나 주의 깊게 지켜보는 남자들 틈에서 고등수학의 난제를 풀어보라는 말이 아니다. 네가 살다가 어려운 일에 부딪혔을 때, 이렇게 순수하고 고상한 지역으로 피해볼 수 있기만 해도 좋을 것 같구나. 아름다움을 사랑하는 마음은 정말이지 여자의 마음에만 있고, 아름다워진 느낌을 받는다는 것은 모든 것에 위로가 되기 때문이란다. 순결하고 귀하게, 진리를 향한 고상한 생활은 이 세상의 어떤 행복도 대신할 수 있거든. 그런데 누가 아직도 이런 것을 기억이나 하고 있겠니?"

앞서 말한 것 같은 훌륭한 사례가 있습니다. 마닌의 어린 딸, 에밀리아[이 딸은 아버지에게 큰 고통을 안겨준 채 1853년에 사망했다]는 아주 어려서 잔혹한 충격을 받았습니다. 어머니를 잃고 아버지는 빈털터리가 되었습니다. 베네치아에서 일어난 끔찍한 비극의 여파가 어린 소녀를 덮쳤던 것입니다. 이탈리아 북부 모든 도시에서 난민의 생활고와 빈곤은 극에 달했습니다. 그러나 가장 무서운 것은, 그곳에서 겁에 질린 모든 사람이 잔인한 신경질환으로, 이탈리아 순교자처럼 콜레라로 죽어가자, 사람들이 공포에 빠져들었던 것입니다. 그런데 이 모든 것을 겪으면서도, 어리고 고통받던 소녀는 고상하고 자유로운 사고를 지켰습니다. 순수한 대수와 기하를 공부하면서 버텨냈습니다. 아버지가 이런 어려움 속에서 고상한 과업을 해낼 수 있었던 것은 딸 덕분이었습니다. 그는 어린 딸을 간호하며 배웠습니다. 딸을 잃고 나서도, 판단이 필요할 때마다 딸을 생각했습니다. 그는 조국통일운동에 관해 이렇게 말했습니다.

"내 딸이 그것을 증명해야 할 텐데…."

하느님과 이상 사이에 차이가 있습니까? 그렇다고 생각한다면 불경할지 모르겠습니다. 그런데 영원한 사랑의 모든 형태 가운데(미·번식·힘) 이성理性이 으뜸이요, 가장 높은 것 아니겠습니까. 이것으로써 사랑은 조화로워지고 질서가 완전히 자리 잡혀 축복을 받습니다. 냉정해 보이는 이성 속에 사랑이 적지 않게 들어 있습니다.

우리는 딸을 영원히 사랑하고 보호하며 살진 못합니다. 아마 많은 여자들처럼 혼자서 살아가게 되지 않겠습니까. 그런데 아버지의 마음은 딸이 절대로 잃지 않을 진지하고 충실한 수호자가 되어줍니다. 아버지는 딸을 순결한 아테나 여신께, 이성의 수호신께 바칩니다!

12

안드레아 델 사르토의 애덕

진지한 독자라면 두 가지 방법을 이해했을 것입니다. 앞의 3장에서 언급한 것처럼 엄격하기도 한 방법이겠지만, 아무튼 그하나는 본능을 자제하고 다스리는 것이고, 다른 하나는 그 반대입니다.

내 어린 아이가, 두 나이 사이의 미묘한 시기에 발을 들여놓는 날부터, 이번에는 사랑이라는 매혹적인 병에 걸리게 되는데, 나는 여기에 두 가지 처방을 경쟁적으로 사용했습니다. 치료가 아니라 교정하고 변화를 꾀하기 위해서입니다. 나는 사랑에 속임수를 쓰고 싶진 않습니다. 사랑은 하느님의 선의에 빚지고 있어 차분히 존중하는 것이기 때문이지만, 그 자체가 더욱 값진 대상을 향해 고양되고 커지게 하는 것 이상으로 만족스럽게 키우도록 하려는 것입니다.

위기를 맞게 되면(열네 살쯤에), 아니면 이미 그것이 왔다고 느낄 만큼 그보다 조금 전에, 비슷한 것을 비슷한 것으로 균형을 잡고 우회시키는 '동종요법'이라 할 수단을 활용했습니다. 성에 대한 감정에 나는 모성의 감정과 어린아이에 대한 배려를 맞세웠습니다.

그러나 그 뒤 몇 해 동안 '대증요법'이라 할 것으로서, 나는 새로운 공부와 순수하고 청정한 독서로 그 아이의 정신을 채웠습니다. 다양하고 재미있는 여행과 역사에서 나는 그 아이에게 스스로 자기 삶이 기대게 될 진지한 정신적 기반을 찾도록 했습니다. 즉 의무와 하느님에 대한 "인간적인 믿음의 통일" 말입니다.

그 아이는 자연과 역사 속에서 하느님을 보았습니다. 그 아이는 영원한 사랑 속에서 이렇게 따로 공부해왔던 두 세계의 관계를 느꼈습니다. 얼마나 생생하고 정다운 감정이겠습니까! 그런데 나 또한 여기서 위험을 자초하지 않았을까요? 그 사랑에 빠진 젊은 가슴에서 망언이 나오지 않을지, 혹 순진하게 더 높은 세계로 올라가 위험천만한 뇌우를 좇겠다고 나서면 어떡하나요?

모든 것이 어머니에게 달렸습니다. 본능이 맨 처음 지진처럼 흔들리기 시작할 때, 아이는 당황하고 위축되어 어머니의 품안에 안깁니다. 거기서 푸근함을 느낌과 동시에 꿈도 꿉니다. 여자는 자기 아이가 한 여자가 될 때 너무 감동한 나머지 자신도 다시 어린애가 됩니다. 자기가 애지중지하는 아이를 걱정하고,

동요하면서 민감하게 살피고, 기도하고 울고, 모녀가 서로 신경과민의 신비주의로 쉽게 나약해집니다.

그렇다면 나는 어떻게 해야 합니까? 이 꽃에 건강하고 힘을 돋우는 물을 줘왔던 대로 봉사해야 합니까? 가령 나약한 어머니가 아이를 미적지근한 젖과 눈물로 껴안고서, 또 최악이 되겠지만 경험담이라는 효력도 없는 묘약이나 먹이려고 한다면?

유해한 소설 중에서 최악은 언제나 신비주의적인 것입니다. 그런 책에서는 영혼이 영혼과 대화합니다. 인위적인 노을 속에 별이 반짝이는 위험한 시간입니다. 아이는 자신이 제물이라 생각하고, 갖은 인간적 허약함에 대비하면서 물러지고 나약해집니다. 유대인의 경전에서 거칠고 야만적이며 폭력적인 이 논쟁은 중세의 논쟁에서 불건전하고, 열병에 걸리게 됩니다.

그 많은 복사본은 불길할 만큼 얼마나 수상쩍더란 말입니까! 나이를 먹어가면서 내 딸은, 다른 것에 한눈을 팔지 않더라도, 완전히 다른 길로 하느님의 관념을 지향합니다(강하고 살아 있으며 창조자인 하느님). 그런데 바로 이때 그 아이를 무장시켜야 합니다. 그 철부지의 머리에, 꿈에서 깨어나 진정 순결한 아테나의 빛나는 청동 투구를 씌워주어야 합니다. 딸에게 내가 들려주려는 내면적 대화는 위험한 몽상이기는커녕, 그 아이의 사고와 나란히 아주 각성된 사고의 엄격한 대화입니다. 바로 이런 대화에서 아이는 추론 이상으로 '이성'을 감지합니다. 자신이 겪어온 세계를 넘어서, 아이는 수정같이 맑은 세계

나이를 먹어가면서 내 딸은 완전히 다른 길로 하느님의 관념을 지향합니다.
바로 이때 그 아이를 무장시켜야 합니다. 그 철부지의 머리에, 꿈에서 깨어나
진정 순결한 아테나의 빛나는 청동 투구를 씌워주어야 합니다.

나 또는 환하게 밝혀진 관념(이데아)을 보면서 차츰 거기에 빠져들게 됩니다. 딸아이는 아름답고 순수한 이런 합리적 대화를 좋아하고, 자신을 위해서도 순수성을 찬미하게 됩니다.

바로 이런 것이 딸아이가 사랑을 변형시키게 되는 사랑입니다. 나 또한 내 마음을 놓는 방법입니다.

그런데 이런 것이 늘 효력이 있을까요? 자랑하지 않아야겠지요. 소중한 아기! 효력이 없다고 해서 그것이 그 아이의 잘못은 아닙니다. 자연스러운 것입니다. 나날이 힘이 배가되고, 화려한 원기로 아름다워지며, 여자의 마술적 매력을 더해갑니다. 순결하고 고상한 마음과, 그에 걸맞은 지혜로운 의지, 바로 이런 순수성 자체로써 처녀는 자신의 거역할 수 없는 힘을 더욱 값지게 합니다. 눈과 사고는 하늘에 닿고, 가슴은 위대한 것에 닿으며, 자제할 줄 아는 그 미덕은 전혀 추상적인 것이 아닙니다. 그러나 종종 이런 고상한 공부를 하는 중에도 누군가(글쎄 누구일까요?) 그녀를 선동합니다. 그녀의 뺨은 붉어지고, 그 아름다운 눈은 당황하고, 삶의 고동이 그녀의 젊은 가슴에 가득 차오릅니다.

딸아이는 여자입니다. 그러니 어떡하겠습니까? 그 애는 주변에 불꽃같은 매력을 퍼트립니다. 적도의 숲속에서, 사랑은 수많은 존재들 사이에서, 바로 그와 같은 불꽃으로 반짝이고

191

밤의 모습을 바꿔놓는 화염의 마술입니다. 순진한 각성이지만, 모든 것을 숨기고 있다고 믿는 처녀의 수줍음과 무구한 매력보다 더 순진한 것이 어디 있겠습니까. 자기도 모르는 새에 감탄할 만한 광채를 발하고, 그윽한 후광을, 그토록 아름답다는 것에 수줍어하고 얼굴을 붉히는 바로 그때야말로, 그녀는 자기 주위로 사랑의 향기에서 나오는 현기증을 퍼트립니다.

"오 가엾은 아가. 나는 너를 그렇게 내버려두고 싶지도 않고, 그럴 수도 없구나! 너는 등불처럼 살게 될 거야. 너 자신을 태우는 이 위험한 열병에 걸렸을 때에 기분 전환을 해야 하거든. 네 속에 식욕이 왕성하겠지만 다른 양식을 하나 더 주마. 내 귀여운 딸아, 네가 혼자서 너를 태우는 모습을 보고 싶구나. 내가 주는 불꽃, 불꽃을 치유하는 불꽃을 받아보거라. 받거라 (네 애비가 주는 것이니), 쓰라림과 고통을….

우리 사랑을 방패막이로 삼고, 네 생각과 일에 파묻혀 있으니 네가 이 세상사를 알 리가 없겠지. 그 어마어마한 불행을. 울다가 금세 위로받고 그치는 아기나 보았을 뿐이지. 너는 아직 이 세상에 악이 얼마나 많은지 의심조차 못 하겠지. 네 엄마와 나는 너를 비통한 감정과 싸우도록 할 엄두가 나지 않지만, 오늘 우리가 네게 모든 것을 말하지 않는다면 잘못이겠지."

이렇게 나는 딸아이를 붙잡고, 조심하지도 않은 채 우리 곁을 흐르는 통곡의 바다를 대담하게 건너갑니다. 나는 그 아이 앞을 가리던 커튼을 찢어버립니다. 그 추한 모습과 거짓 세련을 고려하지 않고. 얘야, 보거라. 이것이 현실이야! 이런 것들 앞에서 혼자서 그 꿈과 개인적인 순정을, 꽃으로 수놓인 강변과 '온화'의 강물 위로 느긋하게 순항하자면, 놀랍도록 개인적인 추상화抽象化하는 힘을 타고나야 합니다.

　딸아이는 무지했던 것을 부끄러워하고, 당황해서 웁니다. 그러나 힘을 되찾고 나서는 행동하지 않고 울었던 것을 부끄러워합니다. 즉 하느님의 불꽃이 그 아이에게서 다시 타오릅니다. 이때부터 딸아이는 우리를 가만 내버려두지 않습니다. 사랑의 온 힘을 다해서 애덕을 지향한 그 젊은 혈기는 활력과 기운과 초조, 그리고 거의 별것도 아닌 데에도 슬픔을 보입니다. 그러면 이제 얘를 어떻게 진정시켜야 합니까? 그녀를 지휘하고 따르고 받쳐주는 것은 어머니 몫입니다. 이런 맹목적인 힘 앞에서 딸아이는 미지의 위험 속으로 뛰어들 수 있기 때문입니다.

"애덕愛德에의 도취"와 그 영웅적인 열기, 순수한 사랑으로 충만한 이 흐뭇한 열정은 이야기된 적이 없습니다만, 언젠가 한번 그림으로 표현된 적은 있습니다.

프랑스의 애덕심에 감동하고 감사한 이탈리아 망명객 한 사람은 루브르 박물관에 있을 열렬한 그림으로 그 값진 하늘의 선물을 찬양했습니다. 그런데 이렇게 거룩하고 고상한 작품을 어째서 저 천박한 걸작들 사이에 놓아두어야 합니까! 또 얼마나 많이 훼손되었습니까! 야만적이고 불순한 사람들! 당신들 때문에 이 경이로운 작품은 거의 지워져버렸습니다. 하지만 내 기억 속에서 그 그림은 항상 불타오르고, 아마 내가 열렬하게 간직했던 그 어떤 경건한 그림보다도 가장 불타오를 것이며, 내가 죽는 날까지 그럴 것입니다.

내가 지난해 5월 21일에 그 그림을 처음 보고서 거칠게 적어두었던 글이 있었습니다. 봅시다[안드레아 델 사르토가 1518년 프랑스 체류 시에 그린 유일한 유화로 프랑수아 1세에게 헌정한 작품이다].

"지극히 대담한 작품. 관례를 따르지도 않고 머뭇거리지도 않습니다. 이탈리아 대재앙의 끔찍한 시절이 느껴집니다. 이렇게 묘사하거나 그리자면 여러 차례 죽을 고비를 넘겼을 터입니다.

이 아름답고 풍만한 젖가슴은 처녀의 것이지 유부녀의 것이 아닙니다. 유부녀 또한 수줍음을 많이 탑니다. 우리 앞에 보이는 이 동정녀는 전혀 닳고 닳지 않았습니다. 그녀는 어느 쪽으로도 기웃거리지 않습니다. 두려움도 의심도 없습니다. 불쌍하게 굶주린 아기들… 오직 그 애들만 바라보고 젖을 먹입니다.

그 당시 이 화가가 알프스를 넘어오면서 수천의 굶주린 아기들을 마주쳤을 것임을 알아야 합니다. 부모는 사망했고, 노파에 이끌려 네 발로 기며 풀을 뜯어먹던 아이들 말입니다.

이 참혹하고 지저분한 아이들 앞에서 울음을 터트리거나 도망쳐버릴 수도 있었겠지요. 하지만 젊고 용감한 이 여인은 아무것도 두려워하지도 역겨워하지도 않고서 아기들을 끌어당겨 젖을 물렸습니다.

그 발치에 있던 아기는 너무 말라 갈비뼈가 앙상하게 드러났습니다. 지칠 대로 지친 아기는 쏟아지는 잠과 피로를 못 이기고 돌 위에 쓰러졌습니다. 그녀에게 팔은 두 개뿐이니까, 두 아이밖에 안을 수 없었습니다. 그녀는 한 아기를 가슴에 안고, 우유로 넘치는 풍만한 가슴에 물렸습니다. 아기는 황홀해했습니다. 허기로 인해 그 입은(얼마나 오랜만에 젖을 먹는 것입니까!) 이 훌륭한 여인의 젖가슴을 탐욕스럽게 꽉 쥐고 있습니다. 혈기와 사랑으로 붉어지고, 순수하고 관대한 피로 붉어진 가슴입니다.

얼마나 크나큰 아량으로, 훌륭한 의지로 그녀는 젖을 먹였습니까! 굶주린 아기를 안아주며 서두르던 그 순수한 모습이 증언합니다. 그녀는 유모가 아닙니다. 그녀는 그렇게 시도했습니다. 여기서 보이는 모습 그대로. 어떻게 하는 것인지도 모르면서 왼손으로 아기를 받쳐 들어올렸습니다. 미묘한 힘으로 말입니다. 그러니 누가 감히 이런 모습을 비웃겠습니까? 그 알 수 없는 대담함은 그렇게 웃기는 일이 아닙니다. 이 거룩한 여인은 열성으로 분노했습니다. 즉 이럴 수는 없다면서 분해서 나섰던 것입니다.

그녀의 오른쪽 팔에 매달려 성급하게 차례를 기다리는, 조금 더 크고 튼튼하며 의젓한 아기는 이미 더 타락했다고 하겠습니다. 즉 허리띠를 둘러 성기를 가렸습니다. 그 모습은 걱정이 가득하고 이미 어린 거지같이 구걸하고 있습니다. 그 날카롭게 떠는 입은 이를 갈면서 날카롭고 쓰라린 기도를 들려주는 듯합니다. 내 생각으로, 그는 손에 나쁜 포도 씨와 덜 익은 포도를 쥐고 있는 듯이 보입니다. 그렇지만 이런 떫은 양식은, 여인의 달콤한 우유의 감미로움 속에서 곧 잊힙니다. 오래 기다리지 않아도 됩니다. 다른 아기가 젖을 너무 많이 먹어 거머리처럼 몸이 불지 않았습니까.

성녀 앞의 땅바닥에 석탄 풍로와 숯불이 놓여 있지만 그녀의 가슴속에 타오르는 불꽃에 비하면 얼마나 썰렁합니까! 그녀는 불타는 가슴과 차분한 힘으로, 당당하고 영웅적인 자세로, 하느님의 은총을 받은 옥좌에 앉아 있는 모습입니다."

13
영웅성의 계발

프뢰벨은 『어린이 교육』에서 아주 행복한 제안을 했습니다. 아이들을 키우자면, 교사가 아닌 훌륭한 처녀가 별도로 필요하다고 했습니다. 마치 신붓감으로 바람직할 것 같은 야무진 처녀 말입니다. 그러면 아이들에겐 얼마나 고마운 일이겠습니까!

그가 바라는 것은 이 처녀가 학교에 자주 들러 교사를 도우면서 훌륭한 자질을 보이는 것입니다. 이런 처녀는 애정에서만 나올 수 있는 무한한 인내와 지성, 조심성을 갖추고 있을 것입니다. 교사를 도와주는 처녀들은 바로 이런 사람들이거나, 혹 아니더라도 차츰 여자의 뛰어난 적응력으로, 아이에 대한 사랑과 모성적인 본능으로 그렇게 될 수 있습니다. 완벽한 여자라는 말입니까? 이런 일에서라면 그렇겠지요. 그런 처녀의 손에 아이들을 맡기면 얼마나 다행입니까! 이런 처녀를 애인으로 둔다면 하늘에서 굴러 떨어진 복이 아니겠습니까.

네케르 부인도 같은 의견입니다. 부인은 이런 모성애를 발휘하는 기회가 처녀의 결혼 준비에 큰 도움을 준다고 했습니다.

아무것도 갖지 못한 어린이들이 이 처녀에게 얼마나 많은 것을 줄 수 있겠습니까! 우선 삶을 이해하게 합니다. 현실과 삶의 불행에서 그녀는 세상의 실상에 눈을 뜰 것입니다. 성격도 강인해지고 불필요한 까탈도 줄어들 것입니다. 처녀는 우리가 툭하면 마주치는, 거만하거나 눈살을 찌푸리게 하는 사치스런 아가씨의 티를 벗을 것입니다.

그녀는 올바르고 용기 있게 되어 건전한 인간성과 자애의 위엄을 느끼면서, 쓸데없이 깔끔한 척하지 않을 것입니다. 우리는 그녀가 차분하고 고상하게, 천한 일도 마다하지 않고, 아이들을 먹이고 씻기고 입히고 벗기고 하면서 순박하게 변한 모습을 보게 됩니다.

그러다보면 훗날 금빛 장갑이나 말과 마차 위에 앉은 신사를 높이 평가하지만도 않겠지요. 처녀는 신사의 선량한 마음과 행동으로 평가하게 됩니다. 그녀는 피상적인 데 그치지 않고 깊은 것을 알고 싶어하고 즐기게 됩니다. 그렇게 되고, 그렇게 할 수 있습니다.

이곳에 한 청년이 우연히 한번 들렀다고 합시다. 그리고 처녀가 어머니와 함께 이런 좋은 일을 하고 있는 데 놀랐다고 해봅시다. 이 청년의 등장에 놀란 아이들은 다투어 처녀 곁으로 몰려들고, 의자 뒤에 숨거나 그 밑으로 기어들어가거나 치마 속까지 파고들었다가, 안심하게 되면 귀여운 머리를 쳐들고 그를 바라보게 되겠지요. 처녀는 조금 당황하면서 벌겋게 상기된 표정으로 미소를 짓겠지만 그렇다고 어머니 품속으로 도망칠 것이라 생각할 수는 없지 않겠습니까? 그럴 리가 없지요. 처녀 또한 또 다른 어머니로서 아이들을 다독거리고, 낯선 사람보다 더욱 챙기려듭니다. 당황한 사람은 청년입니다. 아이들에게 다가가 무릎을 꿇으며 입을 맞춰주려 합니다. 그는 감히 처녀에게 접근하지는 못합니다. 대신 그녀의 어머니에게 말을 겁니다.

"아, 부인. 너무 보기 좋습니다! 멋들어진 장면인데요! 진심으로, 얼마나 고마운지 모르겠습니다!"

그러고 나서야 처녀에게도 한마디 건넵니다.

"아가씨, 행복하시군요. 누가 당신을 도울 수 있겠습니까! 아, 어쩌지요. 내가 뭔가 할 일이 없을까요?"

그렇지만 침착한 처녀는 어쩔 줄 몰라 하지 않습니다.

"쉬운 일이예요. 대부분 고아니까요. 아이가 없는 선량한 사람들을 만나시게 된다면 이 아이 좀 받아달라고 해주세요. 여섯 살이에요. 나는 달래줄 수가 없어요. 얘는 엄마가 있어야 해요. 진짜 엄마 말이지요. 나도 애써보지만 너무 어리고, 아이가 잃은 엄마의 그 나이에 한참 못 미치거든요."

이런 것을 일순간 느끼고, 처녀의 매력적인 말과 태도에 감탄할 청년이야 좀 흔하겠습니까. 하지만 진심으로 공감하고 또 그 인상을 두고두고 간직할 사람은 그다지 많지 않을 것입니다. 세상사는 다양하게 움직입니다. 그런 것은 금세 잊히지 않습니까! 기껏해야 저녁에 이런 말이나 하겠지요.

"오늘 아침 굉장한 일이 있었어. 안드레아 델 사르토의 그림 같은 처녀였지. 그렇게 예쁠 수가 없더라."

이런 찬사가 무엇인지 처녀는 잘 알고 있습니다. 가벼운 감정으로 그렇게 할 것이니 괘념치 않습니다. 신성한 가족의 품에 있는 한, 그녀는 행복에 겨워 그곳을 벗어날 욕심을 부리지 않습니다. 세상을 차츰 알아보게 될 때마다 그녀는 이 작은 둥지가 더 포근하다고 느낍니다.

작지요, 꽤 조그맣습니다! 그런데 그곳에서 사람들의 생활은 완전합니다. 소박하게 보살피는 마음의 어머니와, 엄격하지만 그 따뜻한 마음을 숨기지는 못하는 아버지가 소중하게 아름다운 균형을 잡아주는 생활입니다. 이런 환한 애정 속에서 처녀는 매일 자신에게 전해지는 선하고 위대한 것에 깊은 감동을 받습니다.

처녀가 여자 아닙니까. 그녀는 바로 곁에 남자가 있어야 행복합니다. 그녀는 당분간 곁에 있는 남자라고는 아버지밖에 모릅니다. 아버지를 매일 보고 그 우렁차면서도 간결한 말을 들으며 배웁니다. 하지만 아직 깊게 다 알아듣는 것은 아닙니다. 우리 남자는 누구나 환경과 어른의 교육적 요구와 해야 할 일〔직업〕에 따라가며 한 사람으로 성장합니다. 가정에서 필요한 것과 그 입장에 많이 희생해야 합니다. 그래서 종종 남자의 내면은 보기와 전혀 다르거나 더욱 크기도 하겠지만, 아무튼 상당히 억제되어 있습니다. 모든 것이 잠들어 있는 평범하고 단조로운 생활 속에서도, 더 나을 "또 다른" 나를, 최상의 나를 말없이 부추기는 슬픔이 밀려들곤 합니다. 이런 불행을 전혀 모르는 처녀가 그와 같은 알찬 능력과 설득력 있는 말에 매달리며 아버지에게 도움을 청할 때, 가족과 세상일의 걱정을 오직 아버지에게만 물어보면서 이런 말을 할 때, 그녀는 얼마나 귀엽게 철이 드는 모습입니까!

"아빠, 어서 말 좀 해봐. 난 아빠만 믿잖아!"

바로 이런 때가 숭고한 부성애가 나타나는 순간입니다. 고결하게…. 온순한 철부지 같아도 모든 것을 받아들이는 깜찍한 욕심과 열정을 지닌 처녀입니다. 소중하고 선한 것을 얼마나 쉽게 이해합니까! 아버지도 이런 면을 인정하기 어렵습니다.

"뭐라고! 안아달라고 떼쓰고 어리광 부리던 네가!"

애틋한 심경입니다. 아버지는 말문을 열고 말을 이어갈 텐데… 웅변적이겠지요! 의심할 나위가 있겠습니까.

딸과 아빠가 머리를 맞대는 이런 보기 좋은 시간을 잘 활용해야 합니다. 두 사람은 작은 정원을 가로막은 우거진 소사나무들 사이로 걸어 나갑니다. 발걸음은 활기차고, 7월의 덥고 나른한 날씨에 비해 빠르게 걷는 모습입니다. 마음과 생각의 움직임을 따르다보니 그렇게 된 모양입니다. 아빠의 취향을 아는 딸이기에, 그녀는 검은 머리에 이삭과 수레국화 몇 송이를 꽂았습니다. 들어봅시다, 무슨 말을 하는지. 법과 정의, 심각한 주제입니다.

이미 오래전부터 처녀는 이런 이해력을 키워왔습니다. 일찍이 역사에서 어느 민족이나 정의라는 관념을 갖고 있다는 것을 알았습니다. 아버지는 로마제국에서 법의 세계를 알려주었습니다. 하지만 그것은 공부와 역사와 과학 문제가 아닙니다. 삶의 문제입니다. 아버지는 끝없이 계속될 생리적 고통과 이제 곧 찾아올 사랑(격정적이고 맹목적일 수도 있습니다)에서, 처녀가 이성과 정의라는 현명한 빛을 간직하길 바랍니다. 여자는 근본적으로 남자의 판사입니다. 만약 여자가 황당무계하다면, 매력과 유혹을 보인다 해도 그것은 우리를 절망하게 하는 것일 뿐입니다. 아름다운 처녀가 내일을 판단할 것입니다. 처녀가 나직한 목소리로, 기어들어가는 목소리로 어머니에게 하는 한 마디가 절대로 울지 않을 사람[아버지]의 눈물을 자아내게 할 것입니다. 또 그것 때문에 죽을지도 모릅니다.

❧

어머니의 모범과 아버지의 교훈, 그리고 합리적인 분위기 속에서 성장해 훌륭하게 준비가 된 처녀는 여성으로서의 변덕을 다른 처녀들만큼 심하게 부리지는 않게 됩니다. 하지만 일반적으로 프루동[사회주의 사상가]의 말을 인정할 수 있습니다.

"여자는 정의를 난감하게 한다."

처녀가 사랑에 빠졌다면 이렇게 말해보시지요.

"물론 네가 좋아하니, 그럴 만하다고 생각하지 않았겠니. 그 친구가 훌륭하고 대단해 보이던?"

처녀는 순진하게 이런 말을 할 것입니다.

"내가 그 친구를 잡은 건 '마음에 들었기' 때문이에요."

종교에서도 여자는 마찬가지입니다. 여자는 자기가 그려본 이미지대로 신을 만들어냅니다. 좋아하며, 멋대로 "자기 마음에 드는" 신을 찾습니다. 사랑할 수밖에 없는 장점이라고는 없는 그런 걸맞지 않은 사람에게 빠트릴 만큼 사랑은 여자에게 방종을 의미하는 듯합니다. 여성의 신학에 따른다면 그 하느님은 이런 말씀을 하지 않겠습니까.

"너를 사랑한다. 네가 죄인이니까. 장점이 없으니까. 너를 사랑할 이유가 전혀 없으니까. 하지만 이렇게 너그러운 마음이 내게는 흐뭇하니까."

❦

이런 처녀에게 정의正義를 가르치는 아버지는 얼마나 고마운 존재입니까! 그가 참 사랑을 가르치는 것입니다. 이제 머지않아 처녀를 혼란에 빠트리고, 미숙한 지혜에 의존하게 하고, 아버지의 입을 막고 싶어하는, 사랑에 빠진 모든 사람을 대신해서 감사하겠습니다. 처녀를 깨우칠 줄 아는 사람들은 장점에서든 정당성에서든, 자신이 고상한 미덕인 "영웅적인 정의"를 가르쳐준 대로, 고상하게 행동하는 청년을 택하도록 합니다.

그런데 이런 정의란 대체 무엇입니까?

－권리를 넘어서는 권리입니다(법을 넘어서는 법입니다). 법과 거의 반대로 보이기도 하는. "최상의 인간이라면 모두를 위해 죽는 것이 올바른 일"이라고 생각한 데시우스[4세기에 기독교를 탄압한 로마 황제]의 부당함처럼 보이기도 하는, 헌신과 희생의 가장 깊은 수수께끼입니다.

이때까지 처녀의 아버지는 자기 시대의 이야기를 한 적이 없습니다. 격변기이지만 창의적이었을 뿐 아니라 가장 영웅적 헌신으로 넘쳤던 19세기에 대해. 오늘, 아버지는 아무것도 모른 채로 살아온 딸에게 그 세계의 위대하고 피로 흥건한 면을 폭로합니다. 일종의 '성인열전'을. 죽었든 살았든 그 위인들의 이야기를 들려줍니다. 어린 처녀에게 엄청난 날 아니겠습니까! 얼마나 달라지겠습니까! 얼마나 지성과 순결로 반짝이겠습니까! 그러니 누가 그녀를 미래의 인물[색싯감]로 택하려들지 않겠습니까?

그런데 그렇지 않습니다! 딸은 여자입니다. 창백해지고… 애써보지만 눈물을 감추지 못합니다. 이 동방의 진주들이 아름다운 눈에서 굴러 떨어집니다.

조국에 몸과 모든 꿈을 바쳐 죽어가면서 영웅들은 이렇게 보상을 받았습니다. 그들은 이런 말을 했을 것입니다.

"훗날 순결한 처녀들이 슬퍼하겠지."

이런 이야기는 하루 만에 다 할 수는 없습니다. 온화한 사람이 미소를 머금고 천천히 끼어듭니다. 어머니는 딸과 아빠가 그렇게 바짝 하나가 되는 모습에 행복해합니다. 두 사람을 그윽하게 바라보면서 감사해합니다.

"가엾은 것… 이런 것이 지극한 사랑이란다."

그렇지만 딸은 다른 곳에서 사랑을 찾지 않을까요? 아버지는 스승이자 절대적 교황으로서 처녀의 가슴에 용기를 심어주는 영웅정신을 강하게 충전시켜줍니다. 또 그녀의 가장 깊은 곳에까지 그런 영향을 전파합니다. 아버지는 자신도 한순간 영웅이 된 듯 이런 영웅들의 이야기를 들려줍니다. 사실 이런 모습에 딸은 넋을 잃은 듯합니다. 아버지는 자기의 이상을 주입하려 하지만, 딸은 거기서 오직 그의 모습만을 봅니다.

우리는 마담 드 스타엘[프랑스 문인, 1766~1817. 아버지는 루이 16세의 재상을 지냈다]이 자기 아버지를 얼마나 열렬히 사랑했는지 알고 있습니다. 마담이 티 없고 열정적이며, 힘에 넘치는 훌륭한 딸로서 자기 아버지를 과분하게 치켜올렸음은 분명합니다. 그녀는 아버지를 위대하게 보았고 또 그렇게 만들었습니다. 아니면 최소한 그렇게 하는 데 이바지했습니다. 그 무렵 평범하던 사람이, 바로 이 경건한 때에 젊고 대담하게 변모하면서 1789년 대혁명의 보편적인 사상에 경도했습니다. 그는 변할 수도 있고, 타락할 수도 있었습니다. 하지만 그녀 또한 그런 영향을 받을 수도 있었습니다. 아무튼 어린 딸의 꿈은 실현되고 세상에 널리 퍼졌습니다.

부녀관계는 이렇게 강한 것이기 때문에 다른 모든 관계가 약하고 초라하며, 부족해 보일 정도입니다. 내가 보았던, 유명하지 않아도 훌륭한 다른 처녀들은 어린 시절 이런 아버지에 대한 애틋한 감정으로 다른 사람들에게 마음을 열지 못하기도 했습니다. 거기에서 맛보았을 감미롭고 미묘하고 깊은 애정을 다른 어디에서도 찾지 못했던 것입니다. 눈이 거의 먼 아버지를 가진 딸은 그에게 빛이었습니다. 그는 딸을 통해서 세상을 보았고 딸은 그를 통해서 사랑했습니다. 또 다른 경우 세상 사람이 모두 떠나고 아버지만 혼자 남았습니다. 딸은 아버지를 모시며 깊은 고독 속에서 살았습니다. 그러면서 이렇게 말했습니다.

"결혼하라 하지 마세요. 그것은 [아버지와] 헤어지는 것이니까요."

❧

우리 딸의 경우, 우리 모두의 운명을 알려주는 것이 진실한 의무입니다. 어쩝니까! 이런 순수하고 다정한 부녀의 사랑도 한때의 일일 수밖에 없는 것임을! 자연은 우리를 앞으로 떠밀고 그 옛날의 사랑으로 되돌아가지 못하게 합니다.

마음이 찢기는 고통스런 과정입니다. 그래도 어린 딸의 순진한 욕심을 가라앉히고 달래며, 현명한 균형을 찾아주어야 합니다.

"애야, 이렇게 네가 모든 것을 활기차게 하고 눈부신 좋은 시절이지만 한 가지 잊지 말아야 할 게 있으니 어떻게 하겠니. 죽음 말이다! 우리가 너를 아무리 사랑한다 해도 죽음 앞에서는 어쩔 수 없으니. 네 엄마든 나든 언젠가는 떠나지 않겠어? 아빠를 사랑한다면 결혼해야 해. 내가 슬퍼할 것 같으냐?

요즘 남자를 위대하게 했던 이야기를 네게 들려주면서, 이렇게 정답고 행복한 공부에 네 마음도 뿌듯했다면 나도 마찬가질 거야. 네가 깊은 가을의 선물 같다고, 이 애비가 무르익고 차분하고 지혜로우면서도, 내가 이야기했던 영웅들처럼 변함없이 젊을 것이라고 그렇게 봐주니 기특하구나. 그렇지만 이런 것이, 하느님이 너를 위해 바라는 것은 아냐. 네게 필요한 것은 끝이 아니라 시작이란다. 많은 일을 할 사람들을 위한 상큼하고 튼튼한 씨가 되어야 해. 세월에 따라 줄기도 하고 늘기도 하는 일이지.

지금은 미래의 자질이 부족하거든. 네 정을 아빠한테만 너무 주고 있어. 나는 하느님께 네게 신랑의 힘을 더해주십사 바라고 있단다.

아직까지도 너는 여자로서 시작일 뿐이야. 다른 많은 숙제와 의무가 기다리고 있고. 아내로서 어머니로서 또 현명한 친구로서, 세상을 따뜻하게 할 사람으로서, 너는 여러 사람의 행복과 평안을 위해 태어난 거야.

그러니 마음을 단단히 가져야 해. 마땅히 할 일을 해나가다 보면 이런 기꺼운 용기가 있어야 하지 않겠니. 이런 인생의 엄한 법을 네게 가르치는 내 마음도 괴로우면서 한편으론 자랑스럽구나.

우리가 네게 어울리길 바라는 그런 사람이 과연 있을까? 알수 없구나. 그래도 무슨 일이 있든 간에 사랑은 잃지 말아야지.

엄마가 되는 것이 최고의 사랑이야. 너도 모두를 위해서 그렇게 되지 않겠어? 모두가 하느님의 뜻이 아름답게 비추는 네 모습을 보겠지."

제2부

결혼생활과 여자

"부인, 당신은 여전히 젊은 여인입니다. 하지만 이미 두 번째 청춘 아닙니까. 더욱 신중하지만 상당 부분 퇴색하고, 삶에 대한 의심도 많아졌습니다. 제발 청년들에게 너무 많은 지혜를 기대하지 맙시다. 젊은이더러 늙은이처럼 시작하라고 하지 맙시다. 있는 그대로 청년을 인정합시다. 어리고 열정적인 모습을. 젊은이들이란 그 한창 피어나기 시작할 때 자질이 넘치기 마련이라 처음에는 황당해 보일 수도 있습니다. 그렇지만 우선 넘쳐나다가 언젠가는 꽉 차게 되지 않습니까. 익어가다 보면 어느새 진정한 위력을 발할 때가 있을 것입니다. 그런 자질이 고르게 다져지고, 그 현명한 동력으로 이상에 다가가게 할 것입니다."

"네게 필요한 것은 끝이 아니라 시작이란다. 아직까지도 너는 여자로서
시작일 뿐이야. 다른 많은 숙제와 의무가 기다리고 있고. 아내로서 어머니로서,
또 현명한 친구로서 너는 여러 사람의 행복과 평안을 위해 태어난 거야."

1

가장 사랑할 여자, 혈통이 다른 여자

앞의 책 『여자의 사랑』에서 준비했던 젊은이의 예정된 운명의 길로 다시 들어서기 전에, 결혼에 대해 전반적으로 살펴봅시다. 그 혈통과 교차의 생리학적 문제를 들여다봅시다.

사랑은 이 세상의 중재자이자 모든 인류의 대속자입니다. 사랑과 평화, 어울림과 통합을 이야기하는 사람은 위대한 평화주의자입니다. 정치적 적개심, 불화, 상반된 이해관계 등은 그에게 전혀 문제가 못 됩니다. 그는 이런 것을 지워버리고, 훌쩍 뛰어넘고, 웃고 조롱합니다. 그의 유일한 수단은 다양성뿐입니다. 상반된 대조를 지닌 낯선 사람은 매력적이며, 수수께끼이지만 언젠가는 풀립니다. 멀어지게 할 듯한 낯섦이 욕망을 깊고 강하게 합니다.

베른〔스위스 수도〕을 찾았던 사람들 모두가 거기서 커다란 낙타장갑을 낀 막달레나 나젤리라는 여인의 소박한 초상화를 보았습니다. 그 건강함으로 사랑받은 강인한 여성이자 다산한 어머니였습니다. 베른 귀족의 딸로 태어난 그녀는 분수에서 하녀들과 어울려 가족들의 빨래를 했습니다. 그 자리에 그녀의 집과 영원한 적으로 해묵은 증오의 대상이던 집안의 젊은 귀족 청년이 나타납니다. 『로미오와 줄리엣』의 몬테뉘와 카퓔레 가문의 이야기와 비슷합니다. 이 청년은 걸음을 멈추고서 이 아름다운 처녀가 강철 같은 손과 무쇠 같은 팔뚝으로 빨래 두드리는 것을 보았습니다. 그는 이 아가씨와 함께라면 곰처럼 강한 사내아이를 낳을 수 있겠구나 생각했습니다. 그는 단숨에 적대적인 그녀의 집으로 달려가 우의를 표하고 청혼했습니다. 그토록 강인하게 단련된 여자를 다른 어느 곳에서 찾을 수 있겠습니까?

지상에 등장한 힘에 넘치는 혈통은 "상반된 구성원"의 결합에서 나옵니다(서로 다르다는 점이나 닮았을까요?). 예컨대 백인 남자와 흑인 여자가 낳은 혼혈아의 혈기는 놀랍습니다. 반대로 페르시아나 그리스인처럼 "동일 구성원"끼리 결합한 경우도 있습니다. 가까운 친족과 결혼하곤 했지요. 이런 방법은 더욱 강한 경주마를 만들어내는 것과 같습니다. 같은 혈통끼리만 교배시켜 영웅적 혈통을 고양합니다.

첫 번째 경우 원칙적으로 "상반 성원"에게 열렬하게 끌립니다. 흑인 여자는 백인 남자를 숭배합니다.

두 번째 힘은 서로 협조하는 "비슷한 성원"의 완벽한 조화에서 비롯합니다. 타고난 천성이 쌓여나가고 결혼을 거듭할수록 불어납니다.

우리가 사라져간다고 생각하는 인종은 그들에게 우리의 것과 다른 문화가 필요하기 때문일 뿐이지만, 아무튼 사랑이 부족할 때 그렇게 됩니다. 이런 점이 얼마나 두드러집니까. 또 사랑받는 인종이 될 만한 장점이 얼마나 많습니까. 그런데 자신들을 젊게 되살리려는 무한한 샘을 자신들에게서만 찾고 있지 않습니까!

강은 구름을 애타게 그리워하고, 사막은 강을, 흑인 여자는 백인 남자를 애타게 그립니다. 흑인 여자는 전체적으로 애정이 풍부하고 다산입니다. 이는 단지 그 피가 젊기 때문만이 아니라 인정이 많아서도 그렇습니다. 흑인 여자는 인정이 많고 착하기 그지없습니다(종종 그녀들이 구해내는 여행자들에게 물어보면 됩니다). 선의야말로 창조력입니다. 선의는 풍요롭고 거룩한 행위가 받는 축복입니다. 흑인 여자가 그토록 아이를 잘 낳는다면, 그것은 정이라는 보석을 간직하고 있기 때문입니다. 그 가슴에서 출렁이는 선의의 바다 말입니다.

'아프리카'는 한 사람의 여자와 같습니다. 그 종족들은 여성적인 인종이라고, 귀스타브 데슈탈은 제대로 짚었습니다. 이집트의 붉은 종족이 아프리카를 깨운 것은 위대한 이시스 여신의 통치기였습니다(오시리스 신은 부차적입니다). 중앙아프리카의 수많은 흑인 부족에서도 여자가 군림합니다. 그 여자들은 물론 온정적이고 이지적입니다. 아이티(카리브 해의 공화국)도 그렇습니다. 이곳에서도 여자들이 무속제巫俗祭를 지낼 때 마음으로부터 우러난 노래들을 즉석에서 지어낼 뿐만 아니라, 거래를 위한 복잡한 계산도 척척 해냅니다.

아이티에서 내게 자유롭고 편안하게 지적 문화를 가르쳐주어 흐뭇하게 했던 흑인 여성이 혼혈도 안 되고 사라지고 있습니다. 그녀들은 머리털은 조금 변하고 있지만, 정말로 가느다란 코와 얇은 입술을 지닌 흑인 여자가 되고 있습니다.

아프리카 연안 지방 흑인의 몸짓, 그 크고 풍만한 특징은(마치 하마처럼 거대한데) 계절마다 뜨거운 계곡물에 잠기게 하는 그 고장의 뜨거운 날씨 때문입니다. 그 홍수는 쓸어내린 오물로 계곡을 가득 채웁니다. 거기서 모든 것이 부풀어 오르고 '발효' 되는데, 화덕에서 빵이 발효되는 것과 같은 원리입니다. 그렇지만 중앙아프리카의 더욱 건조한 지역에서 이런 일은 전혀 없습니다. 연안 지방을 황폐화한 수많은 전쟁과 거래 조약으로 초래된 끔찍한 무정부 상태가 이런 추한 모습에 이바지한 것이 거의 없고, 노예 우둔화 정책을 펴는 아메리카 식민지도 사정은 다르지 않습니다.

여전히 흑인이면서도 그 특징을 주장하기 어려운 여자라도, 어쨌든 흑인 여성이라면 신체가 매우 아름답습니다. 그녀의 상큼한 청춘의 매력은 체조로 단련되거나 어지간히 남성화한 고대 그리스 식의 아름다움과 다릅니다. 그녀는 양성동체인 남녀 추니를 역겨워하고 무시할지 모르지만, "무릎을 꿇은 베누스(파리, 튈르리 공원에 있는 것)"의 근육질이 지닌 아름다움을 싫어하지는 않을 듯합니다. 흑인 여자는 그리스의 자부심 강한 시민과는 다른 여자입니다. 혈색과 심장과 신체는 기본적으로 누렇고 어린애같이 수줍어하지만 사랑받을 거라 믿으면서, 불쾌해하지 않으려고 대비합니다. 어떤 가혹한 요구로도 그녀를 굽히지 못합니다. 자기 얼굴에 불만스러워하면서 그 청순한 탄력과 놀라운 살결의 완벽한 형태에도 결코 안심하는 법이 없습니다. 그녀는 당신 앞에 무릎 꿇고 우리가 숭배하는 것을 바칩니다. 그녀는 떨며 은총을 구합니다. 그래도 그녀는 자신이 줄 수 있는 쾌락에 훤합니다. 그녀는 사랑하고, 그 활달한 포옹으로 모든 것을 이겨냅니다.

　사랑을 받기만 하면 그녀는 모든 것을 다하고 모든 것을 배웁니다. 이 종족에서 우선 여자를 키우고, 그러고 나서 그 사랑

217

의 힘으로 남자와 아기를 키웁니다. 물론 이런 교육은 우리네 교육과 정반대입니다. 우선 여자들에게만 있는 리듬감에 따라 (춤이나 음악 등) 여자로서 키웁니다. 또 그림 그리기에서 시작해 독서와 과학과 농사를 가르칩니다. 여자 아이들은 자연을 배우면서부터 그것을 열렬히 사랑하게 됩니다. 정말로 대지를 (그토록 아름답고 훌륭하고 여성적인) 알게 되면서부터 그 땅과 사랑에 빠지며, 기후에 기대하는 것 이상으로 대지와 남자의 결합을 열렬하게 주선합니다. 아프리카는 붉은 이시스일 뿐입니다. 반면에 아메리카는 검은 이시스입니다. 여성적 재능을 불태우며 자연을 비옥하게 하고, 지친 종족을 되살리려 합니다.

바로 이런 것이 흑인의 피에 흐르는 장점입니다. 거기서 흘러나온 피 한 방울이 모든 것을 피워냅니다. 더 이상 노년은 없고 젊은 기운뿐인데, 바로 영원히 마르지 않는다는 청춘의 샘입니다. 남미 등 다른 곳에서도 고귀한 종족이 시들고, 쇠약해지고 꺼져가는 것을 봅니다. 어쩌다 이렇게 되었을까요? 자신들의 생명, 즉 동포가 바로 곁에 있는데? 진정 고상하고 완벽한 신사로서 에스파냐 공화주의자는 다른 어떤 식민지 주인보다 최상의 주인이었습니다. 바로 이 사람들이 제일 먼저 노예제를 관용으로 폐지했습니다. 그런데 그 보답인지, 이 착한 아프리카는 그들에게 혈통과 삶을 건네주었습니다. 미합중국의 위선적인 깃발 아래 성급하게 허둥대며 당황한 여러 민족의 동요하는 격랑을 막자면, 뜨겁게 뒤섞인 세상을 만드는 것이 최상의 방책이었습니다. 그 북쪽 사람들은 북쪽에서조차 혐오받던 자들인데, 이민해 들어온 상인과 해적으로 그저 폭력과 폐해만을 가져왔을 뿐입니다.

우리는 미합중국을 사랑합니다. 그런데 이런 일탈 행위를 보게 되면 괴롭습니다. 만약 외국인과 혼혈과 노예제도와 술과 돈이 그들의 삶과 혼이었던 것을 파괴한다면, 그들의 정복은 별것 아니잖습니까. 세상을 만들거나 재생하고, 인간에게 재능을 주고, 천재를 만드는 것은 돈이 아니라 사랑입니다.

그토록 명랑하고 선량하고 사랑이 많은 아프리카 인종을 아십니까? 그 아프리카 인종이 백인종과 처음으로 사랑을 나누고 되살아나던 날부터, 그 인종은 백인종에게 마르지 않는 힘을 내도록 놀라운 능력을 주었습니다. 남자뿐일까요? 아닙니다. 아메리카의 꺼지지 않는 화산이나 거대한 강 같은 요소입니다. 벌써 50년도 더 되었습니다. 이런 뜻밖의 황홀한 '집단적인 사랑의 축제'라는 선물을 받지도 못하고 지낸 세월 말입니다. 아무튼 그 모두를 위해서 그런 축제는 셰익스피어 이후로 가장 "정력적인" 극작가와 유능한 기술자를 배출하고 있습니다.

흑인을 통해서 우리에게 미지의 아름다운 샘도 찾아왔습니다. 옛날에 오직 감탄을 자아내던 분홍 장미는 솔직히 말해서 다양하지 못했습니다. 그것을 접목한 덕분에 수많은 차茶빛 장미들과, 엷은 청색이 도는 더욱 미묘한 장미들도 나왔습니다. 위대한 화가 피에르 프뤼동은 루브르 박물관에 있는 아름다운 흑인 부인의 초상을 오직 사랑하는 마음으로 그렸습니다. 그 부인은 베일에 싸인 채 여전히 어둠 속에 있습니다. 그 아름다움은 구름 사이로 드러나는 듯합니다. 그 아름다운 눈은 아주 크진 않아도 깊고 표정이 풍부합니다. 관객은 이 초상에서 자기 마음속에 간직했던 것을, 정념으로 어두워진 그 밤의 여신을 생각하게 됩니다.

심오하고 강렬한 그림입니다. 그렇지만 좀 더 밝고 예쁘다 할 수 있는 여자를 보았습니다. 지난겨울 사업계에서도 문단에서도 눈부신 활약을 하고 있는 아이티 사람을 찾았을 때, 나는 그가 마침 부재중이어서 매력적이고 겸손한 처녀의 환대를 받았습니다. 그리고 그 보기 드문 미모에 섬뜩함을 느꼈습니다. 뭐라고 할 수 없는 수수께끼와 마술이 이 장미꽃들 사이에 꽂아놓은 그윽한 라일락 한 송이처럼 극히 미묘한 뉘앙스를 풍겼습니다. 그녀가 얼굴을 잠시 붉히며 내보인 그 타오르던 눈빛은 두 세계를 모두 홀리고도 남을 것입니다.

검은 프랑스를 축복하소서! 나는 아이티〔과거 프랑스의 식민지였다〕를 이렇게 부릅니다. 왜냐하면 이 선한 민족은 조상을 고통에 몰아넣었던 것을 그토록 사랑하기 때문입니다. 이 신생국이 내 모든 소망을 받아주길 바랄 뿐입니다. 우리는 과거를 속죄하면서 이 나라를 보호해야겠지요! 너무도 무참하게 모략받은 지상에서, 아이티만이 유일하고 대표적으로 개화한 위대한 인종으로서 그 자유로운 재능을 발전시킬 수 있어야 하니까요—아이티는 여성의 재능이라고 할 것을 갖고 있습니다. 그 착하고 지적인 여성의 매력으로 스스로를 가꾸고, 학교를 조직해야 합니다. 따뜻한 어머니들인 만큼 나는 이 여인들이 훌륭한 교육자가 되리라 확신합니다. 여교사를 양성할 든든한 사범학교(특히 프뢰벨의 훌륭한 방법에 따라)를 아이티에 제일 먼저 세워야 하지 않겠습니까.

프랑스는 얼마나 큰 사랑을 받아왔습니까! 그런 만큼 나는 북아메리카 부족에게서 우리가 받았던 사랑과 우정 어린 환대가 그립습니다. 얼마나 고상하고 자부심이 강한 종족이었습니까. 통찰력과 사냥꾼의 눈을 동시에 지닌 이 남자들이 우리를 자기네 딸들에게 가장 어울리는 사내로서 좋아하고, 사실상 프랑스 사내가 우수한 남자라는 것을 이해했다는 것은 진정 영광스런 일입니다.

영국과 독일 사람은 강건한 체질을 타고난 듯 보이지만, 사실 덜 튼튼하고 생산력도 떨어집니다. 그들은 이방인과 아무것도 할 수 없습니다. 영국과 독일 여자가 그들의 여행에서 뒤를 따라다니지 않는다면 그 종족은 끝입니다. 그렇게 되면 인도에서 영국이란 금세 아무것도 남지 않게 될 것입니다. 우리나라에서 클로비스의 프랑크족이나 롬바르디아에서 롱바르인도 더 남아돌지 않을 것이나 다름없습니다.

흑인 여자가 프랑스 남자를 사랑하는 것은 아주 자연스럽습니다. 아메리카 인디언 가운데 붉은 피부인 여자의 사랑은 훨씬 놀랍습니다. 인디언 여자는 진지하고 자존심이 강하며, 겸손합니다. 쾌활하고, 약간 경박하기도 한 프랑스 사내는 그녀를 난처하게도 합니다. 그 주술적인 잠재력은 우리 활달한 춤꾼(사내)들과 어울릴 성싶지 않았습니다. 황무지에서 여덟 달 동안 겨울을 나면서도 파리의 샹송에 맞춰 춤추던 사내들 아닙니까.

하지만 여자들은 그들이 매우 용맹함을 알았습니다. 매우 건강하고 착하며, 정이 가고, 거들 만하며, 자기네 비극적인 전사들과 완전히 한 형제 같다고 보았습니다. 바로 이런 점으로 그녀들에게 축복을 받았습니다. 때로는 우리 경솔한 동포의 대담함을 그녀들이 거절했더라도, 미묘하고도 고상하게 전혀 상처를 주는 법이 없었습니다. 이미 어떤 처녀의 약혼자는 이런 말을 하지 않았습니까.

"자네를 바로 보기가 민망해."

그녀들은 우리를 마치 활기찬 아이들처럼 보았고, 그 어머니와 누이는 마음을 애태웠습니다. 아무튼 이 여자들이 우리를 적지 않게 사랑했습니다.

이 사랑에서 여전히 프랑스와 인디언의 혼혈인이 나왔지만, 흩어지고 너무 소수라서 차츰 사라지고 있습니다. 이 고귀한 종족이 멸종하고 있습니다. 백 년이 지나면 무엇이 남을까요? 조각가 프레오의 흉상만 남지 않을까요?

얼마나 씁쓸하고 쓰라린 이미지입니까? 이 위대한 묘비 조각가의 이미지는 재능을 의식하지도 않고 본능적으로 포착해 낸 것입니다. 그 가엾은 여인상은 샤토브리앙[낭만파 문인]이 풍자화한 이 종족의 고상한 여자를 미래까지 보존하기 위해 남아 있는 것입니다.

한 십 년 전쯤 어떤 미국인 투기꾼이 유럽에서 요바이스 부족 일가족을 전시할 궁리를 했습니다. 그 남자들은 훌륭했습니다. 품위 있는 용모에 목에 건 곰 발톱 목걸이는 그들의 전력을 입증했습니다. 권투 선수나 대장장이 같은 울퉁불퉁한 근육이 아니라 여자의 날씬한 팔처럼 보이지만 대단히 강인한 근육을 지녔습니다. 열 살배기 아이도 아름다운 이집트 입상 같았습니다. 붉은 대리석으로 조각한….

하지만 끔찍하게 진지했습니다. 그들을 보면서 이런 말밖에 나오지 않았을 것입니다.

"영웅의 자손이로구나."

진열대 위에 원숭이처럼 서 있던 이 왕들의 위안이란, 내 생각으로는, 추파를 던지며 경박한 몸짓을 짓고 있는 진짜 유럽의 원숭이들이던 그 잘난 신사들을(몰려드는 군중) 내심 경멸하는 것 아니었을까요.

단 한 사람 슬퍼하는 여자가 있었는데, 이 여자는 유명한 "이리"로 불리던 여전사이자 아이 엄마였습니다. 그녀가 그 나라에서 얼마나 고통을 받았겠습니까! 또 여기에서도! 그녀는 괴로워하며 시름하던 끝에 죽었습니다. 프랑스가 아이고! 프랑스를 그토록 사랑했던 이 불운한 여자들 가운데 끝까지 살아남은 이 여인에게 무엇을 해주었습니까. 아무것도 없습니다. 이 아까운 존재의 꺼진 불꽃을 간직한 무덤뿐입니다.

고대에도(심지어 유대인도) 이렇게 비참한 일은 없었고, 이런 것을 알지도 꿈꾸지도 못했습니다. 완전히 불행하고 개인적 고통에 빠진 것은 물론이고, 합법적으로 종족을 퍼트리지 못해 고통받던 그 우수한 존재를 인정했습니다. 하지만 아메리카 세계의 지하에는 어마어마한 고통만 묻혔습니다.

황무지와 혹독한 전쟁으로 끝없이 이어진 싸움터를 전전하면서(곰 사냥과 인간 사냥), 그들은 자신들을 완전히 개화하는 데까지 미치지 못했습니다. 그러는 동안 자기들 앞에 옛 유럽의 총포와 알코올과 고성능 무기의 기적적인 힘이 들이닥쳤습니다.

이 종족, 이 여인은 그 모든 것을 쓰라린 스핑크스처럼 대면했습니다. 그런데 이런 쓰라림에도, 아, 어머니와 여자의 마음은 또 어떠했습니까. 여자는 그 기나긴 겨울의 굶주림 속에서 얼마나 피를 철철 흘리며 제 살을 잘라 어린 새끼를 먹이곤 했습니까! 아기들을 살리려고 그녀는 기꺼이 적대적인 부족을 산 채로 굽기도 하지 않았습니까! 그녀에게 잡힌 전사는 그녀에게서 얼마나 심오하고 불가해한 사랑을 보았겠습니까!

그녀를 바라보면서, 그 침묵과 자부심에 감춰진 무한한 신비를 느끼게 됩니다. 그녀의 삶도 그녀의 죽음만큼 말이 없었을지 모릅니다. 그녀는 뼈저린 사랑의 고통은 물론이고 이 세상의 이런 끔찍한 고통에 탄식했을 것입니다. 그녀는 마치 자신이 그런 일을 저지르지 않은 것처럼 말했습니다. 그녀 속에 들어 있는 수수께끼와 기이하게 어두워져버린 세계를, 가슴을 치고 한탄하면서….

이상하지만 정신계精神界에서 아마 이보다 더 위대한 것은 없을 듯합니다.

2
가장 사랑할 여자는 동족의 여자입니다

'사랑의 신'은 이 지상에 자기 나름의 계획을 갖고 있습니다. 그 목적은 방대한 결혼으로 모든 인종을 뒤섞여 녹이는 것입니다. 그렇게 중국에서 아일랜드까지, 북극에서 남극까지, 모두가 형제자매와 조카가 되도록 말입니다. 스코틀랜드의 친족으로 예컨대 6천 명의 캄벨 씨가 있습니다. 모두 사촌 간입니다. 인류에 대해서도 이와 마찬가지가 될 것입니다. 우리는 결국 한 집안이 되고 말 것입니다.

정말 멋진 꿈 아닙니까! 하지만 이런 것이 그렇게 호락호락하진 않습니다. 그런 단위적 통일에서 모든 인종의 피가 하나가 된다 해도, 어려운 것은 그것이 조화로운 것일까 하는 점이고, 그럴 가능성이 대단히 적다는 것입니다. 거기서는 중성적이며 무채색의 밋밋한 요소가 나올 듯합니다.

매우 미묘하며, 수많은 특별한 재능이 사라질 수 있습니다.

영국 여자는 훌륭한 아내로서 순종하지만, 약간 고지식합니다. 독일 여자는
그토록 착하고 온순하지만, 나약하고 몽상적입니다. 프랑스 여자는 포박이자
저항입니다.

이런 완전한 융합에서 사랑의 궁극적인 희생자가 사랑 그 자체에 치명적일 수 있습니다.

⚜

인간의 혼혈 방법에 대한 근거 있는 책이 긴요합니다. 이런 혼혈이 무사히 이루어질 수 있다고 생각하지 맙시다. 신중치 못한 방식에서 나온 것들이 종족을 저하하거나 멸족시킵니다. 성공한 혼혈은 서로 상반된 듯하면서도 서로에게 유리한[좋아하는] 종족 간에 드물게 발생할 뿐이며, 기본적으로 혼혈이 잘 되는 것은 아닙니다. 흑인에서 백인까지, 어떤 해부학적 대립도 중요하지 않습니다. 그 혼혈 인종은 살아 있고 매우 강합니다. 반대로 겉보기에 그토록 친인척처럼 가깝지만, 영국인과 프랑스인은 골격부터 깊은 차이가 있습니다. 그들의 혼혈인은 거의 살아남기 어렵고, 난장이든가 아니면 전체적으로 뚜렷한 불화를 보입니다.

프랑스인과 독일인이 혼혈할 때 그 결과는 매우 다양합니다. 이 결혼은 아주 매력적입니다. 건조하고 볕에 그을리거나, 정신력이 강한 사람은 이 정신적 참신함과 대단히 상반된 모습을 보입니다. 음악과 자연에 대한 감각과 선량함이 그에게 아주 부드러운 삶을 안겨줍니다. 다소 단조로울 수도 있겠지만 말입니다.

아이가 있다면 항상 살아남지는 않습니다. 종종 나약하나 착합니다. 아이가 부모의 훌륭한 점을 물려받는 일은 드뭅니다. 프랑스인도 독일인도 아닌 유럽인이 됩니다.

어느 날 나는 지능이 있는 새에게 읽고 계산하는 법을 가르쳤던 유능한 사람한테 그 작고 뛰어난 새들이 치밀한 혼혈로써 보통의 새를 능가하게 되었는지 물었습니다.

"천만에요, 아주 순종입니다. 섞이지 않았고 체면을 구기지도〔그보다 못한 종과 교배하지〕 않았습니다."

이런 사실은 교배를 지향하는 문제나, 종종 혼혈이 비슷한 두 요소를 더욱 고상하게 끌어올려 우수한 종을 낳게 된다는 부정확한 믿음을 재고하게 합니다.

내가 알고 있는 위대한 문필가들 중에서 세 사람만이 혼혈이었습니다. 여섯 사람은 순수한 프랑스인이었습니다. 그 세 사람 또한 아버지가 외국인은 아니었고, 할아버지〔친족의 조상〕 중에서 4분의 3이 프랑스인이었습니다. 민족의 정기가 대단히 지배적이었습니다.

대단히 흥미로운 역설이지만 꼭 감안할 것이 있습니다. 우리와 아주 먼 인종의 외국 여자는 유럽 여자, 특히 프랑스 여자들보다 사귀거나 이해하기 쉽다는 것입니다.

만약 내가 오리엔트 여자와 결혼한다면, 나는 쉽게 나의 결혼이 어떨 것이라고 짐작할 수 있습니다. 그 결혼에서, 커다란 계급적 틀로서(인종·민족·부족) 아시아 여자가 어떨지 판단하고 예상할 것입니다. 유럽에서조차 독일 여자와 결혼해서 아내로 삼고 자식을 낳는 사람은 평온한 생활을 하게 되리라고 장담합니다. 프랑스 기질이 고양되어 다가올 많은 행운에 대비해야 합니다.

하지만 개성이 강한 인종들은 이렇게 장담하기 어렵습니다. 〔코카서스 북서쪽〕 시르카시아 여자들은 스스로가 팔려가길 원한다고들 합니다. 자기가 갈 곳에서 지배할 수 있고, 또 남정네를 자기 발밑에 굴복시킬 수 있을 거라 믿는다고 합니다. 폴란드, 헝가리, 프랑스 등 유럽에서 혈기 왕성한 여자들도 이와 비슷한 믿음이 있습니다. 그녀들은 남자처럼 정력적이며, 그녀들이 선택받는 것 이상으로 자신이 결혼 상대를 고릅니다.

따라서 유념할 것은, 이 여자들이 어떤 여자인지 미리 알아두고 공부해야 한다는 것입니다.

프랑스 사람은 유럽에서 가장 정력적이고 개인적입니다. 따라서 다양하고 알기가 어렵습니다. 특히 처녀들이 그렇습니다. 남자들은 그렇게 큰 차이가 두드러지지 않습니다. 군 복무와 중앙집중식의 동일한 교육제도를 거쳐 틀에 박혔기 때문입니다.

하지만 프랑스 여자 개개인의 차이는 끝이 없습니다. 유부녀가 되고 나서도 프랑스 여자의 차이는 여전히 대단합니다. 그러니 선택하기가 정말 어렵습니다—게다가 미래에 대한 예측도 별로 할 수가 없습니다.

반대로 그녀가 일단 자신을 바치고 일을 저지르고서 고집을 부리게 되면 유럽의 어떤 여자보다 더 셉니다. 영국 여자는 훌륭한 아내로서 신체적으로 순종하지만, 약간 고지식하며 거의 변함이 없습니다. 독일 여자는 착하고 온순해 소속되고 동화되고 싶어하지만, 나약하고 몽상적이며 문제를 회피합니다. 프랑스 여자는 포박이자 저항입니다. 그녀가 상대방의 생각을 강하게 수용할 때라면, 당신을 매혹하며 독특하고 은밀한 향기와 자유로운 마음을 전해줍니다.

어느 날 내가 외국에서 이십 년 넘게 살면서 외국인과 결혼한 프랑스 남자를 다시 만났을 때, 나는 그에게 웃으면서 멋진 영국 장미인지, 아니면 아름다운 금발의 독일 여자와 결혼했는지 물었습니다. 그는 진지하고도 열띤 어조로 답했습니다.

"그럼요, 우리보다 훨씬 아름답고 눈부신 여자이지요. 정원사들이 한창 무르익었을 때 따는 기막힌 열매, 싱싱한 파인애플 같다고 하겠지요. 맛이 없지 않고 입 안을 가득 채웁니다. 그런데 향기가 없는 거예요. 나는 프랑스 여자가 더 좋습니다. 특히 남쪽 여자 말이지요. 그 여자들은 시원한 숲 같지 않습니까!"

신랑의 이와 같은 시적 비유가 어떻든, 프랑스 여자의 개성은 좋은 면으로든 나쁜 면으로든 매우 강합니다. 그러니 프랑스에서 결혼하자면 진지하게 연구하고 신중해야 합니다. 그런데도 프랑스는 유럽에서 가장 빨리 결혼하는 나라입니다.

물론 일단 정리가 되면 결혼으로 골인하는 것이 빠른 이해타산의 결과만은 아닙니다. 그렇지만 이것이 민족의 큰 단점과 결부됩니다. 즉 조급증입니다. 우리는 모든 점에서 너무 서두릅니다.

그 해악이 가중되고 있습니다. 사업에서는 더욱 신중할 사람들이 마음의 사건에서는 성급하게 굽니다. 우리의 언어는 사랑의 절제와 뉘앙스를 보여주었던 우아하고 멋진 수많은 말을 잃어버렸습니다. 요즘 말은 모두 짤막하고 거칠기만 합니다. 마음의 바탕이야 변하지 않았습니다. 그래도 이 민족은 전쟁과 혁명과 격동을 겪다보니, 모든 것을 단김에 해치우는 것으로 보려는 경향이 두드러지게 되었습니다. 납치로 결혼한 로물루스[로마의 시조]를 좋아하지 않았을까요? 노략질을 해야 했습니다. 그런데 이는 계약에 의한 겁탈이라고 할 수 있습니다. 그 희생자들은 울어대기 마련이지만 늘 그렇지만도 않습니다. 그녀들은 거의 놀라지도 않고, 그 행운(제비뽑기 같은 거래, 전쟁, 쾌락, 자선 등)의 시간 자체를 복권 같은 것으로 여깁니다. 그다음 날 이 행운이라 여긴 결혼이 돌연 돌이킬 수 없는 불운과 망신스런 북소리로 당신의 가슴을 치게 한다는 사실이 백일하게 드러나는 일도 드물지 않습니다.

종종 생리적으로 불가능한 결합에서 낙태를 초래하고 기형이 나옵니다. 아기가 죽어버리거나 그 어머니가 죽게 되거나, 영원한 불구가 되게 하거나, 결국 추한 민족을 만들게 됩니다. 정신적인 면은 더욱 좋지 않습니다. 자기 딸과 결혼한 아버지는 그녀가 이내 수긍하리라는 데에 위안을 삼으려 합니다. 이런 조건에서, 결혼은 음탕함을 널리 퍼트리고 기정사실화하며, 긴밀함 속에서 별거와, 종종 권태로운 삼십 년의 세월 동안 수은을 얼릴 정도로 차가운 동침을 거듭하게 합니다.

옛날에 우리 농민은 잘 아는 친척 아가씨와 결혼하는 경향이 많았습니다. 중세 내내 그들은 교회에 맞서 싸웠습니다. 교회는 사촌 간의 결혼을 불허했기 때문입니다. 이런 방어는 우선 과도하지만(애당초 7촌까지였다가 그 뒤 4촌까지 더욱 제약이 심해졌습니다), 이제는 사실상 실재하지 않습니다. 원하는 대로 결혼할 수 있고, 종형제나 조카, 아내의 언니 동생과도 결혼할 수 있습니다. 그래서 어떻게 되었습니까? 이제 그렇게 쉬워지자 그 혜택을 누리는 사람은 거의 없어졌습니다.

궤변론자 즉, 모든 점에서 그릇된 생각에 젖은 사람들은 상식을 뒤집는 데에서 예술을 찾아내곤 했습니다. 신바람이 나서 이렇게 말합니다. "결혼의 사랑이 친척 사랑에 덧붙여지면, 굉장한 사랑 아니겠습니까."

역사적으로는 이 말과 정반대의 것이 입증됩니다. 우선 자매

그녀는 공기와 물과 불이 되어 이 세상 끝까지 당신을 따라갑니다.
이보다 더 좋은 일은 그녀가 당신에게 자신의 모든 기운을 불어넣을 수
있다는 사실입니다.

간에 결혼을 해왔던 히브리 족에서, 청년들은 그런 걱정은 없이 가족과 민족 밖에서, 종교가 다른 여자들에게 달려가곤 했습니다. 그리스인은 의붓자매(배다르거나 씨 다른)와 결혼할수 있었는데, 이런 결혼은 너무 차갑고 거의 생산적이지 못했습니다. 솔론은 이렇게 쓸 수밖에 없었습니다. 즉 남자들은 단십 년간만 아내의 기억에 매달리는 법이라고. 그렇게 누이와의결혼을 부인했습니다. 로마인은 사촌하고나 결혼합니다.

사실 결혼은 재탄생이 되어야 합니다.

신혼에 신부가 자기 집으로 들어가는 아름다운 순간은 누이하고 결혼한다면 불가능합니다. 파르테논 신전에서 여전히 보이는 고상한 그리스 시민으로서 신부는 그 집에 들어오지 않았습니다. 그녀는 그 집에서 태어났으니 이미 친정에서 살고 있기 때문입니다. 그녀는 익히 알고 있는 오랜 전통인 부모의 정신을 충실히 반영하고 있었습니다. 그러니 그녀는 신랑의 새로운 사상에 아무런 준비를 하지 않았습니다. 아테네의 역동성에대비하지 못한 것입니다. 그녀는 이미 훌륭한 것에 익숙하므로다소 권태로울 수밖에 없습니다. 이 혈통은 사라지지 않았고, 세상에서 가장 아름다운 것이었지만 사랑은 너무 빨리 식었습니다. 따라서 가계家系는 참신해지지 못했습니다.

그리스 사람들은 이런 것에 거의 무심했습니다. 다산만이 관심사였습니다. 오직 타고난 민족성만 원했습니다. 각 가계의정기와 그 고유한 독창성을 높은 수준에서 지키면서. 그리스인들은 단지 영웅만 바라보았습니다. 하지만 혈기에 넘치는 종족의 집중과 활력의 기막힌 저하를 통해서 사실상 이 종족은 단기간에 쇠했습니다.

경주마를 키우는 조련사들의 기술도 바로 이와 같은 것일 뿐입니다. 그들은 최근친간의 완고한 결혼을 통해서만 그 영웅적인 짐승의 놀라운 특성을 창조해냅니다. 그들 간의 교배로써 그 종마의 혈통을 쌓아왔습니다. 이런 고집이 한 세기 동안 지속되면서 결국 "이지러지는 징후"가 나타났습니다(1789년경). 수컷 중의 수컷으로서 목소리와 눈빛보다 더욱 빠르게 퍼진 그 불씨는, 그것과 어떤 말도, 어떤 경주에서도 겨룰 수 없던 그런 불씨는 그 사백 마리의 새끼들을 통해서 이십 년간 전 유럽의 상을 독식했던 종입니다.

그 마지막 세대를 다룬 글들을 나는 죄다 읽었습니다. 여기서 가능성이 있는 것은, 근친혼은 약자를 더욱 약하게 퇴화시킬 수 있지만 반대로 강자를 더욱 강하게 할 수 있다는 것입니다. 이런 사실은 단지 고대 그리스를 통해서만이 아니라 요즘의 프랑스를 보면서도 판단할 수 있습니다. 사려 깊은 사람인 우리 선원들은 도처를 돌아다니고 모든 것을 알고 있지만, 스스로 결정하지 않고 지역적 풍습에 따라 농민처럼 사촌과 결혼합니다. 하지만 그들은 강인하고 이지적이며, 잘생긴 엘리트들입니다.

이런 결합에서 사실상 위험은 정신적 위험입니다. 모든 점에서, 뱃사람이 그 방랑생활 때문에 가정의 강한 영향에서 벗어나 있는 것이 사실입니다. 프랑스에서 차츰 근친혼이 줄어드는데에는 그만한 심각한 이유가 없지 않습니다(공식 통계를 봅시다). 공동의 기억에 매료된 이런 결혼은 사람을 과거의 장소에 강하게 묶어둘 위험이 있습니다.

특히 그 에너지와 자신이 가져온 재산(법으로서 유럽의 어떤 여자보다 유리한)으로 큰 영향을 받는 프랑스 여자는, 더구나 부모나 친척의 지지를 받고 있으니, 가정에서 저항하는 막강한 수단이 되며 진보에 심각한 장애가 될 수 있습니다. 가정적이며 종교적 전통이라는 이중의 힘이 모든 것에 족쇄를 채우고 모든 것을 가로막는 것이 될 수 있음을 생각해봅시다. 요구와 의논이 끝도 없고, 최소한 모든 것이 침울하고 무기력합니다. 이때부터 아무것도 할 수 없고, 더는 전진할 수 없습니다—루브르에 있는 베로네세[베네치아 화파의 거장]의 그림 한 점이 이것을 완벽하게 설명합니다. 로트의 딸은 머리 위로 무너져 내리는 오랜 도시[소돔과 고모라]를 떠나기에는 너무 늦었습니다. 천사는 그녀를 팔로 붙잡아 당기고 있습니다. 이런 와중에도 그녀는 여전히 움직이려 하지 않고 이렇게 말합니다.

"신발 좀 제대로 신게 잠깐만 기다려주세요."

하지만 아가씨, 우리에게는 시간이 없지 않습니까—그럼 당신 어머니같이 소금기둥이 되어 굳어버리고 말든가요. 우리는 빨리 앞으로 움직여야 합니다—아닙니다. 우리끼리만 갈 수 없습니다. 그래도 걷지 못하겠다면 당신 혼자 남으시지요. 세상을 자신이 움직이고 싶어하는 정력적인 현대 남자가 나약하고 경박한 당신을 데려가려고 하다가는 상당히 늦고 말지 않겠습니까.

＊

근친이 진보 성향의 교육을 받지 않았다면, 이방인이(모르는 사람이라는 뜻이 아니라) 차라리 낫습니다.

친족보다 더 잘 아는 두 가지 경우는 선호할 만합니다.

내가 앞서 펴낸 책 『여자의 사랑』에서 제안했던 것이 첫 번째 경우입니다. 자기 자신이 스스로 그의 여자가 될 때, 이런 것이 가장 믿음직합니다. 그 결과가 어떤지 잘 알 수밖에 없습니다. 수많은 사례가 있습니다.

한 사람은 탁월한 예술가요, 다른 한 사람은 뛰어나고 왕성한 문인인 친구 둘이 있습니다. 두 친구 모두 부모가 없고 교양도 없는 젊은 아가씨와 결혼하고 잘 적응했습니다. 단순하고 명랑하고 매력적이며, 살림에만 전념하는 그 색시들은 차츰 남편들의 사상에 동화되고, 10년 내지 12년 만에 완전히 달라졌습니다. 겉보기에는 단순한 듯하지만 내면적으로는 왕성하게 지적인 부인들로서 어려운 것을 완벽하게 이해하고 있습니다. 그렇게 변하도록 무엇을 했던가요? 아무것도 한 게 없습니다. 이 남편들은 바쁘고 매우 생산적인 사람들로 마누라들한테 특별히 가르쳐준 것이 없습니다. 하지만 그들은 완전히 고상하게 사고하고, 언제나 자신의 감정과 계획을 의논했습니다. 그러고 나서 나머지는 사랑뿐입니다.

늘 성공적인 것만은 아닙니다. 잘 압니다. 내 친척 어른 중 한 분은 이와 비슷한 시도에 실패했었습니다. 그 분은 어린 크레올[카리브 해안 지방의 흑인과 백인 혼혈] 여자를 아내로 삼았습니다. 중산층의 세속적인 집안 출신으로, 고약한 장모는 일찌감치 모든 것을 망쳐놓았습니다. 그는 전 세계를 돌아다녔고 공무원이 되어 재무성에서 일했습니다. 그는 지친 몸으로 돌아왔습니다. 그는 아내를 전혀 이끌지도 못했고, 항상 일만 하면서, 언제나 할 말이 많고 젊은 그 아내의 마음에 줄기차게 생기를 불어넣어줄 왕성한 생산자도 못 되었습니다. 이 모든 것을 다시 이야기해보려 합니다.

마음과 신념과 원칙이 통하는 두 남자가, 각자의 딸과 아들을 결혼시켜 낳은 계집아이를 이런 원칙과 신념 속에서 키운 경우가 있습니다. 이 경우는 앞의 책에서 교육을 다루면서 보았던 그런 아버지입니다. 그런 어머니로도 보입니다. 두 불사조인 셈입니다. 그들을 그다음 세대에서 다시 볼 수 있다면, 오늘날 불가능한 것이 실현될 수 있습니다. 물론 그것은 장차 불가능할지 모릅니다. 그러나 두 자녀를 함께 키운 것은 아니지

239

만 상대방을 위해 성장했다고 가정해봅시다. 행복하고 어울리며, 일찍부터 서로를 잘 알고, 때로는 서로 보면서 상당한 기간을 두고 서로를 꿈꾸는 식으로 말입니다.

이 모든 것은 물론, 두 젊은이의 자유의사에 달렸습니다. 하지만 약간의 솜씨로 사랑을 창조하고 키웁니다. 자연은 얼마나 사랑할 만한 타협자입니까! "둘로 나뉜 교육"은 그 바탕에서, 각자 절반일 뿐인 남자와 여자의 유일한 합리성으로 보입니다.

항상 재결합하고 싶어하는, 둘로 나뉜 채 하나의 존재를 지향하는 이상理想, 이것은 사실입니다. 그들에게 나누어주고, 도와주고, 이 가엾은 절반들에게 그들의 근친성을 되찾고 잃어버린 통일을 이루도록 해야 합니다.

3

사랑에 최선을 다할 남자

여자의 인생에서 가장 무서운 시기가 있다면 딸이 결혼할 때입니다. 가장 바람직한 결혼이란 그녀가(시집보낼 딸을 둔 어머니로서) 자기 실생활을 완전히 바꾸는 계기가 되는 것입니다. 어제는 가득 찼던 집이 오늘은 텅 비게 됩니다. 딸아이가 차지했던 자리가 어디였는지도 몰랐었고 그저 자연스럽게 행복에 젖어 있었습니다. 삶이 무엇인지, 숨 쉬는 것이 무엇인지도 몰랐습니다. 하지만 단 한순간에 숨 쉬기조차 힘들어지면서 쓰러질 듯합니다.

"우리 아들 장가가지요"라고 하는 어머니와, "딸 시집보내요"라고 하는 어머니의 상황은 얼마나 판이합니까. 한 사람은 새 식구를 받아들이고, 다른 한 사람은 내보냅니다. 정다운 입양처럼 한 가족은 더욱 풍요로워집니다. 다른 한쪽은 결혼식이라는 난리를 치르고 나면 쓸쓸히 자기 집으로 돌아가야 하지 않습니까! 자기 딸을 빼앗겼다고나 할까요? 자식을 잃고 홀로 된 어머니라고나 할까요? 그런 말을 할 수는 없습니다. 프랑스 말에 깊은 애도[상실감]에서 나오는 "오르바"라는 말이 없어 안타깝습니다.

아무튼 그녀는 포기합니다. 이제 그녀는 대접받든 그렇지 못 하든, 이 낯선 집에 들어가봅니다. 거기서 들어가 사는 상상을 합니다. 오늘은 사랑이 가득한 이 사내가 내일은 어떨지요? 사위 자신이야 식은 죽 먹기입니다. 하지만 그가 사랑하는 시댁 식구들, 사위와 시댁을 지배하는 시어머니는 어떨까요? 새색 시를 구박하진 않을지, 거의 찍소리 하지 못할 만큼 기를 죽이 면 어떻게 합니까! 그러나 친정어머니는 딸을 보호해야 하니, 안사돈의 비위를 맞추고 문안을 드립니다.

처음 사위를 보았을 때 장모의 근심 걱정이 어땠을지 알 만 합니다. 최소한 사위가 장차 어떻게 될지 모르잖습니까. 아! 이 런 장모의 속마음을 반이라도 나눌 수 있다면 얼마나 좋겠습니 까! 그녀는 점잖은 미소를 머금고 있지만 마음속으로 얼마나 떨고 있겠습니까! 정말이지 이것은 생사가 달린 문제입니다. 이 사위라는 청년, 그가 누구입니까? 자신의 경쟁자 아닙니까. 그녀가 사랑할 만하고 더욱 많은 사랑을 받을수록, 결국 [딸아 이는] 친정어머니를 더욱 잊지 않겠습니까.

자세히 들여다볼 만합니다. 여자가 이때처럼 흥미로울 때는 결코 없습니다. 자제하지만 빤한 이런 감정싸움으로 그녀는 타고난 매력을 발합니다. 그녀는 온화하고 겸허함과 희생으로 아름답습니다. 이런 완벽한 꽃을 피우려고 그토록 고생을 감내했던 것일까요? 그렇게 아름다운 딸은 바로 이 어머니와 그 지혜와 순결이라는 장점을 고스란히 물려받지 않았습니까. 모든 여자와 마찬가지로 그녀에게도 꿈과 근심 걱정이 있었습니다. 그런데 그런 것을 오직 한마디 말로 다 제쳤습니다.

"내 딸!"

그녀는 하느님과 남편 사이에서 가정을 지켜왔습니다. 많은 세월 의무를 다하고, 달콤한 희망을 간직했습니다. 그런데 이제 가슴이 왜 이렇게 놀랍도록 두근거립니까? 이런 가슴이 얼굴까지 올라와, 그녀가 어떻게 하든 일순간 촉촉이 젖은 눈빛 속에서 감탄할 만큼 애틋하게 터져버립니다. 부인, 제발, 이제 그만하세요! 그러시면 우리도 무슨 말을 해야 할지 당황하지 않겠습니까?

그녀는 이런 힘을 발휘해보고 싶어합니다. 자신이 이 젊은 사위를 압도할지 아닐지는 전적으로 자신에게 달려 있다고 알고 있습니다. 그녀는 장차 이 새 가정의 안주인이 되어야 하고, 딸이 시댁의 폭정에 시달리지 않게 해야 합니다. 어쩌면 매일

(재치 있는 여자라면 못 할 게 뭐 있겠습니까?) 사위를 좋은 남편, 온순한 남편이 되도록 해야 할지 모릅니다. 그를 완전히 믿기 전에 귀한 딸을 맡길 수는 없을 듯합니다. 이 사위를 정복해야 합니다. 그렇지 않으면 아직 아는 것이 없는 딸이 신중치 못한 처신을 할 수 있습니다. 딸은 기꺼이 그만둬버리자고 생각할지 모릅니다. 그러면 어떻게 되겠습니까? 사위는 당황해서 몰상식한 것을 요구하거나, 아니면 두 손을 들어버립니다. 아무튼 결혼은 벌써 공개적으로 선언되었고, 새색시는 일을 저질렀습니다[처녀가 아닙니다]. 어떻게 수습하겠습니까?

소설을 쓰고 있는 것이 아닙니다. 번번이, 여러 차례 보았던 일입니다. 딸을 그토록 사랑하는 어머니이기에, 훌륭한 곳으로 시집보내려고 해괴한 조건을 감내하곤 했습니다. 이런 한심한 거래로 세 사람은 금세 딱하고 역겨운 처지가 됩니다.

현명하고 합리적인 여자들도 딸이 아니라 자기 자신을 위해서 사위를 고르고, 자신들의 공상에 따라 머릿속에 품어왔던 비현실적인 이상형을 찾는 실수를 저지르곤 합니다.

부풀려진 이상이고 항상 허구적입니다. 솔직히 그렇다고 할 수밖에 없습니다.

이런 여자들은 강한 남성적인 힘을 좋아하는데 옳은 말입니다. 그런데 그런 힘은 생산적이거나 창조적이기보다 파괴적인 동력입니다. 위대한 일이 무엇인지, 거기에 얼마나 정신력이 필요한지 완전히 모르는 여자들은 용기라는 것을 한때 전쟁터에서나 써먹을 대담성으로 이해할 뿐이며, 철부지처럼 그렇게 모든 것을 파괴하는 것을 멋지게 생각합니다. 이런 여자들 곁에서 입에 발린 용맹이라는 것이 유리하겠지요. 어깨를 으쓱하면서 참을 줄 아는 진정한 용기에는 관심이 없습니다.

거친 성격보다 점잖은 성격을 건전하게 판단하지도 못합니다. 이런 여자들은 자신들을 닮은 사람, 남성도 여성도 아닌 인형 같은 사람에게 후한 점수를 줍니다. 그녀들은 서툴기 짝이 없이, 쓸모없는 반편이, 마치 희가극의 네모리노〔도니체티의 「사랑의 묘약」에 등장하는 목동〕처럼 계집애 같은 사내, 어떤 여자보다도 더 여자 같은 사내에 관한 감상적인 로맨스를 짜내곤 합니다. 이렇게 그려내는 소설 같은 이야기들은, 프루동이 잘 지적했듯이 진정한 사내가 아니라, "아낙네의 사내"를 만들어낼 뿐입니다.

이제 딸을 위해 사윗감을 골라야 하는 현실적인 대사大事를 앞에 두고서도 어머니들은 이런 공상처럼 합니다. 그들은 이런 '아낙네의 사내' 에 대한 취향에 젖어 이것을 화제로 삼습니다. 우선 여자들은 그런 사내가 실제로 그런 것보다 더욱 사내답다고 느끼기를 좋아합니다. 그러면서 자신들이 그를 지배할 것이라 믿습니다. 바로 확실히 어긋나고 마는 믿음입니다. 온순하고 싱거운 사람은 대개 대단히 이기적인 면을 밑에 깔고 있는 교활한 사람이 많고, 내일은 거칠고 건조한 위선자의 모습을 드러내게 됩니다.

부인, 당신의 인생이 걸렸을 뿐만 아니라, 당신이 그 인생을 골백번 희생한 그런 딸에게도 그토록 중요한 문제인 만큼 제가 쓸데없이 에둘러 말하기보다 좀 바른말을 해보도록 해주시면 어떻겠습니까?

아무 말도 없고 또 할 수도 없는 귀한 따님에게 어떻게 해야 좋을지 잘 아시지 않습니까. 그러나 딸도 나이가 있고 본능이 있습니다. 그 하느님의 말씀을 새겨봅니다.

아무튼 어쩌겠습니까! '총각'이 필요한 것 아닙니까.

웃지 맙시다. 부인이 생각하는 것처럼 예삿일이 아닙니다.

사랑하는 남자가 필요합니다. 사랑이 많고 변함없이 사랑할 남자 말입니다.

따님이 기댈 삶을 편안히 해줄 억센 팔을 가진 사내여야 합니다. 사랑의 불꽃이 튀는 것을 보고 감동할 만큼 뜨거운 심장을 지닌 사내여야 합니다.

여자는 보수적입니다. 여자는 확고부동한 것을 원합니다. 얼마나 자연스런 일입니까? 가정과 요람을 위해 안전하고 튼튼

246

한 기반이 있어야 합니다. 모든 것인 흔들리는데 어디서 당신이 원하는 확고함을 찾겠습니까?

우리가 사는 이 시대에 어떤 곳, 어떤 땅도 그것을 보장하지 못합니다. 프랑스도, 모든 것이 오가는 모래바다인 대륙도 보지 맙시다. 개인 소유지의 성스런 섬나라인 늙은 영국을 봅시다. 얼마 오래되지도 않은 집 대여섯 채 빼놓고는 지난 2백 년 동안 대부분의 소유주가 바뀌지 않았습니까.

견고한 것이 있다면 부인, 그건 다른 게 아니라 '신념' 뿐입니다. 당신에게는 신념 있는 사내가 필요합니다.

'적극적인 신념' 이라는 말입니다.

"활동력이 강한 사람이라는 말씀인가요?"

그렇습니다. 단 '생산적인' 활력입니다. 생산적인 일을 하거나 창조적인 일을 하는 사람입니다.

세상을 안정시킬 기회를 만들 사람은 튼튼한 손으로 그것을 혁신하고, 나날이 창조하는 사람입니다. 혹 파괴하더라도 다시 만들 수 있기 때문입니다.

이런 일을 하는 사람들은, 예술이든 과학이든, 산업이든 사업이든 어디서나 그런 힘을 발휘합니다. 어떤 정치적 신조를 지녔든 상관없습니다. 신조를 하나쯤 갖고 있는 것이 중요합니다.

현실을 의심하면서도 막연한 꿈같은 신념만을, 낡은 환상의 안개 속에 파묻힌 사람들이 아닙니다. 그들은 "있는 그대로"의 세상을 확고하게 믿습니다.

"정말 놀랍도록 훌륭한 것이로군요!" 라고 하시겠지요. 그렇습니다, 부인. 훌륭하고 참신합니다. 증명된 것, 관찰하고 계산한 것, 이성을 믿는 신념입니다.

현대인의 활약으로 크게 늘어난 것이 무엇인지 알고 계십니까. 지난 3백 년 동안, 각 세기가 그전 세기보다 더욱 끝없이 창의력을 발휘하게 된 비밀을 알고 싶습니까? 바로 이런 것이 우리 발밑을 다지고 확실하게 해주었습니다. 이렇게 더욱 견고한 바탕이 주는 안전성 덕분에 우리의 활기도 더욱 커졌습니다. 16세기에 몽테뉴는 의심하고 있었습니다. 하지만 용서합시다. 무지한 사람은 위대한 선구자들이 이미 내놓은 확고한 정신을 의심하지 않았기 때문입니다. 17세기에 파스칼은 의심하고 싶어서 의심했습니다. 갈릴레오를 비롯한 여러 사람 덕분에 세상은 견고해졌습니다.

오늘, 관찰과 계산에 근거한 수만 가지 사실로부터 서른 가지의 새로운 과학이 이 땅에서 바위처럼 굳건하게 해주고 있습니다. 발길로 세게 걷어차봅시다. 아무 걱정 없습니다. 진리라는 끄떡도 하지 않는 바위니까요.

현대인은 자신이 원하고 행하고 나아갈 것이 무엇인지 알고 있습니다.

오늘날 회의론자는 누구입니까? 기득권에 안주하고, 배우려하지 않고, 자신이 어떤 시대에 살고 있는지 알고 싶어하지도 않는 사람입니다. 변화를 꺼리는 사람들은 변함없는 것이 많다고 털어놓기를 두려워합니다[자신들에게 변함없이 유리한 것들이 많다고]. 그들의 의심을 고할 때 나는 이런 말을 합니다.

"그렇게 의심하는 편이 얼마나 유리하겠습니까?"

❦

그렇다면 적극적이고 생산적인 이 시대의 남자들이 우리를 안정시킨 저 서른 가지 과학을 훤히 알고 있을까요? 그렇지 않습니다. 그 주요한 결과만 알 뿐입니다. 그것을 염두에 두고 확고하게 살아 있다고 느낄 뿐입니다. 그들은 쓰러질 때마다 진리의 어머니인 대지에서 헤아릴 수 없는 힘을 되찾게 될 것입니다.

이렇게 우리의 조상과 우리는 정말 크게 다릅니다. 우리 조상들은 늪지에서 활동했습니다. 흙이 섞인 물이나 물로 흥건한 땅에서. 그들은 미끄러지기 쉽다보니 손놀림도 거북했습니다. 하지만 우리는 미끄러져 넘어지지 않는 만큼 손놀림이 더욱 많아졌고, 정신력도 창의력도 좋아졌습니다. 우리는 볼테르 시대보다 열 배는 더 창의적이고, 갈릴레오 시대와 루터의 시대보다 열 배는 더 창의적입니다. 어찌되었든 우리는 이렇게 좀 더쾌활해졌고, 거인처럼 활달한 발걸음으로 껑충껑충 걸을 수 있게 되었습니다.

"힘이 넘친다"고 느끼는 사람, 다시 말해서 건강하고 생산적인 힘에 넘치는 창조적인 사람은 진지한 기쁨이 마르지 않는 샘을 갖고 있습니다(사실입니다). 용기와 사랑 또한 마르지 않습니다, 부인.

　이런 사내를 딸에게 주시지요. 언제나 "자기 일보다 높은 곳으로", 자기 활력과 그 소용돌이 속으로 아내를 끌어들이는 사내를. 이런 사내가 사랑할 것입니다. 낮이든 밤이든 언제나(이 점이 핵심입니다), 그는 아내에게 들려줄 게 많을 것입니다.

4
시련

내게 딸이 있었다면, 나를 사랑하게 할 수 있었을 것입니다. 어떻게? 많은 요구를 하고, 어려운 의무를 점잖고 정당하게 주문했을 것입니다.

왕의 힘 같은 것을 써먹지 않는다면 대체 무슨 소용이 있겠습니까? 물론 여자가 남자를 위해 큰 힘을 발휘할 때가 있습니다. 그의 가치를 알아보고서 그를 매혹시키려고, 까다로운 조건을 부과하거나 그 사랑의 진지한 증거를 대보라고 할 때 말입니다.

"뭡니까, 선생님. 지금 모든 자연이 노력하고 만물이 한층 더 높아지고, 꽃들도 동물처럼 꿈틀대며 감수성을 보여주고, 새는 기막힌 노래를 부르고, 벌레조차 사랑의 불꽃을 태우고 있지 않습니까! 남자는 이렇게 달라지지 않을 거라고 생각하십니까. 조금 남자다운 모습을 보여주실 순 없나요? 증거를 대세요, 증거를! 그렇지 않으면 당신의 싱거운 고백에 신경 끊을 거니까요. 무용담 속에서 공주가 요구하는 바 같은 것을 바라는데 아니에요. 거인의 목을 따오라든가, 트레비종드 공주〔성 게오르기우스가 괴물을 물리치고 구했다는 전설의 여주인공〕의 왕관을 구해달라는 것은 아니거든요. 이런 것은 별 볼일 없어요. 훨씬 더 많은 것을 요구할지 몰라요. 소시민 집안에서 평범하게 공부한 나를, 내가 늘 생각해오던 대로 고귀하고 영웅적인 여자로 만들어보시란 말이지요. 하루 이틀을 위해 그렇게 해달라는 것이 아니라 근본적이고 궁극적으로 달라지게 해보라는 말입니다.

당신의 경력이 어떻든 고상한 정신과 큰 의지를 끌어내보세요. 그러면 믿음직하고 진지하다고 생각할 수 있겠지요. 나로서는 당신을 위해 무엇을 할 수 있을까 검토해보겠어요. 나를 위해 아무것도 할 수 없는 사람, 사랑도 싱거운 것 이상으로 이 시대의 세속성을 넘어서지 못하는 그런 사람을 하느님이 신랑으로 점지하시겠어요?

당신이 변할 수 없다면 사랑하지 않기 때문이지요."

어머니들은 이런 말을 합니다.

"아이고! 감히 그런 엄한 말을 한다고 어떻게 된다고? 요즘

신세대에 무슨 이런 사랑이 통한다고. 젊은 애들이 얼마나 지겨워하고 냉담한데요. 즐길 일이 사방에 깔렸는데 어디〔한 사람한테〕자리 잡으려 하냐고! 지금 시대를 기사도를 발휘할 시대라고 하면 어림도 없어."

부인, 어느 시대에나 남자는 어려움을 추구했습니다. 말씀하신 기사도를 보이던 시대에, 청년 기사가 이웃에서 자유롭지 못한 여자들〔여자 노예〕과 즐기지 못했을 줄 아십니까? 봉건시대의 이상하게 얽힌 복잡한 집에서도 시동과 하녀는 기꺼이 어울리곤 했습니다. 그러면서도 그는 가장 정숙한 숙녀, 불가능한 대상을 갈망했습니다. 자신의 삶을 힘겹게 할 여자였습니다. 아무것도 얻을 것이 없는 그런 여자를 위해 그는 기사가 되길 바랐습니다. 그런 여자를 위해 그는 예루살렘으로 죽으러 참전했고, 피로 홍건한 그 심장을 바쳤습니다.

오늘날 기사도는 전혀 다른 것입니다. 주로 청년으로서 엄청난 노력을 들여 배우고 일하는 것입니다. 강한 전문성으로 이랑을 파고, 모든 인문학으로써 이런 전문성을 계발하는 것입니다. 모든 것이 여기에 달렸고 또 이제 이것을 모르는 사람은 아무것도 하지 못합니다.

나는 우연히 창밖을 내다보다가 '뤼 생 자크'〔파리 시내 중심가, 대학로)에서 새벽에 벌써 일어나 있는 청년을 보았습니다. 밤을 샜는데도 피곤한 기색이 없었습니다. 신선한 아침 공기 덕분에 그렇게 생기에 넘쳤을까요? 아닙니다. 청년이 읽고 있던 편지 때문이었습니다. 읽고 또 읽고 이미 너덜너덜해졌을 정도로. 샹폴리옹(이집트 상형문자를 해독한 고고학자)도 그렇게 열심히 읽지는 않았을 듯합니다.

분명 여자의 편지입니다. 짧지만 당당한 것이었습니다. 그 한 줄을 소개해드리리다.

"엄마가 손이 아파 대신 쓰라고 했어요. 마지막 시험을 통과하는 대로 곧 여기 와서 방학을 보낼 줄 알겠노라고. 시험 잘 보고 오세요."

파리의 길바닥에서 이 가난한 청년이 슬프고, 힘들고, 향수에 젖어 있다는 것을 잊지 말아야 합니다. 학문은 그것을 탐구하는 장에서 활동하는 창의적인 연구자와 교수에게는 물론 좋은 것이지만, 학생으로서는 얼마나 건조하고 추상적입니까! 분명 날씨가 좋을 때면 놀러 올 게으르고 경박한 친구들 탓도 있겠지만. 그래도 편지가 결정적입니다. 와자지껄한 친구들의 대화 중에도 그의 눈은 편지에 가 있습니다. 그것이 그를 끌어당기고 놓아주지 않으며 들뜨게 하고, 머리까지 아프게 합니다. 오늘 밤에는 친구들과 외출할 기분도 아닙니다. 그들이 떠나고 나서 청년은 다시 편지를 읽기 시작합니다. 그러면서 그 형식과 내용까지 진지하게 검토하고, 글쓴이가 진심으로 어떠했는지, 빠트린 연결부호나 쉼표 같은 것에서조차 의미를 파악하려 애써봅니다. 그런데 같은 편지도 그런 시각, 그런 순간에 읽을 때 완전히 다른 것이 됩니다. 어제는 열렬하게 읽히던 것이 오늘은 완전히 냉랭합니다. 하루는 폭우였던 것이 다른 날은 무심하다 생각됩니다.

누가 젊은 날을 "아름다운 들판에서 느끼는 슬픔"처럼 그리울 따름이라고 했을까요. 여기에 연인의 글을 수백 가지로 살펴보고, 풀어보고, 해석하던 애틋한 노고를 덧붙일 수 있지 않겠습니까.

"뭐라고! 처녀가 총각한테 편지를 썼다고?"

그렇습니다. 처녀의 어머니가 그러길 바랐습니다. 이 현명한 어머니는 어떻게 해서든 청년을 붙잡고 지지하고 싶어합니다. 그러나 영국식은 질색입니다. 맞불을 놓는 위험을 전혀 아무렇지 않게 생각하는 것이니까요. 스위스 사람이나 북유럽 사람들은 더욱 거친 방법을 좋아합니다. 이들은 약혼한 처녀 총각이 밤을 함께 지새우는 것이 좋다고 생각합니다. 오직 처녀성만 지킨 채 나머지 모든 것을 주면서! 처녀라고요? 그럴지 모르지만 순결하진 않겠지요.

나라마다 고약한 관습이 있습니다. 독일 민족은 우선 왕성한 식욕과 소화력 못지않게 그만큼 열화 같습니다. 한편 영국식 섭생은 우유를 주로 애용하는 것으로 육류가 너무 많고, 알코올도 많이 섞여, 영양 과잉에 다혈질인 그 처녀들은 스스로의 정열을 자제하고 싶어할 만큼 주체하기 힘들게 되었습니다.

그렇다고 연인들이나 약혼자들에게 만나고 담소하고 서로 귀를 기울이는 행복한 시간을 허용하지 말자는 이야기는 아닙니다. 하지만 너무 빈번한 교제와 소통은 우리가 짐작하듯, 상당히 순수하겠지만 사랑을 서두르게 하고, 작은 불씨에도 쉽게 태우고, 또 순교자처럼 몸을 바치려는 불상사를 초래할 수도 있습니다. 가능하다면 그토록 아름다운 삶의 한때를 길게 늘려나가 봅시다. 우선 어머니의 편지를 받고 나서 서서히 안전하게 진행되다보면, 때로 어머니가 지켜보는 가운데 쓴 딸의 편지도 받게 되지 않겠습니까.

참, 사랑이 어떻게 시작되었는지 말하다가 깜빡 잊었습니다, 글쎄!

그런 것을 까맣게 모르는 사람은 얼마나 복이 많습니까! 같은 요람에서 태어나 같은 집에서 먹고 자라고, 삶과 사랑을 함께 시작하는 사람들 말입니다!

고대 이집트의 신성한 쌍둥이 신인 이시스와 오시리스처

럼, 어머니의 품에서 서로 사랑하고 죽어서도 서로 사랑할 것입니다.

그렇지만 이 우화에서 배울 것이 있습니다. 태어나기 전부터 어머니의 어두운 감옥 같은 뱃속에서, 둘은 대부분의 시간 동안 조숙하게 싹튼 사랑을 무르익혔습니다. 우리는 우리 아이들이 아프리카의 뜨겁게 타오르는 신들처럼 이런 일을 그토록 빠르게 진행하기를 바라지 않습니다. 지도를 받아야 하고 인내가 필요합니다. 무르익은 것에서 신성한 순간을 깊이 음미하려면 신과 같은 장점이 있어야 합니다.

그들이 서너 살 혹은 대여섯 살 때까지 함께 재미있게 산다면 아주 좋은 일입니다. 그러나 그다음에는 둘을 떼어놓는 것이 유익합니다.

꼬마가 아주 어렸을 때 찾아갔던 어디에선가 어린 계집아이와 놀았다면 나중에 작고 예쁜 아이였다고 기억하게 될 것입니다―사촌이든 친구든(네 살이면 일가친척이 있는 법이니까), 자기가 못되게 굴었고 종종 다투기도 했다고. 그렇게 착하고 똑똑했던 계집아이와 어울렸던 시절을 그리워할지도 모릅니다. 꼬마 녀석들이 다 그렇듯이, 이 어린 소년도 그때의 놀이와 달콤한 기억을 되살리면서 계집아이를 다시 보고 싶어할 것입니다.

그렇게 결국 소녀가 열세 살쯤 되었을 때, 다시 보게 되더라도 이미 진지한 태도에 더는 이전처럼 놀자고 하기 어렵습니다. 가족의 잔칫날 어머니 곁에 서 있을 때, 감히 접근하기 어려운 소녀로서 처녀티가 나기 시작하는 상큼한 매력과 기품을 보여주기 때문입니다. 단테가 처음 보았을 때, 프로티나리 가家의 베아트리체는 자줏빛 드레스를 입은 열세 살 소녀였습니다. 그 나이, 그 옷차림이 이 시인의 마음에 남았습니다. 죽을 때까지 그는 그녀를 지상의 축복받은 어린 여왕처럼 생각했습니다.

내 제자들도 이렇게 어린 베아트리체를 마음에 품고 있습니다. 이런 생각이 학생들을 여러 면에서 구해주지만, 특히 천박해지지 않게 합니다. 유치하게 환심을 사며 즐거워하는 짓(흔해빠진 일이지만)을 역겨워할 것입니다. 그의 마음은 이미 고상하기 때문입니다.

서너 해 뒤에 예쁘고 쾌활한 그녀를 다시 만납니다. 셰익스피어의 페르디타[「겨울 이야기」에 등장하는 처녀. '달'이라는 뜻]라고나 할 만큼 활짝 핀 이 장미는 이리저리 어머니를 돕느라 분주합니다. 바로 들판에서 양떼를 지키는 목동 같고, 공주 같습니다. 청년은 이런 새로운 모습을 간직하게 됩니다. 세련되지 못한 숙녀들이 청년의 순진한 감정을 찔러보려 하지만, 너무 늦었군요! 그녀들을 비교하면서 이런 말을 할 테니까요.

"우리 사촌은 완전히 달라!"

페트라르카[15세기 이탈리아 시인]는 순진한 고백의 노래인 아름다운 시에서, 자신이 사랑하는 로라가 숭고한 순례 성지 그 자체라고 했습니다. 자신은 순례자가 되어 평생을 그녀를 향해 걸었다고 했습니다. 그러면서 그 순례로의 성당들을 지날 때마다 발걸음을 멈추고 성모께 기도를 올렸습니다.

"저는 예배당도 성모님도 원치 않습니다. 우리가 살아가는 길목마다 멀리 로라만 보고 걸으려 합니다. 이 길을 돌아서지 않으렵니다."

하지만 로라는 그가 다른 애인들을 갖기를 바랍니다. 그녀는 질투하지 않고 사랑을 나눠 갖는 데 동의합니다. 그녀는 남자의 마음은 다채로워야 한다고 이해합니다. 그녀는 환락의 정원에 아름다운 젖가슴을 지닌 탐스런 여인이, 위대한 이시스가, 자연의 여신이 청년의 가슴을 애타게 한다는 것을 알고 있습니다. 또 조상을 모신 신전의 학교든 어디든, 자기 애인이 순수한 정의의 여신에게 사랑을 구할 것임을 알고 있습니다. 뿐만 아니라 그녀는 같은 동포로서 그와 같은 여신들에 무심하지 않습니다. 그녀는 어머니 편에 그가 자기를 잊고, 가능하다면 이런 숭고한 경쟁자들을 사랑하라고 간청합니다.

여자가 여자를 지키는 얼마나 아름답고 고귀한 순간입니까! 궁핍 속에서 공부하는 청년에게 용기를 주며 자리를 비키는 처녀 아닙니까! 이 시절의 충실한 일을 계속하고, 힘에 넘칠 때 그 힘을 보존하며 승리를 거두는 데에 더욱 유익합니다. 큰일을 해내는 쓰라린 생활과 험한 수업은, 파리의 이 고독한 로빈슨도 모든 비천한 생활을 정당화하면서 버텨낸 바 있습니다.

"내게는 애인이 있고 내 마음이 있어."

⁕

"결혼은 고백"입니다. 이 말을 거듭하지 않았습니까. 진실이고 또 알맹이가 꽉 찬 말입니다.

그녀에게 자유롭게 고백할 수 있지만, 그녀는 아직 완전히 이해하지 못하거나 어쩔 줄 몰라 하는 열아홉 처녀입니다. 그녀의 어머니는 안쓰러워하기도 합니다.

"그 총각 아픈 것 아니니? 그런 것 같아. 슬퍼 보이던데… 짬을 좀 주지 그러니."

최소한 청년은 처녀에게 자기 생각 속의 모험담을 들려줄 수는 있습니다. 고상한 것, 형편없는 것, 희망, 기쁨, 슬픔 등등.

"어제 이런 것을 배웠거든요. 완전히 딴 세상이더군요. 이런 방법이라면 나도 찾을 수 있을 것 같기도 하고… 날 도와주세요. 격려 좀 해주세요! 나도 대장부가 될 테니까."

어떤 생각이 드십니까? 이 청년은 능숙하게 유혹하는 중입니다. 여자의 가슴속에서 한 남자를 빚어내고, 인정하고, 나날이 발전하게 한다는 것은 큰 즐거움입니다. 다정한 어머니, 관대하고 나이 드신 아버지를 둔 따뜻한 가정생활에서, 모험심 많은 열렬한 청년의 배에 승선해서 함께 흔들린다는 새로움이란 대단한 사건입니다.

그녀는 매우 적극적이라 느낍니다. 그러나 두려움이 없진 않습니다. 그녀는 떨면서 어머니 품에 안겨봅니다.

어느 화창한 날 그녀는 발걸음을 멈추고 놀라, 이런 편지를 씁니다.

"생각을 나누고 함께하는 즐거움이 늘 있잖아요. 당신 생각만으로도 넉넉하거든요. 그런데 당신 마음은 어떨까요?"

5
여자는 어떻게 마음을 줄까

"이런 이야기는 너무 터무니없지 않습니까! 사랑에 빠진 학생! 애인에게 고해하는 학생! 시험 준비도 하지 않는 학생! 공부하는 학생이! 아, 너무 황당합니다! 저자는 학교가 무엇인지 분명 모릅니다. 직업을 구하고, 가게를 열고, 고객을 구할 때까지 얼마나 오랜 시간을 학생으로 공부해야 하는지 잊었습니다."

잘 깨우쳐주셨습니다. 모든 프랑스 청년이 공증인, 변호사, 공무원, 사무원이 되어야 하고, 또 끔찍하게 붐비는 두서너 직업으로 끝없이 몰려든다는 사실을 미처 생각하지 못했습니다. 그렇게 오랫동안 취업준비 공부를 하다보니 이미 시들해진 나이로 아주 늦게 결혼한다는 사실을.

누가 이렇게 만들었습니까? 잘 자리 잡은 사위를 원하는 어머니들의 신중함 덕분이지요. '공무원'이란 그녀들에게 안정

과 같은 말입니다. 특히 이런 혁명의 나라에서 말이지요! '공
증인'이라! 우리 귀청을 얼마나 기분 좋게 때리는 말입니까!
그런데 이런 직장인은 종종 자기 업무상 잔뜩 빚을 지고 있단
말씀입니다.

또 여자들의 맹목적인 보수성과 무지와 겁이, 세상에서 가장
모험심 많은 민족을 바위 위에 수줍고 무기력하게 물러터진 모
습으로 앉아 있는 멍청이로 만들고 있습니다. 영국과 미국, 러
시아 사람은 영토 전체를 활동 무대로 생각합니다. 영국 여자
는 캘커타와 중국 광저우에서 일하는 도매상과 결혼하는 것을
자연스럽게 여깁니다. 또 장교인 남편을 따라 오세아니아 맨
끝의 섬까지 따라갑니다. 홀란드 여자는 자바와 수마트라(인
도네시아) 섬에서 일하는 남편을 맞아들입니다. 폴란드 여자
는 시베리아까지 가서 유배자를 위로하며 함께 사는 것을 두려
워하지 않습니다. 그 고집스런 헌신 덕분에 바르샤바보다 더욱
아름다운 폴란드 방언을 구사하는 톨볼스크 너머 광대한 지역
이 등장했습니다. 국토를 대단히 아끼는 독일인을 봅시다. 그
들이 남북 아메리카 양쪽으로 멀리까지 국토를 확장하지 않았
습니까. 가족이 튼튼하고, 멀리까지도 함께 가는 곳이면 어느
곳이나 행복이 보장됩니다. 그 사랑이 도처에서 조국을 만들어
냅니다. 조국을 늘리고 넓힙니다. 이런 사랑의 신과 더불어 남
자는 날개를 단 격입니다.

우리만이(프랑스 사람) 유럽에서 군인이 아닌 한, 나라 안에

서 죽치는 "신중한" 민족입니다. 우리는 태어난 곳에서 무거운 발걸음을 하고 있습니다. 그러다가 거기서 시들어버립니다. 보험과 증권의 태풍에 밀려다니며, 아마 증권시장에서는 굴조차〔프랑스 사람이 가장 즐기므로 절대로 망할 품목이 아닌 수산물〕 파산을 면치 못할 것입니다. 이런 것이 우리의 안정이요 정체성이며, 장성해서도 세월아 네월아 결혼을 질질 끌게 되는 "확실한" 처지입니다. 그렇게 대부분 할 일이라고는 사랑밖에 없는 그런 나이가 될 때까지.

골지역과 옛날의 프랑스는 희망의 고장이었습니다. 미래에 대한 자신감에 넘쳤고 또 그렇게 미래를 만들어 나갔습니다. 사람들은 사랑하고 젊어서 결혼했습니다. 이렇게 결혼한 사람들이 아주 늙어서, 목적을 이루고서도 또다시 아내를 맞이합니다. 이미 오래전부터 집과 가족과 더불어 번영했지만 말입니다.

아이들은 모두 살아남지는 못했습니다. 아무튼 이 낙천적인 민족은, 정이 많고 정력이 왕성해서 여기저기에 자신의 씨를 뿌렸습니다. 우리 골 족이 고대에 유럽과 아시아에 얼마나 많은 민족을 만들었는지 알 수 없습니다. 12세기의 십자군 원정으로 수많은 식민지를 건설했습니다. 16~17세기에 프랑스 사람은 그 에너지와 사교성으로 신세계를 정복하고 야만인을 해방시켰습니다. 누가 여기에 제동을 걸었습니까? 오직 루이 14

세뿐이었습니다. 그는 홀란드를 침공하고서 그것을 영국에 넘겼고, 이때부터 영국은 바다를 제패했습니다. 그가 아니었다면 우리는 두 개의 인도를 갖게 되었을지도 모릅니다. 왜 그럴까요? 우리는 사랑했고, 도처에 아이들을 낳았습니다. 영국인은 그렇지 않았습니다(미국 한 곳을 제외하고는. 청교도 집단이라는 동포가 한꺼번에 이주했던 곳이니까요).

젊은이, 이 모든 것을 생각해봅시다. 파리 시내에 얼마나 많은 사상과 예술과 또 남자로 성장할 수 있는 수단이 많습니까. 사방을 한번 둘러보고 당신이 어디 있는지 생각해봅시다. 눈을 크게 뜨고서 모든 학문과 이 세상 전체와 사람들을 안아봅시다. 사랑하고, 또 사랑이 가득하고 헌신적인 여자를 사랑해봅시다. 당신의 불확실한 운명과 당신의 대담하고 창의적인 생각을 꿋꿋이 따라나설 그런 여자를 사랑해봅시다. 청년의 답을 들어봅시다.

"하지만 우리가 이렇게 여자처럼 신중하게 처신하는 이유를 이해해주셨으면 합니다. 여자들, 어머니들이 우리를 이런 꼴로 만들지 않았습니까. 저 잘난 상속법으로 여자들은 막강한 재산과 힘을 갖게 되면서 남자들과 대등해졌고 아버지보다 영향력이 더욱 커졌습니다. 아버지는 사업과 연루된 잠재적인 재산뿐이지만, 어머니의 재산은 계약서로 보호까지 받는 완전히 별개의 것입니다. 그래서 어머니는 하고 싶은 대로 하며 군림하지요. 그러니 또 어머니 마음에 드는 사위를 고릅니다. 저는 어떨까요? 어떻게 되겠습니까? 무엇을 하겠습니까? 여전히 알 수 없는 노릇이지요. 한 여자에게 달렸으니까요. 저는 마음에 들기는 글렀습니다. 그래도 접근해서 조금이나마 대담한 모습을 보여준다면, 그 어머니가 질겁해서 손사래를 치며 자기 딸을 '안정된 자리에 오른' 남자에게 주려고 숨기려 하겠지요."

이 청년의 말이 옳습니다. 당분간 가장 큰 책임은 어머니에게 있습니다. 어머니는 잘 쓰든 못 쓰든 대단한 힘을 갖고 있습니다. 그녀의 한마디로 결정적으로 사태를 뒤집을 수도 있습니다. 사위는 '좋은 지위'를 얻을 수도 있지만 '순한 종'이 될 수도 있습니다. 물론 용기가 확고하다면 젊고 사랑에 넘치는 청년으로서 단김에 크게 될 수도 있겠지요.

부인, 당신은 여전히 젊은 여인입니다. 하지만 이미 두 번째 청춘 아닙니까. 더욱 신중하지만 상당 부분 이미 퇴색했고, 삶에 대한 의심도 많아졌습니다. 제발 청년들에게 너무 많은 지혜를 기대하지 맙시다. 젊은이더러 늙은이처럼 시작하라고 하지 맙시다. 부인은 그를 사랑하고, 그의 열렬한 편지들을 즐거워한 적도 없지는 않으셨을 텐데…. 있는 그대로 청년을 인정합시다. 어리고 열정적인 모습을. 부인의 따님도 잃을 게 없어요. 그녀를 위해서 움직여보세요. 그녀를 참고해보시고. 따님이 부인처럼 겁을 낸다면 제 손에 장을 지지겠소이다! 기본적으로 따님은 용기를 낼 만큼 합리적입니다. 젊은이들이란 그 한창 피어나기 시작할 때 자질이 넘치기 마련이라 처음에는 황당해 보일 수도 있습니다. 그렇지만 우선 넘쳐나다가 언젠가는 꽉 차게 되지 않습니까. 익어가다 보면 어느새 진정한 위력을 발할 때가 있을 것입니다. 그런 자질이 고르게 다져지고, 그 현명한 동력으로 이상에 다가갈 것입니다.

이제 두 젊은이가 가까워집니다. 흥분되고 걱정도 되는 이 흐뭇한 순간에 나로서 더 할 말은 없습니다. 적어도 그런 만남에서 알 만한 것이 거의 없기도 합니다. 우리는 너무 떠 있습니다. 그저 그 피상적인 면만 볼 뿐입니다. 달콤한 사랑싸움 같은 것이겠지요. 마치 참전하는 원군처럼 설레는 마음으로 접근합니다. 우리의 경우도 그렇습니다. 처녀는 힘이 솟는 데 조금 놀랍니다. 그런데 총각은, 그가 진정 조금이나마 사랑한다면, 비웃음을 살까 전전긍긍합니다.

잘못된 태도입니다. 여자, 진정한 여자는 조롱할 줄 모를 만큼 인정이 있습니다. 특히 우리가 보았던 처녀는 수다쟁이도 아니고, 셰익스피어의 로잘린드[『당신 좋으실 대로』에 등장하는 처녀]처럼 시건방지지도 않습니다. 흔해빠진 처녀들처럼 당돌하거나 멍청하게 웃어대지 않습니다. 그녀가 조금 가볍고 짓궂게 꼬치꼬치 물어보며 공격하는 것에 요즘 젊은이들은 둔감할 것입니다. 하지만 순진하고 풋풋한 우리의 청년은 작은 말 한마디에도 감동합니다. 그녀의 말에 곧이곧대로 반응합니다. 당황하고, 종종 엉뚱하게 답변합니다. 그는 답답해합니다. 그때 물론 처녀도 답답하기는 마찬가지 아닙니까. 이렇게 두 사람의 예민한 지점에 사랑이 있는 것 아니겠습니까?

사랑이라! 대체 무엇입니까, 어떻게 찾아옵니까?

얼마나 사랑 이야기를 많이 써댔고, 또 얼마나 시시껄렁한 것들이 많습니까! 어떤 이야기도, 해석과 비교도 소용없습니다. 사랑은 사랑입니다. 아무것과 닮은 데가 없는 것입니다.

소설가 스탕달의 천재적인 비유를 봅시다. 잘츠부르크의 소금기 많은 샘에 던지는 나뭇가지 같다고 했습니다. 두 달 뒤에 그것을 건져내보면 완전히 달라진 모습입니다. 화려하고 환상적인 수정체로서 물줄기와 다이아몬드와 정향丁香 꽃송이 무늬를 그려냅니다. 바로 이런 것이 깊은 상상의 샘 속에 던져진 사랑입니다.

그런데 바로 '사랑'에 대한 냉소적이고 관능적인 그의 책을 그런 식으로 비교해볼 수 있습니다. 그의 샘의 바탕은 말라붙었습니다. 그러니 나뭇가지는 아무것도 없는 막대기입니다. 사실 그렇습니다. 사람들은 몽상과 공허한 시적 감흥으로 수놓인 나머지 부분을 재미있게 읽곤 합니다.

가장 풍부한 샘물이 넘치는 주제의 바탕을 메마르게 하기에는 그렇게 좋은 이론입니다. 형식은 짜릿하지만 사실 평범한 이론입니다. 해묵은 발언 아닙니까. "사랑은 환상일 뿐"이라고.

사랑! 세상에서 이처럼 더 구체적인 것이 어디 있습니까.

"제2의 눈처럼 사실적입니다." 오직 사랑만이 달리 볼 수 없는 수많은 새로운 진실을 보는 힘을 줍니다.

이는 "창조 작용으로서 사실적입니다." 사랑이 지켜보고, 또 그렇게 보여주는 실제로 벌어지는 것들입니다. 예컨대 여자는 사랑받음으로써 그렇게 부드럽고, 또 그것을 자각할 때 만족하고 변모한 그녀는 무한하게 아름다워집니다. 아름답게 보이는 것이 아니라 사실상 아름답습니다.

"곱이 되고 반사되는 창조 작용으로서 사실적입니다[변증법적입니다]." 창조된 것이 창조합니다. 우리의 사랑으로 여자의 아름다움을 발산하게 한 그 광채가 우리의 욕구와 창의력을 참신하게 되살립니다.

이런 만큼, 사랑을 뭐라고 불러야 하겠습니까? 아무렴 어떻습니까. 사랑은 주인이자, 강자이자 부자입니다. 우리에게 사랑이 남아 있는 한, 우리는 강합니다. 사랑이 부족하다면 이 세상에서 우리는 별로 큰일을 못 하게 될 것입니다.

놀라움에 그의 힘이 솟아납니다. 우연히 뜻밖의 아름다움을 내면에서 발견한 청년은 얼마나 행복합니까! 그의 일도 잘될 수밖에 없습니다.

예를 들어봅시다. 파리에서 생활하는 청년은 낭비가 심해 보였습니다. 그 또한 궁지에 몰려 듣고만 있었습니다. 알고 보니 그의 빠듯한 수입으로 자신의 용돈을 극도로 절약하면서, 가난한 가족을 부양하고 있었습니다. 처녀는 애틋한 마음이 들었습니다. 그날 처녀는 거의 말도 못 하고 그를 쳐다보지도 못했습니다.

죄목을 따져가면서 청년의 잘못을 들춰냅니다. 그러면서 우선 학창 시절에 거둔 성적이 장차 크게 성공할 만한 것인지 "내 놓아보라"고 성화를 합니다. 그렇지만 청년은 위대한 화가 프뤼동이나 훌륭한 생리학자 세르처럼 해왔습니다. 두 사람 모두 가진 것이라고는 재능밖에 없었기에, 마땅히 받을 상을 받지 못한 채로 경쟁자를 위해 일했습니다. 이렇게 해서 로마 상을 받은 경쟁자는 로마로 유학을 떠났지만, 프뤼동 없이 계속 작업할 순 없었습니다. 세르는 1815년의 의학 공쿠르에서, 집에서 아무런 지원도 받지 못한 채 굶어 죽을 지경인데, 자신과 자리를 놓고 경쟁하려던 영국 수련의 동료를 알게 되었습니다. 그는 그 자리를 양보했고, 영국 청년은 오텔 디외 병원에서 일할 수 있게 되었습니다. 고상한 목적을 이룬 이런 용감한 행동이야말로 사랑하는 처녀에게 바칠 수 있는 아름다운 화환입니다.

이런 우연한 행운이 늘 있는 것은 아닙니다. 하지만 그럴 만한 사람에게는 찾아오는 법입니다. 강물에 빠지거나 불길에 휩싸였거나 난파한 배에서처럼 수많은 일에서 그런 기회를 맞게 됩니다.

이런 행동이 사랑을 불러일으킵니다. 여자는 그런 행동에 약하고 다정하기 때문입니다. 나는 사랑받지 못하던 다섯 명에게 이런 처방을 해주었습니다. 오직 한 가지 수단이란 아름다워지는 것입니다. 그녀에게 그 빛이 닿은 순간부터, 그녀는 자기 주인을 알아보고 긴장을 풀게 됩니다. 그가 이런 상황을 너무 남용하면 곤란하겠지만.

그러면 이제 일이 어떻게 돌아가겠습니까? 알 수는 없습니다. 아직 신혼 첫날밤은 멀었지만 결혼식 날이 다가옵니다.

딸만큼 총각을 높이 평가하면서 좋아하게 된 아버지와 어머니는 맞장구를 칩니다. 두 사람이 자랑스럽고 옳습니다.

다정하고 들뜬 채 어떤 지혜를 짜내고 있을까요? 어머니는 살림살이와 가구 등 신방을 차릴 걱정이 끝이 없습니다. 아버지는 사랑과 장래에 볼 손자손녀를 생각을 합니다. 어머니는 눈을 내리깔고 그 이야기를 겸손하게 듣습니다. 한마디로 막을 생각이 없습니다. 그런 말을 꼭 해야 합니까? 그녀는 차분히 복종하는 모습이지만 그는 조금 동요하면서, 정말로 자기 뜻을 관철시켜보고자 합니다. 그러다가 얌전하던 여자가 갑자기 안색이 창백해집니다. 덤비려 하지는 않아도 뛰는 가슴에 아무것도 할 수 없을 만큼 숨이 막힙니다. 남자가 어떻게 자기 고집을 부리겠습니까? 그녀는 힘없이 그에게 기대면서 억누르지 못하고 감정을 쏟아내고 맙니다.

"제발 내 생각도 좀 해줘요, 여보. 요 며칠간만이라도 저한테 너그러울 순 없는 건가요?"

그녀는 남편의 손을 꼭 붙잡습니다.

"당신이 그렇게 하는데 내가 어떻게 반대하겠어요. 날 슬프게나 하겠지. 애들이 당신만 자랑스러워하는 줄 잘 알잖아요. 나를 가엾게나 보고, 내가 약한 줄 아니까 그렇지요. 날 좀 구해줘요 여보. 나를 지켜줘요. 나 혼자 어떻게 버티라고."

6
부모 곁을 떠나는 딸

사콘탈라〔괴테의 시에 등장하는 여주인공〕는 태어난 집과 자매, 애지중지하던 새들, 정든 가축들과 작별합니다. 공허한 희극이 아니라 인간의 운명입니다. 사랑했었기에 울음을 터뜨리고 맙니다. 그렇게 고대하던 날이었는데 너무 일찍 왔습니다.

떠나야 하는 보금자리가 얼마나 푸근하고 그윽했는지 더욱 잘 느끼게 됩니다. 그토록 자기를 좋아하는 형제자매들, 아름다운 식탁도, 모든 것에 엄하지만 자신을 위해 힘없이 양보한 아버지, 그리고 오직 하나뿐인, 가장 애처롭게 사실상 제물이 돼버린 가엾은 어머니, 그토록 냉정한 척 울지 않으려 하는 어머니를… 아, 처녀로서 너무 감당하기 어렵지 않습니까!

어떤 행복한 꿈도, 어떤 신비스런 상상도 이 모든 것을 받쳐주지는 못합니다. 그녀는 떠나기 전날 밤 식탁에 앉아, 접시에 눈길을 주면서도 보는 둥 마는 둥 두려움에 떱니다. 모두들 정원으로 나갔지만 그녀는 못 나갑니다. 이런저런 핑계로 남았습니다. 영원히 떠날, 어린 시절이 머문 이 집의 이 방 저 방을 둘러봅니다. 가구를 매만지면서, 피아노, 책, 아버지의 안락의자 등 아끼던 모든 것을 만지작거리며 이별을 고합니다. 하지만 어머니 침대 앞에 멈춰선 그녀는 눈물을 쏟고 맙니다.

"뭐야, 왜 그래? 사랑하지 않는다는 거야?"

그런 생각은 당치도 않습니다. 사랑하기만 하지요. 자연스러우면서도 한편 이상한 일입니다. 신랑을 따라나설 순간에 그녀는 애인에 대한 그리움에 젖습니다. 그를 꿈꾸던 방, 그에게 편지를 쓰던 책상이 이런 그리움에 함께 젖어듭니다. 여러 해 동안 밀려왔다 사라지곤 했던 격정의 그림자가 기억에 새롭습니다.

그녀는 새로운 행복을 눈앞에 두고서, 열렬하게 기뻐했던 한숨과 꿈과 공허한 걱정으로 점철된 세계를 떠올립니다. 그 모든 것이 아쉽습니다. 눈물에 젖던 달콤한 쓰라림까지도.

어렸을 때의 동무들과 아무 말도 해주지 않는 사람들, 이 모든 것을 훤히 알고 있는 집 안의 고양이와 강아지를 보니 가슴이 한없이 미어집니다. 강아지는 그녀를 오랫동안 주시하며 따라다닙니다. 고양이는 꼼짝도 않은 채로 시큰둥하게, 먹지도 않고 침대 위에 엎드려 있습니다. 내일이면 텅 빌 처녀의 작은 침대입니다. 이런 것들이 그녀에게 이런 말을 하는 듯합니다.

"너는 가지만 우리는 안 가. 너는 모르는 사람한테 가지. 모든 것을 해주던 포근하고 멋있는 집을 떠나는구나. 네가 뭘 하던 다 좋았잖아. 무슨 말을 하더라도 듣기 좋았잖아. 네 엄마, 아빠 모두 네 입을 쳐다보고 있었지. 네가 무슨 말을 하는지 한마디도 놓치지 않으려고 했지. 동생들은 네 말이 옳다면서 '언니가 그랬어'라고 했고. 오빠들은 네 기사騎士처럼 너를 예찬하고, 다른 꿈은커녕 너를 닮은 여자만 사랑하려고 했었지."

"우리 애인, 수호여신! 정다운 유모! 얼마나 여러 번 네 손으로 우리 먹을 것을 해주었는데! 그런데 너 이제 어디 가서 뭐가 되려는 거야? 주인을 섬기게 되겠구나. 복종한다 맹세하게 되고. 너 낯선, 너를 사랑하는 그 사람하고 살러 가는 거지. 그래, 잘나고 센 청년이지. 힘이 철철 넘친다고 그 힘으로 아내와 집에 쓸 것 같아? 낮에 일하느라 저녁에는 지쳐서, 축 처져 들어오곤 할 거야. 툭하면 실망과 좌절을 겪게 될 거야. 네가 가는 신혼집이, 그래! 이 친정보다 얼마나 우울할까! 여기서는 모든게 편했잖아! 네가 웃으면 모두가 웃었고. 네가 기뻐 날뛰던 그 모습, 그 맑은 목소리와 모두들 뿌듯해하던 그 착한 행동, 그런 것 때문에 복에 넘치는 집이었고 낙원이었잖아. 사랑과 너그러움뿐이었지. 네가 모든 식구의 기운을 북돋웠고. 부모님은 애들에게 불평할 분들이 아니었잖니. 우리에게도(짐승들). 강아지가 그걸 잘 알고, 어떤 때든 무엇이든 할 수 있었지. 고양이도 잘 알아. 식구들이 정신없이 디저트 먹고 있을 때 우리도 끼"

어들어 잔치를 벌였으니까. 새들도 와서 활개를 치고, 네게 입 맞춰주었잖아."

여자는 고통을 겪을 운명입니다. 여자에게 삶의 중요한 고비는 상처입니다. 여자는 결혼을 꿈꾸며 자랍니다. 당연한 꿈입니다. 하지만 이 "새 생활"은 과거를 뿌리째 뽑아내는 것입니다. 사랑의 무한한 즐거움을 위한다면 여자는 자신의 육신에 고통을 받아야 합니다. 얼마나 더 받으란 말입니까, 하느님! 이제 곧 또 다른 남편이자 애인으로서 아기가 그녀의 뱃속 깊은 곳에서 그녀의 가슴을 쥐어뜯을 것 아닙니까! 이것이 전부일까요? 우리 조상은 이런 우울한 속담을 전합니다.

"산고産苦가 너무 길었네!"

가엾은 여자의 고통을 가리키는 말입니다. 출산의 고통과 외침이 지난 뒤에도 그것에서 벗어나지 못하고서, 불안해하며 슬픔과 고통에 지친 산모가 결국 회복하지 못한 채 숨을 거둔다는 뜻입니다.

어느 날 어느 때에 제단[사랑의]에 희생자를 바쳐야 합니까. 그게 뭐 중요합니까?라고 입법의원이나 사제는 말합니다.

중세의 점성술사는 "매우 중요하다"고 했습니다.

여기서는 오로지 점성술사 말만 옳습니다. 그런데 어떻게 날을 잡습니까? 그는 안경을 쓰고 하늘을 주시하는데, 아무것도 보이지 않는데도 택일을 합니다.

주시할 것은 하늘이 아니라 여자, 결혼을 앞둔 처녀입니다. 모든 것에서 더 고통받고 헌신할 여자 말입니다. 그녀가 그 희생으로 덜 괴로워하기를 바라고 아껴주어야 합니다. 어느 날 어느 주간이든 편안한 날을 잡아줍시다.

여기서 잠시 숨을 돌려봅시다. 그러고 나서 왜 사랑과 결혼을 다룬 그 하고많은 저자들이 한 번도 이 문제[택일]에 관심을 두지 않았는지 물어봅시다. 바로 이것이야말로 기본 아닙니까. 적어도 필수적인 출발점인데, 이런 것이 없으니 두서없이 되는 대로 말하고 추론할 수밖에 없었을 것입니다.

다행히 자연은 위대한 생명의 생리적 기능을 우리에게 맡기지 않습니다. 그런 기능은 마치 잠을 지배하듯이 본능적으로 수행됩니다. 기적처럼 복잡한 우리의 생화학 작용은 물어보거나 하는 일 없이 제 갈 길을 갑니다. 사랑하고 결혼하고 가족을 이루면서 인류는 그렇게 이어져왔습니다. 이 모든 것은 거의 달라지지 않았습니다. 그 합리성을 따른 기본적인 것에서, 인간은 예나 지금이나 그대로입니다. 부조리는 뛰어난 천재들, 사상가와 권위자, 인류의 영도자들에게서나 나타납니다.

사랑을 조절하고 수태과정을 늦추거나 앞당길 수 있다는 모습을 보이는 심오한 정치인이나 경제학자들 가운데, 단 한 사람도 수태가 무엇인지 모르고 있습니다. 자신들이 맬서스[통계경제학자]의 이론을 더듬거리고 있는 줄 모릅니다.

신학자들은 비록 훌륭하게 수태관[본문에서 기독교적 수태고지의 개념을 시사하고 있다]을 밝혀왔지만, 아무튼 그 개념조차 모르고 있습니다. 인과론을 따지는 사람들은 방향을 잘 잡기는 했고 부부생활을 순화시키기는 했지만, 결혼이란 것이 무엇인지 모르기는 마찬가지입니다.

여기에 멋진 글을 쓰는 문인들이 더 있습니다. 이들은 수많은 웅변적인 책으로 권리와 진실을 논하고, 어느 한쪽 성이 우월한가 하는 문제를 걸고서 여자나 남자를 비난했습니다. 우리의 위대한 소설가로서 괴력을 지닌 여인이 그렇습니다. 또 우리의 위대한 논객이 무쇠같이 무서운 필력을 휘두르며 찬반을 선동하면서 어디서나 그 광채를 뿌려댑니다. 세상 사람 모두가 그들을 옹호하면서 주목합니다. 그런데 두 사람 중 누구도 주제의 깊은 밑바탕까지, 가장 낮은 곳인지만 나머지 모든 것이 움트고 있는 곳까지 내려가지 않았으니 얼마나 놀라운 일입니까?

열등하다고요? 열등한 것은 전혀 없습니다. 위아래로 구분하는 이런 케케묵은 계단식 관념을 걷어치웁시다. 하느님은 둥근 공 같다지 않습니까. 철학자들이 그렇게 말하지 않습니까.

하늘은 우리 머리 위에만 있는 것이 아니라 발밑에도 있습니다. 옛날에 우리는 두뇌를 치켜세우느라 위장을 무시했습니다. 그런데 두뇌가 소화 작용을 한다는 것을 알게 되었지요(1848년). 두뇌가 없다면 우리는 최소한 당糖을 얻을 수 없습니다. 그것만이 소화 작용을 허용합니다.

1830년 전으로 돌아가봅시다. 난자와 생리 문제가 제기되었을 때 그 이론은 우스꽝스러운 수준이었습니다. 1840년 전까지, 그 법칙이 나오고 가임 시기가 적시되었을 때에도 세상은 이런 것을 까맣게 몰랐습니다. 위대한 해부학자들의 끈질긴 관찰과, 콜레주 드 프랑스의 강의와 과학아카데미의 권위(이 문제에서 진정한 절대권을 행사하는)로 1840년부터 1850년까지 마침내 이 발견들이 유럽에 수용되면서 인류의 믿음으로 통하게 되었습니다.

과학이 얼마나 때맞춰 찾아왔습니까! 세기의 천벌 앞에서(자궁병의 창궐), 거친 외과 수술로 헛수고를 하면서 의학은 주춤거리고 있었습니다. 이때 난소학이라는 원군이 나타났습니다. 인체 기능을 심오하게 연구한 이 학문은 인체의 변화 작용을 이해하는 길을 터주었습니다. 또 누가 압니까? 먼저 사랑의 보살핌을 받은 앞 사람들이 나중 사람들을 예방해줄지.

젊은이한테는 용서를 빌겠습니다. 그 마음이 완전히 다른 데가 있을 것이 빤한 이런 때에 이렇게 골치 아픈 이야기를 할 수밖에 없었습니다. 하지만 사랑이란 근심입니다. 두 젊은 남녀를 나는 그런 낭만적인 하늘에서 이 현실로 끌어내리고 싶습니다. 그런데 현실이란 바로 그녀 자신입니다. 그러니 결국 하늘과 같은 것이지요. 그녀와 총각의 미래가 걸린 문제입니다. 건강이, 총각의 소중한 사람의 목숨이 걸린 문제를 놓고서, 예방과 분별이 지나치다 반박하기는 어렵지 않겠습니까.

우리 주위에서 사랑을 하는데도 버림받거나 도망칠 수밖에 없거나, 또는(역겨운 대조이겠지요) 울며 쾌락에 응하면서 상처 입은 매력적인 젊은 여성들이 얼마나 많습니까? 결혼의 전망을 일찍부터 어둡게 하고, 머지않아 그 가능성마저 배제할 고약한 상황입니다. 이런 것이 수태를 두려워하게 만듭니다. 모성〔임신과 분만〕의 시련에서 고통이 극에 달한다는 것을 알고 아기를 낳는다는 것에 소름끼쳐 합니다. 하나가 된 가장 뜨거운 가슴으로부터 토해내는 것에서, 그 포옹에서 그와는 다른 고통과 미래의 공포(죽음까지도!)가 나옵니다.

과거에 이런 천벌은 덜했습니다. 우선 사망이 빨랐기 때문에 그 고통을 충분히 헤아리지 않았습니다. 그렇지만 또 다른 원인도 있습니다. 교양을 쌓을 기회가 거의 없던 시절에, 여자는 요즘보다 지적 활동이 상당히 부족했고, 고통이나 잘못된 처치를 그저 신체적으로 강인하게 버텨내곤 했습니다. 사랑의 열의라고 부드럽게 에둘러 말하는 것이지만, 여자들이 차라리 지나치게 엄격하길 바라고 아파하길 바라며, 또 시간이나 고통에 전혀 무지했던 자만심을 부렸다고 할 것입니다. 나약하고 예민한 여자는 모든 것을 깊이 느낍니다. 전혀 웃을 일이 아닙니다. 진지하게 지켜보아야 합니다. 즉 매순간 사랑이 필요합니다. 내가 지금, 어머니에게 할 말을 사랑하는 남자에게 더더욱 강조하고 싶은 것입니다.

그 바탕이 아기보다 훨씬 더 섬세하고 유약한 여자에게 "그녀를 위한" 사랑이 절대적으로 필요합니다. 그래서 그녀를 지나치게 성가시게 굴지 않으면서도 매순간 지켜보지 않는다면, 우리는 아무것도 알 수가 없습니다. 여자라는 우리의 천사는 비록 활짝 웃으며 살아가지만, 종종 겨우 한쪽 날개 끝만 이 세상에 걸치고 있을 뿐입니다. 다른 날개는 이미 다른 곳에 가 있습니다.

이런 중대한 문제를 놓고 어떻게 해야 할지 과거의 무지에 호소하지는 맙시다. 알지도 못하고 또 해줄 말도 없을 테니까요. 오직 과학에 답을 구하고, 사랑의 힘을 빌립시다.

과학은 우선 단순한 이야기를 합니다. "사랑하는 여자의 시간에 맞춰" 사랑하라는 것입니다. 서두르지 말고, 모든 일이 자연스레 이어지고 진행되도록 하고, 한 번에 한 가지 일만 하도록 하고, 흥분이나 충혈이 지속되지 않도록 조심해야 한다는 것입니다. 이렇게 하면 결혼을 할 만한 참으로 합당하고 성스런 때를 알게 됩니다. 과학원의 높은 평가와 상을 받은 한 논문에 이런 주장이 실려 있습니다. "배란이 시작되고 나서 열흘 뒤가 처녀가 결혼하기에 최적"이라고. 즉 생리의 두 시기 사이에 든, 조용하고 차분한 불임기입니다(라시보르스키, 1844, 133쪽).

이 탁월한 관찰은 합리적이고도 인간적인 것으로, 엉터리 경험론에서 나온 것이 아닙니다. 이것은 고도로 과학적입니다. 확증된 사실과 난자학의 정식 법칙에서 끌어냈습니다. 자연스런 귀납적 결과입니다. 이 이론도 결혼에 불가분한 자연의 법칙처럼 변함이 없을 것입니다.

사실 이보다 현명한 것도 없습니다. 그 저자는 불임기를 택하라고 합니다. 첫 번째 달부터 임신한다면 그것은 너무나 큰 고통이겠기 때문입니다. 어떤 잘못 고른 시기는 여자에게 세 가지 불편에 그만큼의 고통을 더해줄 뿐입니다. 즉 생리의 거북함, 결혼 수업, 게다가 초임의 동요!

"어머니가 잘 생각하고 계실 겁니다"라고들 하겠지요. 그렇기는 뭐가 그렇습니까. 좋은 시기를 다 지내버리고, 종종 사나흘 뒤로 날을 잡곤 합니다. 다시 말해 여자가 가장 가임성이 높아졌을 시기를. 우선 그러면 결혼하자마자 임신하겠지요.

여기에 열흘을 더한다면 축복입니다. 그녀와 초조한 열정을 과학으로 다스리면 과학이 그 어머니의 품보다 더 훌륭하게 그녀를 지켜줍니다. 이렇게, 우선 하느님의 빛이었던〔하느님만 아시는〕모든 위대한 발견과 진리는 이성理性에만 말을 걸고, 또 마음을 움직이는 그와 같은 실제적 결과로서 즉시 나타납니다.

날마다 그만큼 수고하면 됩니다. 하루에 한 가지 일만 합시다. 제발, 시골의 소란한 피로연이 벌어지는 날 새색시를 아껴줍시다. 어리석은 사람들이 그녀를 질식하게 하지 맙시다. 새색시가 먹지 않으면 그들이 무슨 말을 합니까.

"아이고, 어쩌나. 색시가 슬프구먼. 어쩌다가··· 신랑을 사랑하지 않나봐."

그러나 우리 조상들은 그렇게 하지 않을 만큼 상식이 있었습니다. 새색시가 가족과 눈물로 헤어지고 겪게 될 시련을, 청순하지만 상처받기 쉬운 연약한 몸과 마음의 고통을 덜어주려 배려했습니다.

결혼 예식과 상징은 지금도 매우 불완전하기 짝이 없습니다. 사람들은 약한 색시더러 지나치게 약하다는 점을 주지시키면서, 결국 의존적인 심정에 빠트립니다. 그러나 강한 신랑한테 강한 모습을 보이지 않게 가르치는 것이 더욱 교훈적이고 독창적이며, 인간적입니다. 이런 때에 세심한 주의와 동정심을 발휘하도록 신랑을 가르쳐야 합니다. 사람들은 "사랑으로 다 되게 돼 있어"라고들 하겠지요. 하지만 정반대입니다. 사랑은 이상한 모양이 됩니다. 어떤 때는 야수처럼 신랑의 조급증과 맹렬한 욕망을 부채질합니다.

의사들은 서두름과 맹목적인 강요(끔찍한 자만심이라 하겠지요)가 종종 불안과 불치의 충혈을 초래한다고 생각하기 시작했습니다.

"불치라니요?"

좋은 질문입니다! 매일 다시 압박해오는데 어떻게 나아지겠습니까?

이럴 때 결정적으로 경건하고 종교적인 것이 필요합니다. 어떤 처방보다도 악령을 쫓을 최상의 방법입니다. 법률 용어로 "결혼은 합의"라는 말입니다.

이 말을 저녁 때 잊지 않고 기억해야지 점심 때 해봐야 효력이 있겠습니까? 당신이 크게 동요하고 있을 때 기억해야 합니다. 그때 바로 이렇게, "아, 결혼은 합의라 했지!"

저녁에 이런 생각을 할 만큼 정신이 있다면 참 훌륭한 사내입니다. 자만심을 버리고, 어리석음도 버리고, 사랑하는 마음을 헤아리면서 가엾은 여자를 생각해보면, 당신만 없으면 아무것도 바랄 것이 없는 장모와도 잘 지낼 수 있을 것입니다. 이런 애로를 가라앉히고 평정해야 합니다. 인도의 자비로운 의식은 이 문제를 마치 우리 의사처럼 이야기합니다.

프랑스 처녀는 신랄하고 남자를 웃음거리로 만들기도 합니다. 게다가 세상에서 가장 예민합니다. 상상력이 좀 많아야지요! 자신이 남자의 절대적 주인이 못 되면 어쩔까 하는 염려 따위는 전혀 없습니다. 그러면서도 떱니다. 어떤 어려움이 없을지라도 심리적 압박감은 여전합니다. 이기주의자로서 자신만 생각하는 남자들은 번번이 모든 것을 마비시킨다고 하면서 불평합니다. 남자들은 여자의 진정한 공포를 이해하지 못합니다. 그녀가 명랑한 기분을 되찾아야 합니다. 이것이 핵심 요점입니다. 참을성을 갖고서, 너그럽게 그렇게 원해야 합니다. 자신의 뜻을 거역하는 것이 아니라 두 사람을 위한 것이니까요. 그렇게 둘을 위해야 그녀도 행복합니다. 그녀에게 묻고 그녀를 따르고, 부드럽게 이기려 해야 합니다. 고통으로 불쾌해지지 않도록.

자신의 행복을 준비하는 사람이야말로 얼마나 행복합니까! 자유롭게 원하고, 다정하고 착한 성격을 뿌듯해하면서! 진정으로 여자를 찬미하고, 진실로 헌신하는 남자는 신전을 영예롭게 가꾸고, 거기로 가는 길에 부드러운 인내를 펼쳐나갑니다. 여자들이야 이런 남자를 위해 떨리는 손으로 그 성스런 문을 열지 않겠습니까. 멀리 있다 생각하는 하느님이, 영원한 빛이 바로 문턱에 있습니다.

❧

우리가 보다 향상되고 진전된 상태에 들어서면, 이와 같은 부드러운 주도권이 새로운 길을 여는 데로 넘어가는 것을 알게 됩니다. 그녀의 마음으로 통하는, 사랑하는 사람을 차츰 정복하게 하는 사랑의 진로뿐입니다. 진지한 결합에서, 이런 진전에서 오래전에 사랑이 예고했던 축포를 듣게 됩니다. 정신적으로 피로연 훨씬 전부터 결합되었던 만큼 이제부터 더욱 커져만 갑니다.

부덕하고 잔인한 말을 지워버려야 합니다. 육체적 결합이 결혼의 완성이라는 말을! 결혼은 점진적이며, 평생 완성해나가는 것입니다.

결혼 잔치는 이런 오랜 공부를 공표하는 순간일 뿐입니다. 보증수표처럼 유용하고 불가분한 이런 잔치가 종종 시끌벅적하게나 치러지면서, 결혼에 해로운 매우 좋지 않은 결과를 낳기도 합니다. 이런 소란이 하루 만에 모든 것이 다 끝났다 생각하게 하고, 사랑도 다 주었다고 생각합니다. 그 이튿날부터 벌써 침울하고 썰렁합니다. 영원해야 할 잔치가 하루짜리가 되면 잘못이지요.

이와 같은 신성한 순간이 어떤 시작이나 끝이 아니라는 것을 잘 알아야 합니다. 아름다운 우상이 최선의 모습으로서 자신을 바쳤습니다. 사랑을 받아들였습니다. 당신의 것이라고 고백하며 주었습니다. 영혼의 가장 깊은 문을 열어 당신을 즐겁게 해주었습니다. 하지만 이 영혼은 이제 막 개국한 기쁨의 왕국일 뿐입니다. 그 속에서 찾아낼 세상이 기다리고 있는데 미리 어떻게 알겠습니까? 그녀 자신도 모릅니다. 그녀는 오직 주군으로서 당신을 열렬히 받아들이려고 합니다. 그렇게 그녀는 충성하면서 훨씬 더 행복하다고 본능적으로 느낍니다. 그녀는 최선을 다할 것입니다. 여전히 순결한 감정과 미묘하고 수줍은 욕망으로 가득한 그 깊이를 모르는 바다 속으로 뛰어드는 당신은, 당신 속에 사랑의 신이 창조할 끝없이 새로운 기분을 느낍니다.

7
젊은 아내- 그 고독한 생각

먼저 펴낸 책『여자의 사랑』에서 나는 외적 상황의 큰 윤곽을 그렸습니다. 여기서 나는 좀 더 계속해보려 합니다. 여자 자신을 관찰해봅시다. 특히 가족의 뿌리가 깊은 여자, 또 그녀가 수천 가지 잔뿌리를 내렸던 그 토양에서 벗어나게 하는 것이 바람직한 결혼이 될 그런 여자 말입니다. 극적인 이행입니다. 훌륭한 신랑조차 아쉬워하는 부모를 벗어나 그녀는 주저 없이, 싸우지 않으면서 아무튼 갈라져 나옵니다. 이런 사태를 그다지 좋아하지 않았을까요? 천만에요. 한없이 좋아하고 희생을 다합니다. 처녀는 괴로워하면서도 무한한 사랑과 아낌없는 믿음으로 자신을 내놓지만, 뜨거운 가슴으로 총각에게 손을 내밉니다.

이런 총각이 행복에 겨운 나머지 그런 모든 저간의 사정을 느낄 만한 정신이 남아 있을는지는 모르겠습니다. 하지만 내가 보기에 갑자기 습관과 익숙한 세상을 버리고, 또 다른 집으로 옮겨 살게 되어 흥분한 처녀만큼 감동적인 구경거리도 없습니다(이때 처녀라고 해야 할지 부인이라고 해야 할지 약간 애매하지만). 이제 그 집은 자기 집이 됩니다. 그러나 그녀가 익숙해지는 데 시간이 걸립니다. 그때까지는 아직 낯선 집입니다. 그녀는 무엇을 어디다 놓아야 할지 모릅니다. 새 가구를 보면서 친정집 옛 가구를 생각하고서 그런 곳에 들여놓습니다. 사실 남편은 강한 개성과 젊은 혈기, 매력적인 기질로 모든 것을 따뜻하게 환하게 해줍니다. 그렇지만 어쨌든 그가 항상 거기에 있는 것은 아니잖습니까. 그가 없는 사이에 모든 것이 달라지고, 모든 것이 공허하고 고독한 듯합니다.

친정에서는 아버지, 어머니, 형제자매, 하인, 동물까지 모두 화목한 완벽한 세상이었습니다. 하지만 시댁은 만들어나가야 할 세상입니다. 다행히 열렬하고 활력에 넘치는 '사랑의 신'이 있습니다.

하지만 이 사랑의 신은 질투를 부립니다.

"웬만하면 나랑 같이 시작합시다. 내가 날개가 있어 미래로 데려다줄 테니까. 나를 너무 질긴 미래의 끈으로 묶어두지 마시고. 극의 첫 번째 법칙은 '행동 통일' 아닙니까. 이런 일이 단순할 거라고 너무 쉽게 기대하지는 마세요.

넓은 마음을 믿고 그것을 쪼갤 수 있다고 믿는다면 어리석지요. 각 부분이 항상 전체거든요! 그런데 만약 질투한다고까지야 못 하겠지만, 아무튼 투덜대는 시어머니가 있지 않습니까. 이런 시어머니에게 그녀를 맡기고 매일 살라 할 거냐고요? 당신들 사이가 한번 찌푸리게 되면 두고두고 말이 많겠지요. 색시는 친정어머니나 달랠 수 있어요. 만약 찌푸리던 분위기가 구름덩이처럼 뭉쳐지면 지평선에 계속 죽치겠지요. 그래도 당신의 사랑으로, 오직 밤이 되어야 모든 것이 걷히겠지요.

또 그녀의 오빠나 동생들이 가족의 기쁨이고 애틋한 복덩이를 빼앗아간 사내를 시기하지 않겠습니까? 비난할 수 없는 젊고 순수한 감정이지요. 그러나 이런 것도 가장 자연스럽고 강한 끈이 되며, 은근한 적대감이 되곤 하지요. 잠시 시들한 듯해도 가족의 친밀감이라는 것은 나중에 되살아나기도 하거든요. 함께 컸지요! 같이 나눌 추억이 얼마나 많습니까! 그 식구들끼리는 소중하고 중요하다지만 사실 별것도 아닌 오만가지 일을 자기네끼리만 쑥덕댈 수 있지요. 당신이야 알지도 못하는 이야기이고 신기루 같은 것이지요. 거의 반쯤은 결혼생활이나 같은 것입니다. 과거는 시간과 상실감과 그리움과 뜨뜻한 눈물로 꾸며지는 만큼 더욱 강하고 위험하지요. 그 과거 바로 그때 그랬던 것보다 수백 배 더 소중해지지요. 한 집 안에서, 같은 요람에서 함께 자고 일어나던 그런 기억은 언제나 과거로 눈길을 돌리게 하니까요. 마음도 부풀어 서로 나누고. 전통과 고전, 복고적 사상이 매시간 사랑과 다투게 됩니다."

자연은 이런 말을 합니다.

"앞으로 아내하고 단 둘이, 친정 식구와 의절하지는 말고, 따로 살아봐. 친정이 멀면 멀수록 아내는 더 자네 것일세. 자네가 의무를 다하고 행복을 찾을수록. 모든 것이 더욱 아내를 위하는 것일세. 아내를 무시할 수 없지. 자네가 그녀의 아버지고, 하루하루 그녀의 생각을 키워줄 것 아닌가. 자네는 수다 떨고 동무를 해주는 그녀의 오빠인 셈이고. 여자들의 사소한 것까지 챙겨주고 안아주며, 애지중지 재워주니 엄마 같을 것이고. 부부로서만이 아니라 엄마 같은 손길에서 아내는 자기 요람으로 되돌아온 기분일 거야. 이렇게 작고 평범하며 유치한 것들로 소중한 어린 아기처럼 감싸준다면, 자네는 미래를 그녀와 함께 기대할 수 있을 걸세."

조금 어렵고, 사실 심각한 문제입니다. 바로 이런 것이 결혼의 법칙입니다. 당연히 아내는 혼자만의 시간을 갖게 됩니다. 결혼하자마자 다음 날부터 그렇습니다. 왜냐하면 서로 손이 잘 맞는 절친한 친구로서 안전을 보장하듯이 가정 주치의가 있기 때문입니다. 이 친구는 새색시를 집에 떼어놓고 신랑만 데리고 나가려 하지 않겠습니까. 웃기는 핑계는 수도 없이 많고, 신랑만이 도와줄 수 있는 급하고 중요한 일도 있다고 하지 않겠습니까. 자기한테 해로울 테지만 신랑은 따라나섭니다. 이런 날에 색시는, 우정을 잃으면 안 될 테니까 하면서 이해하려 합니다. 사실 그렇게 하는 것이 자신에게도 유익합니다. 옛날에는 새색시를 한숨 돌리게 해주는 현명한 풍습이 있었습니다. 과거에 지키던 사흘간의 절제를 하늘에 기원했습니다(몰래 무시하지 않는 한). 그러고 나면 사랑의 힘과 욕구가 더욱 커지게 됩니다. 색시로서는 자신을 추스르는 시간을 법니다. 훌륭한 천성이 되살아나면서 부드럽고 건강해집니다. 어떻게 그럴 수 있을까요? 무엇보다 푹 쉬기 때문입니다.

그렇다고 사랑이 사라지겠습니까. '성가 중의 성가'에서 알 수 있습니다. 총각들에 둘러싸이고 쫓기던 처녀가 그렇지 않게 되면 마치 과부나 된 듯이 처량한 모습으로 어떻게 해서든 다시 이전으로 돌아가길 바라지 않습니까. 얼마나 순박하고 감동적인 심정입니까! 이 순결한 처녀는 그때까지 평화롭지 않았습니까. 왜 말썽을 원하는 것인가요? 짓궂게 웃지 맙시다! 사랑하고 칭찬합시다. 조금 들뜬 여자는(시리아의 열정적 시에서 표현하고 있는) 밤에 일어나, 위험한 일이 닥칠지 모르는데도 어두운 밤거리를 돌아다닙니다. 그녀를 보호하고 인도합시다. 총각을 구해 줍시다. 그러면 그 친구는 얼마나 행복하겠습니까! 불평불만이 싹 사라지겠지요. 짝이 없다는 고통에 비하면 다른 고통은 별것 아닙니다.

그러면 이렇게 밤길을 쏘다니지 않고 새집 안에 혼자 남아있는 색시에게 돌아와봅시다. 곰곰 생각에 잠겨 있겠지요. 그녀는 이제 자신을 경건하게 되돌아봅니다. 멋진 꿈을 꾸면서 세세하게 되풀이해봅니다. 그녀는 다정하고 친절하며 착한 신랑을 생각합니다. 그러다보면 눈물까지 비칩니다. 그이의 따뜻함과 참을성과 세련됨을, 그 황홀하던 상황을 다시 떠올리면서 얼굴을 붉힙니다. 그러다가 문득 이것이 환상이나 꿈이 아닐까 하는 생각마저 듭니다. 깨어날까 두려워합니다. 하지만 그렇지 않습니다. 의심할 수 없습니다. 다시없을 강렬하고 짜릿한 신호를 느끼기 때문입니다.

"얼마나 더 좋겠어! 모두 사실인걸(행복감에 따갑고 깊은 가시에 찔린 기분입니다). 이보다 더 좋을 수는 없잖아! 그이의 사랑이 내게 박혔잖아. 그럼 됐지 뭐. 하느님이라도 뭘 더 어떻게 하겠어."

얼마나 자신감 넘치게 되었습니까! 그래도 여자입니다. 여자로서 아파하고, 누군가를 소유하고 의지하고 싶어합니다. 그녀는 창피하던 정열을 혼자서 느껴봅니다. 날카로운 가시들이 있는 만큼 어려움과 의무감이 더욱 커집니다. 젖을 먹이며 상처받으면서도 젖을 물리는 어머니 같은 것입니다. 이상한 갈등이 일어납니다. 그는 그렇게 원하면서도 허둥댑니다. 그가 관대하고 강하다면, 그가 사랑의 힘으로 참는다면, 아, 그녀의 진심으로 기꺼이 그를 껴안고 입 맞추고, 애무하고 울면서 압도하고 취하도록 탐할 텐데. 그와 더는 따질 것이 없습니다. 수없이 매력적인 방법으로 자신을 주고, 그가 더는 점잖을 부리지 못하게 할 것입니다. 그는 당황하고 황홀해하겠지요. 그는 짜릿한 쾌락을 아쉬워합니다. 그렇지만 사랑에서 숭고한 면만 아는 그녀는 아파하면서도 신성한 결합을 음미합니다.

이런 운명적인 관능이 아주 오래간다는 것은 흔한 일입니다. 몇 주 몇 달 거기에 사로잡힌 희생자에게 심각한 위험이 되기도 합니다. 남자는 이런 관능적 쾌감에 우울해지고 수치심을 느끼고 한탄하며 죄의식을 갖기도 합니다. 반면 여자는 순진하게 자랑스러워하며 용감성을 보입니다. 아무튼 여자는 다른 누구의 조언을 구하지 않습니다. 그녀에게 그저 한 가지 권하고 싶은 요법이 있습니다. 신랑이 군인이나 해군이어서 만약 한 달간 출항을 가야 한다면, 누가 압니까? 그녀는 얼마나 절망하겠습니까! 그 말 한마디를 듣자마자 여자는 울음을 터트립니다.

"날더러 죽으라고! 무슨 상관이겠어요! 자기가 없으면 죽은 거나 다름없는데. 흑흑⋯."

이 모든 점에서 그녀는 매우 고상합니다! 그렇지요. 그런데 당신은 어떻습니까. 한심합니다. 딱한 육체의 노예가 되었다며 우리 남자의 노예 근성을 불평할 수밖에 없습니다.

그녀는 얼마나 귀하고 시적입니까! 당신 앞에 떨어진 천상의 시 아닙니까. 그것을 느끼고, 예찬할 줄 알아야 하지 않겠습니까! 더 좋은 세상의 하늘하늘하고 매혹적인 기운이 퍼지는데, 왜 그렇겠습니까? 당신을 다른 남자로 만들려는 것입니다. 당신에게 극히 필요한 일이지요. 솔직히 당신, 야만스럽지 않습니까. 조금 깨어야지요. 이렇게 부드러운 교제로, 그런 야만성을 훌떡 벗어버리지 않겠습니까. 그렇게 순수한 사랑이라면 당신의 속이 얼마나 신성해지겠습니까.

어제도 또 당신은 시끌벅적한 친구들과 어울렸고, 서슴없이 재미를 봤지요. 그런데 당신의 젊은 성녀聖女, 순결하고 매혹적인 마녀는 모든 것을 알면서도 이해하고, 땅속에서 자라나는 싹에 귀를 기울이고 있지 않습니까. 그녀는 항상 온화하고 조용하고 반듯한 가정에서 살았습니다. 당신의 젊은 힘과 정력이 그녀를 즐겁게 해주기만 합니까. 뒤집어놓습니다. 당당한 발걸음, 문과 창을 닫는 조금 거친 모습에도 그녀는 놀라고 맙니다. 친정어머니는 아주 사분사분하지요. 장인은 과묵하고 말할 때도 차분합니다. 당신의 군대 북처럼 울리는 목소리는 신병 훈련에나 걸맞은 것이지, 색시를 떨게 하는 것이 아니라 놀라게 한다고요! 금세 웃음을 터트릴 테니까!

부드러운 색시처럼 좀 부드러워집시다. 그녀는 모든 점에서 그러려고 하지 않던가요. 그녀는 당신을 돕는 친구가 되고 싶어하지 않습니까. 그렇습니다. 하지만 그녀가 할 말을 않고서 태연한 척하지만 나약하다는 것을 잘 헤아려야 합니다. 그녀는 이렇게 말합니다.

"내가 까다로워요? 천만에요, 아프냐고요? 절대로."

친정어머니한테 이렇게 말합니다.

"아무 일 없어. 잘 있어요."

어느 날 깜빡한 탓에, 당신이 급해서 허둥대는 동안 그녀가 화장실에서 오래 뭉갠 꼴이 되었을 때, 당신도 모르게 큰소리를 치게 되고, 가엾은 아내는 놀라서 결국 울음을 터트리고 말았습니다. 마침 그때 친정어머니가 오셨습니다. 아내는 화들짝 놀라 표정을 바꾸면서 이렇게 말하겠지요.

"아냐, 엄마. 아무것도 아냐. 내가 조금 실수했거든."

장기간 집을 비울 수밖에 없는 노동자는 슬픈 아내에게서 그렇게 간절히 기다린 멋진 보상을 바랍니다. 얼마나 반갑겠습니까! 또 당신의 아내가 얼마나 매혹적입니까. 그런데 그녀가 특히 마지막 순간에 약간 멈칫하게 하도록 당신이 무언가 감추고서 돌아올 수밖에 없다면 얼마나 유감이겠습니까. 그 솔직한 얼굴과 많은 말을 하고 있는 눈에서, 그녀가 당신을 생각하던 마음이 얼마나 역력합니까! 아무 말 않더라도 전부 들리지 않던가요.

"그가 떠난 것이 이렇게 오랜 일인데 아직도 안 오니… 뭘 갖고 올까! 재미있고 새로운 것이겠지! 아, 그이만 오면 돼! 계단을 올라오는 소리, 빠르고 힘차게 늘 그렇게 올라오던 소리만 들으면 되지 뭐…. 그러면 금세 달라질 텐데. 온 집 안에 웃음과 기쁨이 넘치겠지. 모두 기뻐 어쩔 줄 몰라 할 거고. 식탁도 화덕도 모든 것이 환하게 웃을 거야. 엄청난 식욕으로 이야기를 쏟아내고! 그이 접시는 여기 놓을까? 아냐 저기가 더 좋을 거야. 그이가 좋아하는 요리를 내놓고, 또 우리 둘만 좋아하는 것도 내놓고(강아지는 국물도 없어), 입안에 가득 넣어주고, 따뜻한 화덕가에서 졸게 되거나 아무든 졸린 척하면 나를 어떻게 깨우나 봐야지. 그이가 예뻐하는 머리를 해야지. 아냐, 그럴 게 아냐. 그이가 피곤하면 어떡하지? 빨리 자자고 해야 할까? 얼마나 창피해!"

이렇게 순진한 생각입니다. 나 혼자만 들은 척하고 싶을 정도입니다. 이제 네 시입니다. 여섯 시가 되기를 기다립니다. 그녀는 벌써 안절부절 못합니다. 해를 올려다보고 창가를 오락가락합니다. 지붕 위로 연기가 피어오릅니다. 이웃들은 행복해합니다. 벌써 귀가했기 때문입니다. 가족들이 한데 모였습니다. 그런데 그 사람은 뭐하느라 어디 있는지?

바로 이런 날, 우연찮게 길이 막혀 늦어질 수밖에 없습니다. 일곱 시 종이 울립니다. 슬프고 우울한 상상이 봇물처럼 터집

297

니다! 침착하던 마음마저 흔들립니다. 눈물을 참지 못하고 발을 동동 구릅니다. 열 번, 스무 번이나 식탁과 화덕을 쓰다듬고 다시 가다듬고 주인이 올 때만을 기다립니다. 불안이 절정에 달하고 맙니다. 가슴이 쿵쾅댑니다.

그러다가 계단이 울립니다. 세 걸음씩 껑충껑충 뛰는 소리가 납니다. 젊은 사내의 걸음입니다. 그녀도 들뜹니다. 다른 여자라면 자제하고 위신을 지키며 기다리겠지만 가엾은 아내는 참지 못하고 달려나가 당신 품에 달려들어 정신을 잃습니다.

8

아내는 단짝 동료이자 손님이 되고 싶어합니다

어느 날 농부의 재미있는 말을 들은 적이 있습니다.

"보세요! 쟤들이 결혼한 지 여드레밖에 안 됐잖습니까. 그런데 '벌써' 저렇게 사랑하니!"

'벌써' 라는 말이 기막힌 표현입니다. 매우 인간적인 진실을 담고 있으니까요. 우리는 더 잘 알게 될수록 더 사랑하지 않습니까. 함께 서로 다른 것을 재미있어 하면서 살수록 말입니다. 지겨워하고, 병들고, 피곤한 사람들을 놀라게 하는 말이겠지요. 속에서 탈이 나면 항상 음식을 바꾸어야겠다는 생각이 들게 마련입니다. 즉 싱겁다 생각하고 식욕도 없습니다. 하지만 속이 건강한 사람은 같은 것도 늘 같지 않다고 느낍니다. 입맛이 자연스레 돌아가면 놀랍게도 같은 음식이 끊임없이 다양하게 미묘한 맛을 낸다는 것을 알게 됩니다.

감각기관 중에 가장 거친 입맛이 이렇다면, 더욱 복잡하고 세련된 사랑은 어떻겠습니까! 고등동물에서, 암컷들은 무한히 거칠게 반복되는 시도보다 단 한 번의 갱신과 변화에서 더 많은 사랑을 느낀다고 알려져 있습니다. 인간에게, 사랑은 줄줄이 발견해나가는 여행입니다. 무한히 작지만 끝없이 새로운 발견을 되풀이하는 세계를 향해하는 것입니다. 요컨대 수수께끼에서 수수께끼로, 사랑하는 사람을 끝없이 파고드는 것입니다. 항상 새롭고 항상 풀리지 않는 수수께끼처럼. 왜? 우리가 항상 수수께끼를 만들어내기 때문입니다.

그 첫 단계는 어지럽고 맹목적인 기운입니다. 말하자면 자연사의 한 철입니다[신혼기]. 생명이 무르익어 터지는 이 첫 번째 상처에서 그 맛을 거의 느끼지 못합니다. 사랑받는 사람은 [새색시] 상당히 창피해하고, 아름다운 말을 듣는다 하더라도 무엇이 진실인지 모를 만큼 냉담하기도 합니다. 이런 황홀한 현혹에서 그녀의 여성이라는 성이 중요한 반면, 인간으로서 그녀 자신은 거의 중요하지 않을지 모릅니다. 다른 모든 여자보다 두드러지고 뛰어나게 좋아하게 되는 것은, 이 사랑받고 사랑하며 개성 있는 여자를 음미할 수 있을 만큼 이 여자가 많이 경험을 쌓은 뒤의 일입니다. 남자는 여자를 그녀가 주는 즐거움과, 그녀가 주었던 모든 것에 비추어 사랑합니다. 남자는 여자를 그 자신이 빚어내고 인상을 새겨놓은 작품처럼 사랑합니다. 또 이런 사랑의 고상한 표시들로써 사랑합니다. 그래서 그

여자는 하나의 종교입니다. 여자의 운명은 그녀가 종교적인 시詩처럼 더욱
고상할수록, 공동의 실생활에서 더욱 유능해지게 합니다.

가장 강렬한 절정에서, 남자는 현기증이나, 정신을 잃을 황홀함을 느끼지 못하고 완전히 차분하고 말짱합니다.

❧

"우리는 여전히 서로를 모르기 때문에 사랑한다. 알게 되면 더는 사랑하지 않는다"라는 말들을 합니다.

그렇다면 누가 알겠습니까? 나는 세상에서 서로 모르는 사람들만 보았습니다. 한방에서도 이방인들처럼 사는 사람들입니다. 어느 쪽으로 뚫고 들어가야 할지 몰라서 서툴기 짝이 없어 낙담하고, 무기력하게 바보처럼 돌멩이 두 개를 나란히 얹은 모습입니다. 하지만 누가 압니까? 그 돌이 부딪쳐 불똥이 튀고 금이나 다이아몬드로 변할지.

이런 속담을 들어봅시다.

"결혼하면 사랑은 끝장이다."

그렇다면 도대체 결혼은 어디로 갔단 말입니까? 그렇게 본다면 나는 결혼생활을 거의 못 보았습니다. 내가 아는 부부들은 거의 결혼하지 않은 것이나 다름없습니다.

결혼이라는 말 자체가 탄력적입니다. 온도차가 극심합니다. 어떤 부부에게 결혼은 20도, 어떤 부부는 10도, 0도도 있습니다. 그러니 항상 각별하게 분명히 재야 합니다.

"두 사람의 결혼은 몇 도쯤 됩니까?"

＊

    부부생활에서 모든 것은 시작에 좌우됩니다. 솔직히 말하자면 일반적으로 여자에게 잘못은 없습니다. 고백도, 소설 같은 환상도, 세상도 제대로 모르는 정말로 순진한 숫처녀들이 화려하기 그지없는 심정과 본능적인 순종과 선의로만 결혼에 임합니다. 자신이 들어서는 생활을 엄청나게 기대합니다. 훌륭한 부모 곁에서 공부를 잘하고 일도 잘하고, 모든 것을 아는 듯한 새색시는 신랑에게 모든 것을 배우려 합니다. 이런 생각은 맞습니다. 새 생활의 열기로써 모든 것이 새록새록 돋아날 테니까요. 그녀는 그것을 수동적으로 받아들이곤 합니다. 마치 무기력하고 냉담하듯. 그러다가 몸과 마음이 뒤섞이면서 발생하는 자력으로 그것을 적극적으로 붙잡게 됩니다.

    친정아버지는 좀 더 현명하게 처신할 수 있을지 모릅니다. 그가 너무 강한 자취를 남겨준다면 목표에서 어긋나는 것입니다. 딸자식이 겪을 미지의 예상하기 어려운 운명은 장차 남편에게 달렸으니까요. 그러므로 딸의 교육을 너무 결정적으로 경직되게 하기보다는 유연하고 탄력 있게 해야 합니다. 가족이 망설임이 큰 것은 바로 이런 사정 때문입니다. 그런데 친정어머니는 케케묵은 생각에 젖어 있곤 합니다. 이런 생각에서 어지간히 벗어난 아버지는 감정과 감각이 게임을 벌이는 힘들고 아슬아슬한 일에 대해서 딸에게 단호하게 정해주기 어렵습니다. 얼마나 많은 도덕적 격언과 역사적 사실을 측면으로만 가르쳐주었습니까! 오직 신랑만이 모든 것을 설명해줄 수 있습니다.

이렇게 애매하고 불완전한 가족적 전통, 노인네들 말씀과 생활만 있는, 주저하고 겉도는 전통에서 누구보다 새색시들이 벗어나야 합니다. 그녀에게 바람직한 것은 결정하는 남자, 당황하지 않으며 확고하고 박력 있게 생각하고 움직이는 남자, 막연하고 힘든 일을 시원하게 밝히고 다양한 용기로 선량한 기지를 발휘하는 그런 남자입니다. 그러면 즐겁지 않을 여자가 어디 있겠습니까. 여자가 되게 하고, 믿음과 생활을 갖게 되고, 신뢰로 기댈 베개를(너무 눈물에 젖은 것이 아니라) 갖게 해줄 남자를 얻었는데! 이런 상을 받고서 여자는 뿌듯해서 이렇게 말합니다.

"내 주인이야."

말은 안 해도 그 미소에는 이런 말도 담겨 있겠지요.

"그럼, 내가 안주인이지."

순종하고 그것을 기꺼워하는 안주인, 사랑할 때 뜨겁게 달아오르며 황홀해하는 안주인입니다.

인도에서 어느 입법의원이 그랬는지 기억이 나지 않지만, 사랑하고 존경하는 남편을 지나치게 바라보지 말도록 금지한 일이 있었습니다. 그러면 여자더러 무엇을 보란 말입니까? 여자가 언제나 읽고 싶어하고, 믿고자 하고, 다시 만들어주고 싶어하는, 또랑또랑 빛나는 살아 있는 책 아닙니까?〔바로 남자〕

그런 사람을 바라보며 얼마나 행복해하겠습니까! 믿음은 또 얼마나 끝이 없고, 시작부터 정념은 얼마나 유순하겠습니까! 처녀가 당신을 깨우치곤 합니다. 현대 페르시아의 노래들이나 프로방스의 노래에서, 처녀가 수백 가지 모습으로 변하면서 모든 자연(본능)을 따라 날아오릅니다.

하지만 처녀가 일단 상처를 입고 여자가 되고 나면, 도망치듯 날아다니지 않고 자신을 정복한 사람을 따르고 또 따르려 합니다. 더욱 꼭 붙들리고 싶어합니다. 여기서 그녀는 거짓말을 하지 않습니다. 이렇게 순진하고 겸손하게 애쓰면서 여자는 한 걸음 한 걸음 그 뒤를 쫓으면서 성가시게 하지 않을까 하는 걱정뿐입니다.

"어디든 따라갈 거야."

창의적인 당신이 새롭고 힘겨운 길을 갈 수도 있을 테니까. 그래도 그녀는 따라나섭니다. 그녀는 당신을 이 세상 끝까지 따라갑니다. 공기와 물과 불이 되어…. 이보다 더욱 좋은 일은 그녀가 당신에게 자신의 모든 기운을 불어넣을 수 있다는 사실입니다. 당신이 원한다면 꽃이 되고, 주인공이 됩니다. 하느님의 은혜 아닙니까! 냉담하고 무지하며 거만한 남자는 불행합니다. 모든 것을 가졌다고 생각하면서, 자신을 주고 더 많이 즐

겁게 해주려는 그녀의 달콤한 양보와 무한한 헌신을 이롭게 할
줄 모른다면 말입니다.

❧

남자는 수백 가지 생각을 하고 수백 가지 일에 몰두한다 하
겠지요. 하지만 여자는 아내로서 오직 단 한 사람, 남편뿐입니
다. 당신은 출근을 하면서 혼잣말을 하겠지요.

"내 사랑, 여러 시간 나를 기다리면서 혼자서 뭐 하려고? 내
반쪽인데. 당신이 궁금해하고 당신한테 좋은 것으로 뭘 갖다줘
야 한담? 내 삶이 곧 당신 삶인데."

막상 이렇게 궁리하면서도, 많은 이들이 그렇듯이 낮에 있었
던 걱정이나 실패 끝에 남은 찌꺼기나 들고 돌아와서는 곤란합
니다. 당신은 생존 경쟁의 긴장과 불가분한 노력, 아니면 내일
더욱 잘하겠다는 희망으로 버팁니다. 하지만 그녀는, 가엾은
여자는, 당신에게서 오는 모든 것에 그토록 예민한 이 여자는
그런 소리를 들으면 상처를 입고 오래토록 괴로워합니다. 두
사람을 위해서라도 젊음과 힘이 있어야 합니다. 상황이 심각하
면 심각한 모습으로 귀가해야 하지만, 그렇다고 슬픈 모습을
보여서는 안 됩니다. 어린애 같은 아내를 아끼고 또 아껴야 합
니다.

이런 것을 예방하고 그녀를 강인하게 하는 최선의 방법은 당
신이 하는 일을 조금씩 가르쳐주는 것입니다. 여러 직업에서

가능하지요. 물론 여자가 일에 끼어드는 데 제약이 많은 직종들이 있습니다. 이런 것은 더욱 어렵기도 합니다. 노력과 시간과 의지가 불가분 필요합니다. 두 사람 모두에게 얼마나 유용한 시간이 되겠습니까. 얼마나 감탄할 만한 동료이겠습니까! 얼마나 많은 것을 얻게 되고, 특히 당신의 마음과 가정의 행복에 얼마나 도움을 주겠습니까. 하나가 된다는 것은 이처럼 사실상 힘이요, 휴식이자 자유입니다.

그녀는 당신과 일하길 바랍니다. 그녀의 말을 존중하고, 그저 예의상 들어주는 척하지 말고 진정 사랑으로 그렇게 해야 합니다. 이렇게 처음에 노력을 쏟고 적응하면 모든 것을 훌륭하게 따라가게 됩니다. 그런 놀랍고도 귀한 사례가 있습니다.

우리 시대의 뛰어난 학파를 주도한 훌륭한 의사의 젊은 부인이 있습니다. 그 의사가 총애하는 학생이자 유능한 조수로서 열의와 용기를 겸비한 여인입니다. 난자의 법칙을 찾아내고 정의한 이 의사는 나중에 입증하게 될 사실을 한 여자의 눈을 통해서 보고 또 보았습니다. 이런 관찰과 증명은 가장 소중한 본보기일 것입니다. 이 감탄할 만한 부인은 자신의 몸을 바쳐 부부생활의 비밀을 밝히는 데 이바지했습니다. 이 부인이 없었다면 여자들을 어떻게 이해할 수 있었겠습니까? 엄청난 수수께끼를 따라 영웅이나 해낼 고초를 겪으면서 부인은 우리에게 또 다른 세계를 열어주었습니다. 그때까지 우리는 우연하게 되는 대로, 어둠 속에서 사랑하곤 했습니다. 그러나 이런 발견 이후 우리는 밝은 곳에서 사랑하게 되고, 헛수고도 하지 않게 됐으며, 애정과 행복의 샘에서 사람의 사랑을 만끽하면서 항상 루앙의 마담 푸쉐[『여자의 사랑』을 참고할 것]를 기억하게 되었습니다.

누구든 자기 직업의 성격과 여자의 잠재력을 고려하면서 크든 작든 알맞은 수준의 공동체를 만들 수 있어야 합니다. 전문적인 면과 특수한 세부와 꼼꼼한 실행력에만 집중한 나머지, 자신에게만 갇혀 있지 말고, 그 일을 이해하고 스스로 관심과 열의를 갖도록 동반자에게 전체적인 개념을 알려줘야 합니다.

법률가와 정치인이 하는 일을 여자가 모를 수 있습니다. 이런 일에 여자가 동참하는 경우는 매우 드물지만 그러나 할 수 없는 것도 아닙니다. 그런데 여자는 자연과 관련된 일에서 훨씬 유능합니다. 도의적 동요와 커다란 책임감 때문에 지쳐 돌아올 수밖에 없는 의사는 사교계를 드나들 틈이 없습니다. 그가 살롱에서 즐길 시간은 거의 없습니다. 그러나 죽음과 맞서 싸우며 그를 간접적으로 돕고, 생명과학의 평화로운 연구를 하면서 집에서 쉴 수 있으니 얼마나 다행입니까!

여자의 영혼은 얼마나 다양하기만 합니까! 이미 주목했듯이 남자는 거의 같은 틀에서 교육받아 상투적으로 찍혀 나오는 반면 여자는 더욱 자연스럽고 다양합니다. 한 사람도 닮은 데가 없습니다. 이보다 매혹적인 일도 없습니다.

열대의 바다를 건너는 항해사들은 거대한 공간에서, 끝도 없이 생생하고 다채롭게 빚어지며 눈부신 화단처럼 거대하게 펼쳐지는 물결을 봅니다. 꽃인가요 풀인가요? 아닙니다. 살아 있는 꽃들입니다. 우아하게 살아서 떠다니는 경이로운 붓꽃이지만 의지를 가지고 조직적으로 움직입니다. 여성의 세계도 사회라는 화단에서 그렇게 펼쳐집니다. 단, 꽃이 아니라 영혼입니다.

맹목적이고 육욕에 빠진 남자들은 여자를 애무하고 감탄하면서 이렇게 말합니다.

"꽃이로세, 꺾읍시다. 그 향기를 마시고 즐깁시다. 우리 쾌감을 돋우잖소!"

아! 그 가엾은 꽃을 꺾지 않고 자연 속에서 살도록 놓아두고 가꾼다면 그 쾌감이 얼마나 더 크겠습니까! 그 영혼에 물을 주는 사람에게 매일매일 얼마나 큰 행복을 주겠습니까!

그런데 꽃도 다양하고 재배법도 다양합니다.

접목이 필요할 때가 있고, 다른 씨를 붙여야 할 때도 있습니다. 단 젊고 야생일 때여야 합니다. 부드럽고 수용성과 흡인력이 강합니다. 생명을 스며들게 해주기만 하면 됩니다. 유연할 뿐만 아니라 가볍고 날개가 달렸습니다. 그 사랑의 씨는 바람에 날아갑니다. 그러니 집을 지어주고, 정성껏 돌보고, 무엇보다 거름을 잘 주는 것이 중요합니다.

9

예술과 독서- 공동의 신념

옛날 우리 조상이 부르던 새鳥 노래는 당시의 가벼운 꿈을 들려줍니다.

학교에 들어갔을 때
나는 어수룩했네
학교에 들어갔을 때
나는 어수룩했네
배운 것은 없어도
정다운 말 한마디 건졌다네!
좋은 친구가 생기고 나서
늘 그 말만 했네!

바로 이 '정다운 말 한마디'를 발전시켜야 합니다. 그 말에 무엇이 담겼습니까? 세 가지 구체적인 세계입니다. 별것 아닙니다.

당신이 혼자 일하고 활동하며 생각하는 것을 보는 것만으로도 아내는 행복해하겠지요. 당신에게 즐거움을 준다는 사실만으로도 기뻐하리라는 말입니다. 하지만 당신은 아내를 개성 있는 인격으로 만들고, 점점 더 당신이 생각하는 세계로 초대해야 합니다. 아내가 정신적으로 깊어질수록 당신에게 더욱 유익한 수단을 전해주게 됩니다. 아내를 강하게 만들어야 합니다. 또 자신감을 갖게 해야 합니다. 아내는 당신을 통해서 더욱 자유로움을 느끼면서 애정도 깊어집니다. 더 줄 것이 있어 행복해하고, 의욕적인 사람이 되어 결국 훨씬 더 당신에게 자신을 바치게 됩니다.

새로운 것을 배운다는 것은 보다 교양 있는 사회에서 미래의 축복을 누리는 일입니다. 예술과 과학은 개성을 깊이 이해하는 데에 특별한 지름길입니다. 두 사람이 깊은 애정으로 섞이는 것은 만만치 않은 일입니다. 그러나 예술과 과학이라는 위대한 방법은 새로운 신경을 자극하고, 사랑하는 사람 속에 미지의 사랑의 기관을 터주는 중개자입니다.

전혀 주목받지 못했지만 아내와 재미있게 생각을 합치는 방법이 하나 더 있습니다. 여자는 남자에게는 없는 감각으로 그것을 받아들입니다. 또 우리가 기대할 수도 없는 대단히 매혹적이고 감격스런 형태로 그것을 되돌려줍니다. 남자에게 빛은 여자에게 특히 열熱입니다. 그렇게 사고는 감정이 됩니다. 감정은, 살아 있다면, 강한 신경의 움직임으로 떨립니다. 어떤 생각과 기발한 발상과 유용한 새로움은 남자의 두뇌를 순조롭게 자극합니다. 그렇게 웃고 기분 좋게 놀랍니다. 하지만 여자는 그런 것에서 좋은 것을 느끼고, 인류를 위한 새로운 행복을 느낍니다.

그것은 그녀의 가슴을 치고 두근대게 합니다. 마치 가시에 찔려 찔끔한 듯이 그녀는 오싹하며 울어버릴 듯합니다. 당신은 황급히 손을 잡아주며 진정시키려고 하겠지요. 그래도 감정은 쉽게 가라앉지 않습니다. 파장이 가운데에서 밖으로 더욱 크게 퍼지듯이, 이런 가시에 찔린 아픔은 몸 구석구석, 창자와 존재의 밑바닥까지 퍼집니다. 물론 그녀의 속에 든 모든 것에 늘 다정함이 스며 있듯이, 당신에 대한 사랑으로 녹아듭니다. 아내는 당신에게 몸을 기울여 품에 안깁니다.

예술의 세계를 아내와 함께 섭렵하는 행복은 얼마나 끝이 없습니까! 각각의 예술은 사랑을 찾아가는 길일 뿐입니다. 모든 뛰어난 예술에 사랑이 뒤섞여 있습니다. 종교도 마찬가지입니다. 여전히 또 다른 사랑의 길입니다.

여자를 어떤 높은 신전으로 이끄는 사람이 바로 그녀의 사제이자 애인입니다. 엘로이즈[중세 신학자 아벨라르의 애제자로이 스승과 금지된 사랑을 나누었던 수녀]와 누벨 엘로이즈[장자크 루소의 동명 소설의 여주인공]의 비극은 옛이야기가 아닙니다. 지금 현재와 또 미래의 이야기, 즉 영원한 이야기입니다.

그런 까닭에 처녀는 예술에서 일정한 수준을 이해하기에는 어렵습니다. 또 아버지는 불완전한 선생님일 뿐입니다. 아버지는 처녀인 딸이 무정한 영역을 뛰어넘게 할 수도 없고, 바라지도 않습니다. 그곳으로 데려가기는 합니다만, 딸이 청순한 마음으로 다가갈 때에 제지하고 끌어당깁니다. 즉 "사랑의 신"이사는 신세계의 무서운 문턱에서 발길을 멈춥니다.

예를 들어봅시다. 그림의 경우, 아버지는 딸에게 고상하게 옛날 피렌체 화파를 보여줍니다. 라파엘로의 성모상이나 니콜라 푸생[프랑스 고전주의의 거장]의 지혜로운 그림 같은 것입니다. 만약 그가 코레조의 작품처럼 무서운 전율을 가르쳐준다면 불경한 일이겠지요. 딸에게 「조콘다」(다 빈치의 걸작)의 미소 속에 스러져가는, 이탈리아의 흉측하게 앓고 있는 병든 모습을 낱낱이 설명하기란 부덕한 일일 것입니다.

삶, 감정 속에 살아 있는 삶은 오직 사랑으로만 가르칠 수 있습니다. 뤼벤스가 그린 화사한 금발 미인 「네레이드」는 물거품 속에서 발을 구르며 노래를 흥얼대고 이미 앞날을 생각하고 있는데, 이런 몸짓을 느끼고, 그 어디에 쓸지도 모를 사랑스런 입을 알고 느끼게 된다면 얼마나 난처하겠습니까. 마음속으로야 오죽 잘 알고 있겠습니까.

순수하고 고상하기 그지없는 그리스의 걸작이나 안트베르펜 화가[뤼벤스]의 관능성 같은 것도 없는, 기절한 여인들, 테세우스 신전에서 시들어가는 어머니들을 어떤 처녀가 감히 모사해 그릴 수 있겠습니까?

그녀는 아름다운 옷주름 사이로 훤히 드러나는 두근대며 오르내리는 가슴을 보면서, 그렇게 발산되는 사랑과 모성에 당황하고 말지 않겠습니까. 그렇습니다. 아직은 기다리는 편이 좋겠습니다. 이런 것에 취하고 또 그런 삶을 자신의 것으로 삼는 것은 애인의 눈길을 받거나 남편과 팔짱을 끼고 해야 할 일이겠지요. 그 뜨거운 열기를 받으면서, 그 아름다움을 차분히 맛보는 가운데 자신도 아름다워지고, 그 마음의 결실을 거두겠지요.

음악은 현대의 진정한 영광이자 정신 그 자체입니다. 나는 음악을 "여러 마음을 하나로 녹이는 예술"이라고 정의하고 싶습니다. 그토록 깊은 속내까지 침투하는 예술이자, 그것과 더불어 사랑하는 사람의 더욱 깊은 품속으로 파고들게 됩니다.

거대한 교향곡들, 친구들 간의 음악과 실내악에 대한 뒤메닐과 알렉상드르[저자와 동시대 프랑스 문인들]가 했던 말은 반복하고 싶을 만큼 감탄을 자아냅니다. 하지만 한마디만 덧붙이겠습니다. 즉, 남자가 여자에게 주는 모든 것은 사랑의 음악이자 가정과 규방의 음악입니다. 결혼이 뭡니까? 이중창입니다. 자기 마음을 기울이는 게 아니라 한순간에 주고, "자신을 바칩니다."

원하는 것 이상으로. 그녀가 매일 저녁 첫 키스처럼 두 사람을 뒤섞는 것 같은 정념에 들떠, 누구든 마주치는 사람 앞에서 노래하는 것을 무엇이라 하겠습니까. 애인이나 남편은 훨씬 나중 일입니다. 음악에 젖은 그녀에게서 무엇을 더 바라겠습니까.

이렇듯 매일매일 세레나데에 젖는 마음을 갖는 여자는 얼마나 행복합니까! 그녀는 이런 말을 합니다.

"내가 가진 모든 것을 줄께요. 내 사상? 그건 안 돼요. 너무 무지하거든요! 그래도 당신하고라면 갖게 되겠지요. 내가 줄 수 있는 건 내 숨결이예요. 내 뛰는 가슴과 떠다니는 혼이예요. 내 사랑은 그냥 뿌연 그림자처럼 꿈속을 헤매고 있어요. 그러니까 나랑 내 꿈을 함께 잡아봐요!"

그는 이렇게 답합니다.

"나는 왜 이렇게 음악에 젬병일까! 너무 야만적으로 살았나봐."

그녀는 바라는 만큼 감흥에 젖어보려 합니다. 하지만 여의치 않습니다. 음악은 너무나 순수하고 고상하기 때문입니다!

그는 사랑의 높은 하늘 속으로 금빛 날개를 달고 날아봅니다. 그는 그녀의 목소리를 따라해보고 싶지만 우선 엄두가 안 나 조그맣게 웅얼대봅니다. 그는 쑥스러워하며 자제합니다.

그러다가 차츰 노래를 시작해 그녀를 떨게 합니다. 기분 좋게 죽이 맞은 그녀는 그를 따라하면서 흥분합니다. 아, 얼마나 하나로 어우러집니까!

하지만 감흥이 너무 앞서 소리도 줄어들고, 노래는 깊은 조화의 심연 속으로 사라집니다.

음악은 왕관입니다. 예술의 완벽한 꽃입니다. 그렇지만 지금처럼 음악을 교육의 기본 바탕으로 삼는다는 것은 무의미할 뿐만 아니라 분명히 위험한 일입니다.

음악은 과거가 거의 없는 예술입니다. 반대로 회화는 거의 어느 시대에나 나타난 긴 역사가 있습니다. 회화만이 풍부하고 다양한 이력을 갖고 있습니다. 모든 시대에 조각과 회화는 모방할만한 모범을 내놓은 것만이 아니라, 지성의 모방에 더욱 풍부한 교재가 되었습니다. 이런 교재들이 모범적인 문학작품들과 경이롭게 합쳐지면서 그것을 보완했습니다. 라블레〔프랑스 중세 말의 음유시인〕와 셰익스피어가 표현하지 못한 이런 생각 저런 미묘한 맛과 당대의 면모를, 다빈치와 코레조와 미켈란젤로와 장 구종〔프랑스 르네상스 조각가〕이 표현했습니다.

아버지가 슬쩍 지나치도록 하거나 감추려는 너무 열렬한 책들이〔즉 그림들이〕 바로 당신 앞에 펼쳐져 있습니다. 당신과 소중한 그녀가 삶의 모든 보물과 역사와 자연의 경전들 사이를 누빈다는 것은 얼마나 행복한 일입니까! 그 충만한 조화에 당신은 귀를 기울이며 믿음을 갖게 됩니다. 매일 저녁 너무 흥분하진 말고서, 해롭지 않을 정도로, 다정한 말을 섞어가며 이런 유익한 그림을 감상한다면, 그녀는 보편적인 사랑 같은 것, 하느님의 새로운 면모에 눈을 뜨게 되지 않겠습니까. 이제 그녀는 모든 것을 제대로 알 수 있습니다. 여자이니까요. 처녀 때라면 당혹해했을 것이 이제 그녀의 마음을 건강하게 하고, 당신 곁에서 달콤한 잠에 들어 길몽을 꾸게 합니다.

여자는 사랑을 통해서 모든 것을 받아들입니다. 바로 이것이 그녀의 세련된 교양입니다.

사소하고 평범한 것도 그녀의 양식이 되겠습니까? 그런 것이야 쉽게 해결하려는 핑계에 불과합니다. 그러면서 중요하고 강한 것이 무엇인지 모릅니다. 바로 소박한 것입니다. 여자는 겸손하게 말합니다.

"이런 대작은 남자들이나 읽으라고 하지 뭐. 나는 소설이나 읽을래."

그러나 이런 허술하고 싱거운 소설들, 경박한 사랑의 모습들도 상당히 착잡한 사건들로 얽혀 있습니다.

그래도 항상 더 높이 바라봅시다. 저기, 큰 빛이 퍼지는 곳, 저기 마음의 힘과 진정 순수한 세계를.

사람들이 사랑을 어디서 찾고 있습니까? 발자크의 소설에서 찾는 여자들이 있습니다. 마담 조르주 상드는 좀 나을지 모릅니다. 그녀의 소설에는 최소한 이상을 향한 기운이 넘칩니다. 더욱 좋은 것이 있다면, 에스파냐의 영웅『엘 시드』라든가『로미오와 줄리엣』은 어떻습니까? 괴테의『사콘탈라』와 베르길리우스의『디도』는 또 어떻고요?

그러나 모든 인간의 작품 저 위로, 저 엄청나게 높은 곳에, 고대의 위대한 전설들이 모든 것을 압도하고 모든 것을 창피하게 만듭니다.

우리의 진보 관념은 환상을 낳을 뿐입니다. 고대세계는 무한히 파고들 소재를 전해줍니다. 바로 그것이 진보의 밭입니다. 그런데 진보를 향해 열심히 기를 쓰면서, 그 고대의 청년은 두 발로 세계의 양극을 딛고 있습니다. 고대 문명은 신성한 단순성으로 여러 거인을 빚어냈습니다. 그렇게 영웅적인 결혼은 페르시아에서도 고상한 전형을 낳았지만 로마에서는 시들고 천박해졌습니다. 그러는 가운데 선의와 의욕, 감탄할 만한 생명력과 본능적인 애착, 육체적 사랑까지도 보편적인 은혜의 강물이 되어 콸콸 흘러내렸습니다. 바로 이집트의 전설입니다. 더는 아무것도 덧붙여지지 못했습니다. 그저 감탄할 뿐입니다.

10

아프리카의 위대한 전설- 착한 여신

이집트의 이프삼불과, 멤피스 또는 이탈리아 토리노 박물관에서 보는 람세스 상은 이집트 예술의 걸작으로, 권력자로서 유일하게 선량한 성격과 숭고한 태평함을 보여줍니다. 이 석상의 특유하다고 생각되는 이런 표정을 나는 레이덴[네덜란드] 박물관에 있는 아름다운 미라에서도 다시 보았습니다. 이것도 청년의 것입니다. 이것은 민족성일 텐데, 면도날로 깎아낸 듯 강퍅하고 건조한 아랍의 것과 완전히 상반됩니다. 이 이집트 석상은 지극히 부드럽고 꽉 찬 느낌이면서 육중해 보이지 않고, 모든 정신적 특징이 평화롭게 피어나는 듯합니다. 내부의 광채로 물질적 형태를 성스럽게 축복하면서 그 얼굴 위에 마음이 떠오릅니다.

이 예외적인 선한 인상은 개성마저 넘어섭니다. 즉 한 세계를 폭로합니다. 거기에서 위대한 이집트는 마치 다른 어느 세계와도 단절된, 심오한 아프리카의 신성한 미소와 환희와 정신적 축제를 벌이는 것 같습니다.

흑인 이상으로 가장 고상한 아프리카인의 전형은 이집트 사람 같습니다. 예수 탄생 이전부터 마호메드 시대까지—심지어 지금까지도—그토록 불운하게 줄곧 쇠락해온 가난한 이집트 농민은 지성이 뛰어나고 보기 드문 솜씨를 지닌 사람들입니다. 부족장에게 고용되어 일하던 한 기술자는 이런 말을 했습니다. 자기 공방에서 함께 일하는 원주민들은 놀라운 집중력으로 단 보름 만에 자신을 완벽하게 모방했는데, 유럽인이라면 2년쯤 걸릴 텐데, 그들은 단기간에 그런 빼어난 일꾼이 된다는 것입니다.

이런 것은 사실 일을 기분 좋게 해주고 싶어하는 이 사람들의 온순함 덕분이기도 합니다. 이 빼어난 민족은 사랑을 주고 받기만을 원합니다. 그들 개인과 가족은 항상 권력의 잔인한 제물이 되면서 가족 간의 정은 더욱 깊어질 수밖에 없습니다. 남자는 과도한 노동으로 일찍 사망하고, 아이는 민병대에게 빼앗기며 눈물과 피와 애도가 끊이지 않습니다. 자신의 짝 오시리스를 찾는 고대 이시스의 탄식은 이집트에서 그친 적이 없습니다. 그 기나긴 강[같은 세월]을 따라 매번 다시 시작되는 그 통곡을 듣습니다.

이런 통곡하는 모습을 모든 지방의 그림과 조각에서 볼 수 있습니다. 이런 애도의 기념비는 무엇입니까. 구할 수 있는 사람을 구하려는 무한한 배려와, 헤어진 사람을 신에게 바치려고 소원을 써넣은 띠로 주검을 감싼 유해는 다 무엇입니까? 나는 이집트에 가본 적이 없습니다. 그러나 국내의 이집트 박물관들을 찾아가보면서 그 민족의 이런 어마어마한 노력, 가장 가난한 사람들도 감당하곤 했던 그 엄청난 지출은, 바로 사랑하는 사람[또는 대상, 이집트 사람은 애완견, 고양이, 새 등의 미라도 만들었다]을 계속 간직하고, 또 그 죽음을 따라가고 싶어하는 인간의 마음을 보여주는 가장 열렬한 의욕입니다.

그 시대까지 종교는 대서사시를 펼쳤습니다. 그러나 이제 새로운 사건이 터졌습니다. 즉 새로운 수호신들이 유럽과 아시에서 태어났습니다.

우선 그 광경을 살펴봅시다. 노동과 눈물의 땅인, 이집트 그 자체가 하나의 축제입니다. 환희의 고장입니다. 검은 세계의 뜨거운 자궁인 아프리카, 그 불타는 가슴 북쪽 끝에서 약속의 땅의 계곡이 시작됩니다. 비옥한 물줄기가 이름을 알 수 없는 산들에서 흘러내려옵니다. 타는 갈증으로 죽어가던 여행자가 마침내 모래사막을 빠져나와 꿈같은 오아시스를 만났을 때의 열광적인 기쁨이 어떠했겠습니까. 그런데 이집트는 결국 아프리카 다른 나라들의 거대한 오아시스입니다.

이집트에서 모든 것은 이시스 여신에게서 시작해서 이시스로 끝납니다. 여자가 지배하기 때문입니다. 고대 그리스 철학자 디오도루스는 주목할 만한 이야기를 전했습니다. 이집트에서 남편은 아내에게 복종했다는 것입니다. 이는 여성의 우위라는 사실을 조금 과장한 표현입니다.

아프리카의 최고위 수호신, 고대 이집트의 여왕 이시스는 항상 수태의 상징물로 장식됩니다. 사랑의 꽃잎이 든 술잔과 연꽃이 새겨진 홀장을 짚고 있습니다. 이 여신은 머리 위에 왕관 대신 절대로 "끝까지" 울지 않는 탐욕스런 새, 독수리 장식을 올린 모습입니다. 이런 기이한 머리장식에서 그런 갈망이 헛되지 않다는 것을 보여주려고, 그 독수리 위로 다산하는 암소 장식을 올려 모성을 암시합니다. 즉 다복한 출산과 어머니의 영원한 선의, 이것이야말로 아프리카의 열기를 영광스럽고 순수하게 합니다. 방금 전의 죽음과 애도, 영원한 탄식이 매우 훌륭하게 신성해집니다.

여러 종교가 단지 자연과 기후, 대륙과 민족의 운명적인 재능에서만 나오는 것일까요? 물론 그 이상입니다. 간절한 마음에서 나옵니다. 종교는 언제나 상처받은 영혼의 고통에서 솟아납니다. 인간은 화살에 찔린 자리에서, 고통에 신음하는 한 그루 나무처럼 새로운 위안의 열매를 키워냅니다. 고대 이집트 종교는 바로 이런 열매를 가장 훌륭하게 증언합니다. 그 종교는 부지런하고 가난한 민족의 숭고한 위로를 표현합니다. 쉬지 않고 일하며, 자신과 가족의 죽음을 똑같이 느끼면서, 이 민족은 불멸의 자연에서 위안을 찾고 자신의 부활을 믿으며 대자연에 그 소망을 빌었습니다.

깊이 감동한 자연은 이들에게 영생을 기약했습니다.

이 위대한 민중적 관념의 강력한 독창성은 인류와 땅과 하늘이, 처음으로 한 해라는 시간을 무대로 세 주인공이 되어 협연한다는 것입니다. 한 해는 다시 태어나기 위해 죽을 뿐입니다. 사랑도 이와 같은 관념에 따라 영혼의 영원한 재생과 부활을 믿었습니다.

그 산에서 모든 산을 압도하며 층층이 솟은 현무암 봉우리〔피라미드〕를 보면서, 나는 어떤 어마어마한 깊이에서, 또 어떤 어마어마한 힘으로 이 위대한 재능이 솟아날 수 있었을까 자문하게 됩니다. 이집트 종교는 이런 점에서 경악할 만합니다. 따뜻함인지 사랑인지 슬픔인지, 어디에서 그 깊은 샘이 솟아날까요? 자연이라는 심연입니다!

세계의 어머니로서 밤은 모든 시간에 앞서 이시스와 오시리스라는 딸과 아들을 잉태했습니다. 그러나 이 둘은 이미 어머니 품에서 서로 사랑했을 뿐 아니라 너무 하나가 된 나머지 이시스는 임신을 했습니다. 그러기 전에도 그녀는 이미 어머니였습니다. 그녀는 호루스라는 아들이 있었습니다. 그런데 바로 이 호루스는 그녀의 아버지이기도 합니다. 또 다른 선과 미와 빛의 신으로서 또 하나의 오시리스입니다. 이렇게 그들은 셋으로 태어났습니다(경이롭습니다! 어머니, 아버지 아들이 같은 나이, 같은 사랑, 같은 마음이라니).

얼마나 기쁜 일입니까! 이렇게 신성한 제단에 여자, 남자, 아기를 함께 모십니다. 그런데 이들이 살아 있는 인간적 존재들이라는 점을 주목해야 합니다. 고대의 세 종교를 어색하게 결합한 인도처럼, 환상적인 삼위일체의 존재가 아닙니다. 그렇다고 비잔티움에서 갑자기 형이상학으로 추론해낸 교부학적 삼위일체도 아닙니다. 여기서는 다른 것이 아니라 삶입니다. 자연이 타오르면서 그 세 인격을 낳습니다.

그러니 그때까지 신들은 얼마나 야만적이고 무시무시했습니까! 인도의 시바 여신은 눈을 감고 있습니다. 그 집어삼킬 듯한 시선에 세상이 녹아 사라질까봐 그렇습니다. 순수한 사람들의 신, 페르시아의 불의 신[배화교]은 세상에 존재하는 모든 것에 굶주렸습니다. 하지만 이집트에서, 제단에 올라 숭배받는 것은 자연 그 자체입니다. 어머니의 눈으로 창조 작용을 축복하는 가족의 다정한 모습으로 나타나는 자연입니다. 위대한 신은 그저 어머니일 뿐입니다—그러니 얼마나 마음이 놓입니까! 검은 아프리카가 얼마나 무서웠습니까. 짐승들이 들끓고, 사자와 악어의 무서운 이미지는 악몽만을 떠올리게 하지 않았습니까.

하지만 이제 이렇게 인간적이며 여성적으로 온화한 모습입니다. 사랑이 많은 아프리카 사람은 그 깊은 욕구로 지상의 초기 종교 가운데 가장 감동적인 대상을 고취합니다. 무엇일까요? 실제로 살아 있는, 착하고 생산적인 여성입니다.

얼마나 열렬하고도 순수합니까! 차가운 존재론적 교리에 비해 열렬합니다. 사이비 개념과 극성스런 부패, 수상한 세계에서 나온 오늘의 과장된 이론에 비해 순수합니다.

기쁨이 터져나옵니다. 완전히 순박하고 민중적이며 엄청난 기쁨입니다. 갈증에 타는 아프리카의 기쁨인 물이자 홍수, 어디서 오는 줄도 모르는 기적적인 바다입니다. 대지를 가득 채우며 행복에 젖게 합니다. 가장 작은 핏줄기까지 구불구불 흘러들어가면서 단 한 줌의 모래도 목마르다 투덜대지 않게 합니다. 바짝 마른 작은 운하들은 촐랑대며 찾아와 시원하게 축여주는 물을 웃음으로 반깁니다. 초목의 웃음도 진심에서 우러납니다. 구원의 물결이 자기 잔뿌리를 제끼며 발을 타고 잎으로 올라가면서 말랑말랑해진 줄기가 안도의 숨을 내쉬며 휘청거리게 합니다. 사랑과 순수한 쾌락의 거대한 구경거리를 펼치는 장면입니다. 이 모든 것이 위대한 이시스의 크나큰 사랑으로 넘칩니다.

착한 이시스는 일에 매진합니다. 바로 그가 이집트를 세웠습니다. 이 땅은 그의 자식입니다. 그는 이집트 문화를 만들었습니다. 그는 거기에 생명을 주는 예술을 빚어냈습니다. 하지만 영원한 것은 없습니다.

신들도 하나둘 사라집니다. 이시스의 품에 모든 과일과 유익한 것의 씨를 부렸던 선의로 타오르는 태양도 그녀의 품에서 모든 것을 창조할 순 있어도, 영원한 시간만은 예외입니다. 어느 날 아침 태양도 사라집니다. 아! 막막한 공허가 밀려듭니다! 그는 어디로 갔을까요! 이시스는 황망하게 그를 찾아나섭니다.

소아시아에 널리 퍼진 우울한 교리에 따르면 "신들도 죽는다"고 합니다. 이 시리아와 소아시아와 그 주변 섬들에서 통용되는 교리는 혹독한 아프리카에서 건너왔을 듯합니다. 삶에 대해 그토록 강하고 늘 살아 있는 감정이 넘치는 땅에서.

그렇지만 어떻게 그것을 모를 수 있겠습니까? 모든 것이 죽습니다. 생명의 아버지인 나일강도 말라붙습니다. 한 계절 동안 태양은 자신을 잃고, 창백하게 빛을 잃습니다.

오시리스도 삶도 여신도 모두 죽고, 잔인한 죽음에 사지가 뿔뿔이 흩어집니다. 눈물에 젖은 아내는 그의 유해를 거둡니다. 머리를 쥐어뜯으며 자신이 찾는 것만 없다고 한탄합니다.

"아이고! 목숨이 붙어 있어야지요. 살아 있을 힘이 있어야지요! 사랑의 신성한 힘이 없다면 이 세상이 다 무슨 소용이에요? 지금 당신 어디 있어요?"

그녀는 나일강과 이집트에 하소연합니다. 이집트는 그녀가 영원한 출산의 능력을 포기하지 않도록 염려할 뿐입니다. 그러나 이렇게 큰 고통은 기적을 낳기 마련입니다.

애정과 죽음의 격렬한 싸움에서 갈기갈기 찢긴 오시리스는 의지를 다해 기를 쓰면서 되살아나 그녀에게 돌아옵니다. 죽은 자의 사랑은 너무나 커서 그 힘으로 그는 마지막 욕구를 되살립니다. 그가 사지에서 돌아온 것은 오직 그녀를 다시 한 번 어머니로 만들려 했기 때문입니다. 아! 그녀가 그를 얼마나 미친 듯이 끌어안고 탐했겠습니까! 그래도 그 포옹은 이별의 포옹일 뿐입니다. 이시스의 뜨거운 가슴으로도 그 얼어붙은 생명의 씨를 다시 녹이지는 못할 것입니다. 그래서 어떻단 말입니까? 슬프고 창백하더라도, 거기서 자란 열매는 생명 이전에 결실을 거두었고 또 그 이후로도 거두게 될 지고한 사랑의 승리를 보여줄 것입니다.

이런 소박한 전설에 대한 해석에서 심오한 천문학적 상징성을 부여하기도 합니다. 또 분명히 일찍부터 인간의 운명과 한 해의 운행, 태양의 이지러짐 등이 우연히 일치하는 현상을 느끼고 있었습니다. 그렇지만 이런 것은 부차적이며 나중에 관찰되고 추가된 것입니다. 맨 처음 기원은 인간적인 것입니다. 가엾은 이집트 과부의 실질적인 상처와 그 위로할 수 없는 애도에서 나온 것입니다.

다른 한편 아프리카의 자연환경이 지닌 색채는 환상이 아닙니다. 갈증을 채우려는 욕구와 육체적 쾌감에 대한 아쉬움은 이곳에서는 다른 곳과 완전히 다릅니다. 이런 갈구에서 자연은 물론 답해주는 부분이 있습니다. 그렇지만 이시스가 원하는 것은 남성이 아니라 자신이 오직 사랑하는 단 하나뿐입니다. "타인이 아니라 자기 자신[이자 자기 것]", 언제나 똑같은 것입니다. 이런 감정은 대단히 절대적이며 "완전히 개인적인" 것입니다. 이런 감정을, 유해에 쏟는 무한한 정성에서 볼 수 있습니다. 단 한 요소도 잃지 않은 채, 죽음으로도 변치 않고 어느 날 유일한 사랑의 대상이 완전하게 되살아날 수 있도록.

"나는 내 사람이었고 바로 나 자신이었던 사람을 기다리고 있어요. 내 절반이었던 사람을요. 이렇게 간절한데 그가 다시 살아나겠지요. 풍뎅이도 페닉스도 퍼뜩 살아나잖아요. 해는 일 년 만에 다시 태어나지요. 그렇게 원하니 그가 다시 태어나겠지요. 내가 생명이 아니던가요. 또 자연이 영원하지 않던가요? 그가 어느 날 사라졌다가도 분명 내게 되돌아올 거예요. 나는 그를 느끼고 내 속에 그를 담고 있어요. 내가 태어나기도 전부터 그가 내 속에 있었어요. 나는 그의 누이였고 애인이었어요. 그리고 어머니이기도 했지요."

순진하고도 심오한 진실입니다. 처음으로 신화적 형식을 빌려 설명한 사랑의 삼중적인 수수께끼입니다. 살아가는 일에서 남자의 진정한 누이인 아내는, 저녁에 달래주고 머리를 쉬게 해주는 이상으로 그를 현혹하고, 지치게 하고, 마치 유모처럼 재우며, 또 그를 품고서 새 생명을 낳아주고, 오로라의 눈부신 빛으로 깨어나 모든 것을 잊게 하고, 젊음을 되찾도록 합니다. 바로 이것이 결혼의 힘입니다(일시적인 관능적 쾌락이 아니라). 이것이 오래갈수록 아내는 더욱 남편의 어머니가 되고, 그는 더욱 그녀의 아들이 됩니다.

이 지점에서 영원불멸의 보장이란 일단 서로 헤어져야만 되돌아온다는 것 아닙니까! 이시스 속에 오시리스가 들어 있고 또 그녀의 '모정'은 너무나 뜨거워서 어떤 이별도 꿈에 불과할 뿐입니다.

지순하기 그지없는 이렇게 포근한 전설에서 결코 뛰어넘지 못할 불멸에 대한 놀라운 친밀감이 있습니다. 상심한 사람 누구나, 비통한 과부든 어린 고아든 희망을 가져야 합니다. 그들은 울고 이시스도 울지만, 이시스는 절망하지 않습니다. 죽은 오시리스는 죽어서도 여전히 살아 있습니다. 그는 그의 어린 아들 아피스 속에서 꾸준히 되살아납니다. 거기에서 그는 영혼의 목자로서 어두운 세계(저승)를 유순하게 지키고 있으니, 당신이 잃은 사람도 그의 곁에 있습니다. 전혀 걱정하지 맙시다.

그는 거기 그렇게 살아 있습니다. 그가 어느 날엔가 되돌아와 당신에게 자신의 몸을 달라고 할 것입니다. 그 소중한 육신을 정성으로 싸둡시다. 향과 기도와 뜨거운 눈물로 그것을 미라로 만듭시다. 그리고 당신 곁에 모셔둡시다. 그러면 어느 아름다운 날, 영혼들을 주관하는 하늘의 아버지께서 어둠의 왕국에서 나와 당신에게 그 귀한 혼을 돌려줄 것입니다. 그리고 그의 육신에 그것을 다시 집어넣을 것입니다. 그러면서 이런 말을 할 것입니다.

"당신을 위해 지켰다오."

영원한 혼—아시아의 교리처럼 모호하거나 비인격적인 것이 아니라—어떤 개인의 혼, 사랑받은 혼, 사랑으로 바쳤기에 신성하고 영원해진 그런 혼, 뜨거운 사랑으로 불멸성을 얻은 사람, 한 여자의 애통한 눈물로 맺어지고 또 '복귀'를 약속해 준 하느님의 선의—이 숭고한 축복이 이제 모든 사람에게 깃듭니다.

하느님은 선한 사람에게만 약속을 지킵니다. 악한 사람들과 구별합니다. 이렇게 처음으로 하느님의 심판과 정의라는 관념이 등장합니다.

그런 정의와 심판을 기다리면서 일하고, 영원한 것을 건설하며, 우리의 기억을 이어가고, 대리석과 화강암처럼 확고한 신념의 언어로 미래를 이야기합니다. 이집트 전체가 마치 한 권의 책 같습니다. 그 속에서 모든 지혜가 하나씩 나타납니다.

그 이후로 모든 민족이 지속성을 모방하고 경쟁합니다. 쌓고 또 쌓아둡니다. 매일 인류의 유산이 풍요롭게 늘어갑니다.

이렇게 기술과 예술, 노동, 불멸에 대한 찬란한 전설이 온 세상을 비옥하게 했습니다.

11

여자는 남자를 어떻게 능가하는가

선생은 제자가 자신을 능가하는 것을 볼 때 행복해합니다. 남자로부터 줄곧 교양을 쌓던 여자가 그의 사고를 깊게 소화하다보면 어느 날 아침 문득 자신이 그보다 더 낫다고 믿게 됩니다.

여자는 이런 새로운 요소와 남자의 열의 없이는 만개하기 어려웠을 자신의 개인적 재능으로 우월해집니다. 유연한 감흥과 본능적인 연민 같은 것이 여자에게 있습니다. 하지만 여자들은 우선 사랑으로써 피어납니다. 여기에 하늘이 준 선물까지 있습니다(다른 어떤 것보다 고상하며 인류를 완전히 차별화해주는 것인데). 바로 선량하고 매력적인 여자의 마음입니다. 모든 사람을 안심시키는 동정심과 가여움을 앞세우는 지성으로 가득한 마음입니다.

여자는 온순하고 겸손합니다. 그 청춘을 의식하지도 않지만,

남자는 강합니다. 하지만 여자는 신성합니다. 여자는 남자의 팔에 기대고 있지만 제 날개가 있습니다. 여자는 약하고 아파하지만, 바로 그렇게 힘들어하는 눈빛에서 그것을 알릴 때, 당신의 이 소중한 무녀는 오를 수 없는 높은 곳을 거닐고 있는 중입니다.

늘 빛을 냅니다. 여자를 식물원에 데려가면 그곳에서 알프스와 미국의 처녀림을 상상합니다. 미술관에 데려가면 미술관이 없던 시절을 생각하고, 도시 전체가 마치 로마의 신전을 본뜬 벽화로 둘러싸인 미술관이던 그런 시대를 생각합니다. 예술가들의 부지런한 협동 작업에서 여자는 미래에 전 인류가 보편적인 우애에 최종적으로 합의하면서 결성할, 민족들의 거대한 협연 같은 것을 해야 한다고 보챕니다.

남자는 강합니다. 하지만 여자는 신성합니다. 마치 자연의 딸이나 자매 같습니다. 여자는 남자의 팔에 기대고 있지만 제 날개가 있습니다. 여자는 약하고 아파하지만, 바로 그렇게 힘 심란한 눈빛으로 그것을 알릴 때, 당신의 이 소중한 무녀는 오를 수 없는 높은 곳을 거닐고 있는 중입니다. 어떻게 그렇게 높이 올라갔는지 누가 알겠습니까?

당신의 애정이 크게 작용했습니다. 만약에 그녀가 이런 힘을 갖고 있고, 또 아내요 어머니로서 남편과 하나 되어 결혼생활 중에서도 수수께끼 같은 처녀의 마력을 간직하고 있다면, 그것은 당신이 이 보물을 감싸고 부양하는 동안 생활을 둘로 갈라 놓았기 때문입니다. 즉 당신이 생존 경쟁과 거친 노동에 몰입하고 있을 때, 여자는 평화와 사랑, 엄마 노릇과 예술과 안락한 가정을 만들고 있었습니다.

당신 참 잘한 일 아닙니까! 얼마나 고마운 일인가요, 아! 하느님의 등불이 타오르는 비할 데 없이 고운 백자초롱처럼 깨지기 쉬울 테니, 잘 다루어야 하고 경건한 손으로 들어야 하며, 그 뜨거운 가슴을 곁에서 지켜야 하지 않겠습니까!

노동자 양반, 하루하루 직장일의 고된 어려움을 아내와 함께 나누면서, 인간의 가장 소중한 귀족인 아기와 여자들만이 지닌 고상함을 지킬 수 있지 않겠습니까. 아내가 곧 당신의 고상함입니다. 당신 자신을 높이는…. 가령 당신이 일터에서 지쳐 헐떡이며 돌아온다면 젊은 활력에 넘치는 아내는 당신에게 그 젊음을 부어주고, 당신을 건강한 활력으로 넘치게 하고, 신이 되게 할 것입니다. "키스 한 방으로!"

이런 신성한 사람이 곁에 있으니, 당신은 거칠고 비좁은 길로 정신없이 빠져들지 않는 것입니다. 당신은 항상 당신이 끌어올려놓은 바로 그 자리에서 당신의 소중한 제자를 따르기 위해 더욱 넓고 깊게 생각해야겠다는 행복한 마음을 먹게 됩니다. 당신의 젊은 아내, 겸손하게 당신의 학생이라 말하는 아내는, 아이고 선생 나리, 당신을 일에 갇힌 근시안이 되도록 내버려두지 않을 것입니다. 언제나 자신을 도와달라고 손을 내밀고, 아름답고 고상한 것과 어울리라 할 것입니다. 이런 어린 동무의 소박한 요구에 응하다보면 당신은 크게 될 수밖에 없습니다.

그녀는 작지만 고상합니다. 그녀는 위아래로 폭도 더욱 넓습니다. 당신보다 음역이 더욱 넓은 리라[현악기]입니다. 단 완벽하진 않습니다. 가운데 현이 약하기 때문입니다. 여자는 남자가 놓치는 섬세한 부분을 파악합니다. 게다가 우리 머리 위로 미래와 눈에 띄지도 않는 것을 바라보고, 몸을 통해서 정신세계를 꿰뚫어보기도 합니다.

그런데 여자가 작은 것을 활용하는 능력과 큰일을 이끌기도 하는 무녀 같은 능력에는 집중되고 풍성해질 수 있는, 차분하고 일관되고 강한 구심력이 부족합니다. 대부분의 여자는 한 달의 시계에 따라 이행기를 거치지 않고서 급하게 변합니다. 시적인 매력은 시들해지고 시시하던 것이 시적인 감흥을 띠기도 하지만, 종종 느닷없는 폭풍우와 북풍 한파가 몰아칩니다. 변덕스런 프로방스 날씨 같습니다.

한 유명한 논객이 이런 수수께끼 같은 여자의 역량을 비웃었습니다. 그는 이렇게 반박의 여지없는 능력을 부인했습니다. 그는 그것을 얕잡아보면서, 여성의 자발적인 영감靈感을 남성이 물려받은 고질적이고 위험한, 신경증인 '몽유병'과 혼동하는 듯합니다. 그는 "생리적으로 불가피한 것 외에" 그토록 불확실한 능력을 무엇이라고 하겠냐면서 의심합니다.

물론 영감이라는 것이 매우 자발적일지라도 완전히 자유로운 것은 아닙니다. 거기에는 운명적으로 상당히 불가분한 면이 있습니다. 만약 이런 것 때문에 그것을 낮추어본다면, 훌륭한 예술가들은 남자들이 아니라고 해야 할 것입니다. 어쩌면 여자들을 렘브란트, 모차르트, 코레조, 베토벤, 단테, 셰익스피어 같은 예술가들과 동격에 올려놓아야 할지 모릅니다. 논리성에만 전적으로 의존한다고 생각하는 사람들은 여자의 영감에서 나오는 힘 같은 것을 절대로 포기하지 않잖습니까? 가장 확고한 논객들에게서도 그와 같은 자취가 보입니다. 그들이 아무리 예술적인 소양이 없더라도, 그들은 자신들도 모르게 그 수수께끼 같은 요정의 세계로 빠지곤 합니다.

프루동이 말했듯이 여자가 "감수성만 풍부하다"라고만 할 수는 없습니다. 여자는 남자에게 사상이나 현실에서 영향력을 행사하는 "생산적"인 존재입니다. 다만 그 사고가 분명한 현실로 이어지지 않을 뿐입니다. 그래서 만들어내는 것이 거의 없습니다.

일반적으로 여자는 정치에 접근하기 어렵습니다. 정치판에서는 남성적이고 역동적이어야 합니다. 그러나 여자는 질서에 대한 감각이 있고, 행정적인 능력이 매우 뛰어납니다.

지금까지 여자는 위대한 예술적 창작을 하지 못했습니다. 문명의 위대한 걸작은 남자의 재능으로 거두었습니다.

바로 이런 사정 때문에 남자는 어리석은 자존심이라는 허영심에 젖었습니다. "남녀는 불완전하고 상대적인 두 사람입니다. 완전한 하나의 절반일 뿐." 그러니 서로 사랑하고 존중해야 합니다.

"여자는 상대적입니다." 여자는 자신을 위해 모든 것을 만들어내는 남자를 존경해야 합니다. 여자의 양식도 행복도 부도, 남자에게서 옵니다.

"남자는 상대적입니다." 남자는 남자를 만들고, 남자에게 즐거움을 주는 여자를 예찬하고 존경해야 합니다. 어느 시대에나 영원한 욕망의 마술로써 문명과 예술이라는 불꽃을 태우게 하는 여자입니다. 매일 저녁 여자는 이런 일을 반복합니다. 남자에게 삶의 두 가지 힘을 줍니다. 평정을 찾아주고 그 불꽃을 연장하면서.

여자는 이렇게 창조자를 창조합니다. 이보다 더 위대한 것은 없습니다.

여자가 자기에게 걸맞지 않은 일을 전혀 하지 않는다고 나무라는 것이 아닙니다. 때때로 여자는 지나치게 자신의 고귀한 매력만 느낄 뿐, 창조적 세계를 이해하려들지 않는다는 점을 꼬집고 싶을 뿐입니다. 남자라는 이 큰 일꾼의 생산력과 풍부한 힘, 그리고 놀라운 노력을. 그런 것이 있는지조차에 대해 무심하기도 합니다.

여자는 아름답고 아름다움만 사랑합니다. 노력하지 않아도 그렇게 주어진 것입니다. 여자가 이해하기 어려운 아름다움이 있습니다. 일하는 아름다움, 아름다운 것을 만들어내지만 그것

보다 더욱 아름다운, 거의 숭고함에 이르는 영웅적인 노동의
아름다움입니다.

이 가엾은 일꾼은 여자가 그 결과만을 보는 데에 슬퍼합니
다. 여자는 원인에 찬사를 보내기는커녕 무시하기도 하지 않습
니까! 그토록 값진 것인데도, 여자를 위해서 쏟았던 노력인데
도 그녀를 더욱 실망시키게 되다니!

"내 일이나 해야겠어요. 그녀를 끌어들이지 않으렵니다. 그
녀는 오래전부터 내 곁에 있었어도 내가 진정으로 그녀를 가진
적은 없어요."

이렇게 어느 날 늘 성실하고 깊은 애정으로 아내를 사랑하
는, 남자다운 사람이 이런 말을 한다니 너무 이상합니다. 눈부
시지만 온순하고, 상냥하며 사랑스러운 아내를 진지하게 반박
하기는 어렵습니다. 아내의 잘못이라고 해봐야 계속 우월해지
고 돋보이기만 한다는 점입니다. 그는 조금 서글퍼합니다. 그
녀는 우선 그녀 자신이 원했든 원치 않았든, 남편이 일에 몰두
해왔던 곳과는 별도의 세계에서 살았던, 귀한 우상 같은 애당
초의 모습이 아닙니다.

이런 남자들이 전형적으로 내가 '교육'이라는 장에서 들었
던 사람입니다.

"현대의 남자는 기본적으로 일하는 사람입니다. 생산자입니다. 여자는 화합입니다."

남자가 창조적인 일꾼일수록 이런 대조는 더욱 두드러집니다. 이런 대조가 심화하면서 찾아드는 실망감이, 사람들이 경박해지고 권태를 느끼고 냉소적으로 되었기 때문은 아닙니다. 그런 실망은 부부가 늘 변함없이 똑같은 사람에 지겨워져서라기보다는 부부 자신이 변하고 더욱 진보했기 때문입니다. 이런 진보 덕에 사랑이 다시 새로워질 수 있겠지만, 과거의 합치점을 다시 찾지 못하면 서로에게 흥미를 잃고 돌이킬 수 없다고 절망하게 됩니다.

그렇다면 이렇게 무심하고 냉담한 채로 오직 이해관계로만 살아가는 것일까요? 아닙니다. 점점 사이가 멀어집니다. 마음이 딴 데로 갑니다. 프랑스 사람은 결혼에서 가장 강한 결합을 원하거나 그렇지 못하면 다른 사랑을 원합니다. "전부 아니면 꽝"입니다.

역설적인 사실이라 하겠습니다. 이런 문제를 보통 어물쩍 재미있게 넘겨버리지만, 우리 시대는 사랑에 가장 까다롭고 불만에 찬 시대입니다. 사랑하는 대상을 잡으면 그 속으로 끝없이 파고들어가고자 열망합니다. 놀랍게 교양이 넘치고, 새로운 사상과 우리 자신에게는 거의 없는 열정적인 감각을 즐기게 해줄 예술을 접하면서, 우리 조상 때에는 거의 느끼지도 못했을 오만가지 열정을 느끼며 삽니다.

하지만 사랑의 대상이 너무 자주 도망가버립니다. 여성적인 유연성이나 변덕 때문이든, 훨씬 달라지게 뛰어나게 변했다든가(잘난 여자로), 아니면 자기 마음을 나누고 채워줄 친구나 기타 부차적인 관계 때문이든가.

이제 남자는 창피해하고 낙담합니다. 그는 종종 이런 일로 직장이나 일터에서 유감스런 타격을 받습니다. 자신에 대한 평가도 떨어집니다. 이렇게 우리 생각보다 훨씬 더 뜨거운 이기심과 사랑을 고취하고 배가합니다. 그는 소중한 사람을 다시 정복하고 얻으려 하면서도 냉소적인 태도를 보입니다.

"그래. 너 좋을 대로 해."

"그는 악착같이 산 주위를 세 바퀴나 돌았습니다. 차가운 옹벽을 세 번이나 두드렸습니다. 세 번을 실패하고, 골짜기에 주저앉았습니다."

거의 언제나 바깥으로부터 난관과 알 수 없는 부정적인 영향, 쓸데없는 훼방이 끼어듭니다. 그렇다고 여자에게 악의적인 사람만이 이런 역할을 하는 것은 아닙니다. 어머니일지 언니일지, 말동무일지 누가 압니까? 놀랍게도 가장 솔직한 말이 효력을 보이기도 합니다. 과격한 친구의 말 한마디로도 사랑의 정기가 꺾이고 이혼하게 될 수 있습니다.

우정이 돈독한 두 숙녀가 있었습니다. 한 사람은 기혼자였고 다른 한 사람은 미혼이어서 이런 우정에 특히 매달렸습니다. 기혼자 부인의 남편은 재능에 넘치고 쾌활하며 매력적인 문인이었지요. 중요한 문제는 그가 재능을 꾸준히 키우지 못했다는 데 있었습니다. 그는 즉흥적으로 작품을 쓰곤 했습니다. 그러다가 글이 완전히 시들해져버렸습니다. 그의 반짝이던 공상이 사랑의 복을 받고 주목받지 못한다면 어떻게 되겠습니까?

아내는 대단한 미인이었습니다. 마음도 곱고. 그녀의 정신은 고상했지만 너무 진지해서, 남편의 그런 공상적인 재주를 신통치 않게 생각했습니다. 이런 생각은 우정으로 더욱 굳어지기도 했겠지만 특히 자기 자신 빼어난 여자로서 한 여자를 찬미했기 때문입니다. 이런 완벽하게 하나가 된 한 쌍의 친구 사이로 남편이 끼어들 자리가 있겠습니까? 거북한 제삼자 대접이나 받았습니다. 그는 사소한 실수가 섞인, 섬세하지만 줏대 없는 성격으로 때로 퇴폐적인 취미로 빠지곤 했으며, 여자들이 바라는 곧은길을 좇지 않았습니다. 마치 남프랑스의 햇살처럼 청순하고 미덕에 넘치는 두 친구는 모호하고 관능적인 멋과 덧없는 황혼을 시시하다 여겼습니다.

이런 불확실성이 늘어갔습니다. 게다가 그가 믿음직한 모습을 보여주지 못한 점은 더 심각했습니다. 그의 친구들은 그를 믿고 약속을 지키라고 당부했습니다. 하지만 이런 호소도 그의 내면에 아무런 도움이 되지 못했습니다. 아내는 주심이자 대법관입니다. 그는 좀 수준이 낮은 여자와 더 잘 지낼 수 있었을지 모릅니다. 아내는 고상한 아름다움과 순수한 솔직함, 무시할 수 없는 재능으로 과도한 존경을 원했습니다. 이렇게 지나친 완벽성이 그녀의 판단에 반하는 호소를 원천봉쇄하곤 했습니다. 항상 호의적이었지만 너무 솔직한 비판이었습니다.

이 개성 있는 좋은 친구는 눈이 멀어지기만 했습니다. 그에게는 그의 눈을 가려줄 따뜻한 손이 절실했습니다. 그렇게 맹목적으로 열심히 작업하고 싶었던 것입니다. 그렇지만 그는 자기 곁에 있는 준엄한 판사하고만 살았습니다. 고독하게 영감에 고취되었을 때, 그는 자신의 영감을 제어하며 신중한 태도에 굴복하곤 했습니다. 결국 그는 별다른 성과를 못 내고 목적을 이루지 못했습니다.

이 자리에서 숙녀들에게 한마디 해도 좋을까요? 여자들은 예민한 청각으로 이해력이 뛰어납니다. 게다가 대체로 한가한 편입니다. 배우고 일하고 노력하는 일의 순교자인 남자는 너무 바빠서 잘 듣지 않곤 합니다.

부인, 너무 완벽하려 하면 뭐 하겠습니까. 사소한 실수는 모른 척하는 것이 남자에게 격려가 됩니다.

남자는 본능적으로 자부심을 원합니다. 부인과 가족에게 이롭자면 그가 자부심이 있어야 하지 않겠습니까? 강한 사내라고.

남편이 축 처져 우울하게 낙심하고 있을 때, 최상의 요법은 부인, 당신 자신을 낮추는 것입니다. 더욱 여자답고 더욱 어린 사람처럼—필요하다면 철부지처럼이라도.

두 번째 조언은 부인, 당신의 마음을 쪼개지 마십시오.

남프랑스의 프로방스, 예르라는 마을의 멋진 정원에서 본 것입니다. 적당한 간격으로 햇살을 잘 받도록 정성껏 심은 오렌지 나무들이 서 있었습니다. 그 나무들 주변에는 아무것도 없이 깔끔했습니다. 다양한 경작을 좋아하는 고장이지만, 어쨌든 사람들은 어떤 초목이나 포도나무라도, 이것들 사이에서 만에 하나 잘못된 일이 생길 만한 것은 절대로 심지 않습니다. 그 이랑을 따라서 길게 딸기만 둘렀습니다. 알차고 달며 향긋한 딸기입니다. 알다시피 딸기는 뿌리가 깊지 않습니다. 가느다랗고 나약한 넝쿨 잎사귀로 지표에서나 기어다니며 뻗어나고 땅속으로 파고들지는 않습니다. 그런데도 오렌지 나무들은 귀찮아하고 시름시름합니다. 왜 아파하는지 걱정이 되어 들여다봅니다. 모든 잡초를 걷어치웁니다. 그래도 바로 무구한 딸기가 병의 원인이라고는 추호도 의심치 않습니다. 그러나 튼튼한 오렌지 나무들에게 이유를 묻는다면, 그런 짜증스런 일이 그토록 작은 딸기에서 시작되었다고 털어놓지 않겠습니까. 오렌지 나무들은 불평 한마디 없이 그저 죽어버립니다.

부근의 칸〔영화제로 유명한 해안도시〕 사람들은, 오렌지 나무는 혼자 서 있어야만 튼튼하다는 것을 알고 있습니다. 크고 작은 다른 오렌지 나무들을 곁에 심지 않는 것은 물론이고, 이 나무를 심을 때는 우선 8피트 정도 깊이로 땅을 팝니다. 깨끗이 비어 있는지를 확인하려고 세 번을 팝니다. 다른 뿌리가 끼어들진 않았는지, 살아남은 풀이 나무의 정기를 빼앗진 않을지 극히 조심합니다.

오렌지 나무는 혼자 있어야 좋습니다. 부인—사랑도 마찬가지입니다.

12
겸손한 사랑, 고백

사랑의 종류와 수준은 아주 다양합니다. 민족 간의 차이도 극심합니다.

프랑스 여자는 일에서나 생각에서나 모두 훌륭한 동반자입니다. 이런 역할을 무시한다면 여자는 그를 잊어버릴지 모릅니다. 그러나 남자가 난처한 처지가 되었을 때 여자는 그를 사랑하고, 그에게 헌신하다는 것을 잊지 않고, 그를 위해 목숨을 바치기도 합니다.

영국 여자는 든든한 아내요, 지칠 줄 모르고 용기 있는 아내로서 어디든 함께 따라나서고 고생합니다. 한마디 암시만 해도 그녀가 어떻게 나오겠습니까.

"루시, 나 오늘 호주로 떠나야 해.

– 그래요, 잠깐 기다려요. 모자 쓰고 나올게요."

독일 여자는 사랑하고 항상 사랑합니다. 그녀는 겸손하고 복종하려 하며 더더욱 순종하려 합니다. 그녀는 오직 사랑한다는 단 하나의 것에 적합합니다. 하지만 끝이 없습니다.

영국 여자와 함께한다면 환경을 쉽게 바꿀 수 있습니다. 환경이 나쁘다면 이 세상 끝까지라도 함께 이사할 수 있습니다. 독일 여자와 함께할 경우, 당신이 마음만 먹는다면 오지에 들어가 깊은 고독에 파묻혀 살 수 있습니다. 프랑스 여자는 불가피하게 할 일이 있는 때에나 그렇게 할 수 있고 또 이 여자들은 지적 활동에서 얼마나 창의력을 발휘하는지 잘 알려져 있습니다. 그래서 프랑스 여자의 개성은 너무 강해 당황하고도 남을 정도지만, 힘든 희생도 마다하지 않습니다. 사치나 허영심을 다 죽이기도 합니다.

사랑만을 바라는 독일 여자는 흠잡을 데 없습니다.

독일과 극히 상반되는 극단적인 프랑스인으로서 독일이라면 뭐든 비아냥거리는 스탕달조차 아주 정확하게 본 것이 있습니다.

"최상의 결혼은 독일 개신교도에서 볼 수 있다."

그가 1810년에 이렇게 보았던 것을 나는 1830년에 보았습니다. 그 뒤로도 종종 그랬습니다. 물론 상류층과 대도시에서 변화가 있었지만, 이 나라 전체적으로는 그대로입니다. 항상 겸손하고 순종하며, 또 열렬히 순종하는 아내입니다. 한마디로 사랑스러운 아내입니다.

참으로 깊은 사랑은 다른 모든 열정을 죽이는 데에서 알 수 있습니다. 거만과 야망, 겉멋 등은 모두 사라집니다.

참사랑은 거만함을 훌쩍 넘어서 종종 더욱 멀리, 바로 그 맞은편 끝까지 건너갑니다. 그리고 자중하려고, 자신을 가장 헐값 취급을 하면서 너무나 쉽게 위신 같은 것을 잊어버리고, 세상에 보여주던 아름다운 모습을 주저 없이 희생합니다. 추한 것도 전혀 감추는 법이 없습니다. 그것을 과장하기도 해서, 다른 장점 같은 것이 아니라 넘치는 사랑으로만 기쁨을 주고 싶어하기 때문입니다.

이런 면에서, 애인들과 전설적인 영웅들은 완전히 혼동됩니다. 즉, 어느 편이든 겸손이 지나치게 됩니다. 자신들의 신을 더욱 위대하게 하려고 자신을 낮추는 욕망입니다. 사랑받는 여인이든 총애받는 성자든 그 효과는 같습니다. 어떤 독실한 신자가 한 말이 있습니다.

"성 폴린의 개라도 되었을 텐데!"

사랑에 빠진 사람들 역시 같은 말을 하는 것을 수도 없이 듣지 않습니까.

"그저 그녀의 개라도 된다면!"

하지만 이런 식으로 사람을 깎아내리고, 과도하게 낮추려는 욕심을 사랑이라며 탐하지 않아야 합니다. 차라리 사랑하는 여자를 높여야 합니다. 그녀의 수준을 그만큼 끌어올리고 그녀를 끌어안고 결합을 돈독히 하는 바로 그것만이 그녀를 실질적으로 동등하게 만듭니다. 두 사람이 너무 반비례하는 면이 많다면 어떤 교류로도 혼합될 수 없습니다. 그 어느 것도 어울리지 못합니다.

이집트와 나폴레옹의 장군이었던 솔리만 파샤가 털어놓는 말은 얼마나 듣기 괴롭습니까.

"오리엔트 여자가 당신을 사랑한다고 어떻게 알 수 있겠습니까?"

다행히 유럽 여자들의 마음과 의욕을 알고 있는 우리도, 이런 의욕 때문에 가끔 당황하기도 하지만, 아무튼 그것을 꺾지 않을 수는 있습니다. 마음에서 우러나는 충동을 막지는 않는단 말입니다. 어쨌든 여기에서 극히 위험한 것이 두 가지 있습니다.

우선 요즘에 신중치 못한 여자들이 크게 남용하고 있듯이, 자석처럼 이성을 성적으로만 유혹하고 영향력을 행사하려는 것입니다. 여자들이 자신의 이런 욕망에 순순히 굴한다는 불행이야말로 정말이지 병적인 것으로, 여자들은 그것 때문에 괴로워하면서도 그 병을 심각하게 키우고 있습니다. 이런 위험이 있어서는 안 됩니다. 남자가 마음에도 없고 전혀 사랑하지도 않으면서, 한 여자의 이런 의욕을 무절제하게 부추기는 것처럼 민망한 일이 어디 있습니까. 여자는 남자의 지시대로 움직이거나 목격자 앞에서 가장 수치스런 비밀을 털어놓아야 하는 노예가 됩니다. 여자는 운명이라 여기고〔별수 없이〕 따릅니다. 왜요? 말할 수 없기 때문입니다. 남자는 그녀보다 재능이나 에너지에서 전혀 나을 것이 없습니다. 그렇지만 그녀는 의학이나 사회 풍조로 둘러대며 자포자기합니다. 또 그렇게 알 수 없는 수만 가지 꾐에 넘어갑니다. 이런 희생자들이 정말로 병적으로 그렇게 되었을까요? 두고 보아야겠지요. 어쨌든 이런 능력의 대가는 혹독합니다. 환자, 자기 의욕을 다스리지 못하는 수치스런 환자가 되기 때문입니다. 그녀의 사랑을 받는 애인이나 남편도, 그녀가 영향력을 거두지 말아달라고 애원하는 한 오랫동안 그렇게 할 것입니다. 여자에게 이런 수동적인 노예근성과 칙칙한 영감을 부채질하기보다 자유로운 활력과 빛으로 충만한 사랑의 매력을 발하게 해야 합니다.

정신이 제대로 박힌 관대한 남자라면 자제해야 할 것이 있습니다. 바로 겁에 질리게 하는 폭력입니다.

아시아 어디서나(지구상 전 지역에서도) 여자들은 어린이 취급을 받습니다. 유럽을 제외하면, 여자들이 조혼早婚 풍습을 지킨다는 사실을 고려해야 합니다〔19세기 당시의 풍습. 이는 우리나라도 마찬가지였다]. 특히 더운 지방에서는 열셋이나 심지어 열 살, 인도에서는 아홉 살에도 결혼합니다. 아홉 살짜리 색시의 서방은 아내의 아버지 몫을 해야 하고, 또 교육시키는 선생 노릇도 해야 합니다. 바로 여기서 인도 법률의 명백한 모순이 비롯합니다. 한편으로는 여자를 때리지 못하도록 금하면서도, 다른 한편 "어린 학생"처럼 바로잡기 위해 불가피할 경우는 허용합니다. 여자는 항상 어린이 대접을 받고, 이런 소아적 수련(노예를 다루듯 비열하거나 폭력적인 것이 아닙니다)을 여자들은 묵묵히 잘 따릅니다. 이 일부다처제의 나라에서 여자들은 관능적인 매력을 잃지 않을까 겁을 냅니다. 이런 두려움을 간직한 가운데 아무튼, 애정과 엄격함을 받아들입니다.

반면 북유럽 여자들은 만혼하기 때문에 결혼할 때 어린이가 아니라 완전히 성인 대접을 받습니다. 여자를 어린이 취급한다면 충격적인 힘의 남용이 됩니다. 위험한 일도 발생합니다. 일반적으로 여자들이 몸 상태와 기분이 좋지 않을 때 남자의 거친 욕심을 자극합니다. 한 달 중에 여자가 가장 상처받기 쉬운 시기입니다. 어떤 격정으로는 여자들이 죽어버릴 수도 있습니다. 그런 시기에 여자는 여러 날 여러 시간씩 심하게 동요하고, 그러는 동안 터무니없는 악몽에 시달리거나 하면서 하소연합니다. 모든 것이 역겹게 느껴지고, 충동적인 공격욕에 사로잡힙니다. 동정하고, 절대로 자극하지 말아야 합니다. 극히 불안정한 상태인 데다 그런 증오에 찬 마음의 밑바탕에는 그런 미움과 전혀 다른 본능적인 감정이 숨어 있습니다. 그래서 부드러운 음식을 먹기만 해도 되거나 그 들뜬 기분을 다정하게 안정시키기만 해도 됩니다. 그렇게 다시 누그러지고 울며, 사랑스럽게 당신 품에 안기도록.

남자는 이런 면을 깊이 숙고해야 합니다. 여자는 남자보다 더욱 절제합니다. 하지만 남자들은 과음하기 마련이라 스스로 각별히 조심해야 합니다. 여자가 격하게 흥분할 때는 대부분 자연스런 원인 때문입니다(또 기본적으로 사랑스러운 것이고). 신랄하거나 도발적인 말로 남자를 자극합니다.

프랑스 여자들은 그것을 잘 압니다. 자존심이 아니라 사랑의 문제입니다. 여기에 맞대응해서는 안 됩니다(영국에서 그렇게 하듯이). 비웃어서도 안 되고, 긴장된 싸움에서 갑자기 애무로 얼버무리려 덤벼서도 안 됩니다. 돌아서서 조금 우물쭈물하는 것이 좋습니다. 잠시 그러는 사이에 자연스레 누그러지고 기분이 좋아집니다. 그러면 자기가 나빴다고 고백하고 다시 차분해집니다.

야만시대에 가족 내의 권한은 공권력이나 마찬가지로 '쿠데타'로 계승되곤 했습니다. 상호 이해와 의지의 조화에서 나오는 자유롭고 부드러운 규칙으로 개화된 시대로 가야겠지요.

가정에서 남자의 쿠데타는 여자를 손찌검하는 상스런 난폭함입니다. 신성한 대상(그토록 섬세하고 상처받기 쉬운데!)을 모독하는 야만스런 폭력입니다. 자기 집의 제단을 모욕하는 무엄하고 불경한 짓입니다.

여자의 쿠데타는 약자가 강자에게 도전하는 전쟁이며, 여자 자신에게 부끄러운 일이고, 남편을 수치스럽게 하는 여자의 부정不貞은 남편이 아이를 낯선 남의 아이 취급하게 하고, 부부의 품위를 떨어뜨려 미래의 불행을 자초합니다.

두 사람이 매일 상호 신뢰와 꾸준한 결속을 다져왔다면 이와 같은 잘못된 일은 흔치 않을 것입니다. 가벼운 이견이 있더라도 금세 해소될 테니 이런 청천벽력 같은 일은 벌어지지 않는 게 당연하지 않겠습니까. 서로 모든 것을 말해야 하다는 의무감을 갖고 있을 때, 서로를 더욱 잘 지키게 됩니다. 은밀히 꾸미지 않는 한 유혹이란 이내 힘을 잃기 때문입니다.

부부간의 고백은 미래의 성사聖事이자 결혼의 정수精髓입니다. 아직 완전히 벗어나지 못했지만 아무튼 거칠고 야만적인 상태를 벗어나면서, 우리는 바로 이것을 위해 결혼한다고 느끼게 될 것입니다. 매일 모든 것을 털어놓고, 전혀 거리낌 없이 일과 생각과 감정을 이야기하고, 자기 혼자만 간직하지 않고, 자기 영혼을 완전히 나누려 해야 합니다…. 심지어 그렇게 털어놓은 새털 구름같이 별것 아닌 것들이 마음속에서 먹구름이 될지 모를지라도….

꽃

반복하지만 고백은 결혼의 기본 바탕입니다

자손을 잇는 데에 필수적입니까? 아닙니다. 아이를 낳지 못하는 사람들도 대단히 깊이 결합될 수 있습니다. 자식 없다고 결혼생활 못 하지 않습니다.

그렇다면 서로 즐길 때 늘 그렇게 해야 합니까? 아닙니다. 늙어서나 병들어 재미를 못 봐도 결혼은 지속되지 않습니까.

결혼이란 매일 생각을 나누고 뜻을 맞추면서 두 사람이 지속적으로 화합해나가는 것입니다. 훌륭한 법적인 격언이 있습니다. "결혼은 합의"라고. 이런 합의는 각자가 상대방이 원하고 행하는 것에 '동의' 하며, 매순간 믿음을 확인하면서 나날이 거듭해나가야 합니다.

누구랑 결혼해야 합니까? 당신 앞에서 환하게, 아무런 생각도 행동도 숨김없이 모든 것을 나누면서 살고 싶은 사람 아닙니까?

어떤 사람을 피하고 싶습니까? 자신을 다 주겠다고 약속하면서도 여전히 마음속 한구석에 자신을 따로 떼어놓고, 공동 소유물 속에도 배타적으로, 자기 혼자만의 감정과 생각을 담아둔 상자의 열쇠를 갖고 있는 사람입니다.

아무것도 감출 게 없고 속죄할 것이 없는 정숙한 여자들도 다른 사람 못지않게 사랑의 고백을 필요로 합니다. 끊임없이 사랑하는 마음을 쏟아내야 하기 때문입니다.

그런데 이런 행복의 필수 요소를 남자들이 거의 활용하지 못하는 까닭은 무엇 때문입니까? 젊음을 탕진하거나, 어지러운 세상에서 거칠고 눈이 멀어 우리 자신의 적이 되었기 때문입니다. 애당초 다정한 의사소통이 여자가 줄 수 있는 가장 짜릿한 기쁨이라는 것을 느끼지도 못하게 되었습니다.

아, 남자들 대부분은 이런 것에 얼마나 무모합니까! 물론 웃음을 지으며 마지못해 듣기도 하지만 반겨야 할 뿐만 아니라 감탄해야 할 여자들의 순진한 말에 고개를 젓기 십상입니다. 그다지 새삼스런 일이 아닙니다. 일과 이해가 걸린 사안에 대해서 부부는 의논하고 맡기고 합니다. 그러나 종교라든가 사랑의 문제를 두고서, 은밀한 상상력과 내면의 동요가 일어나는 일에서도 마찬가지로 믿음을 주어야 합니다. 이렇게 극단적이고 결정적이며 어려운 문제를 통해서만 단단히 결합될 수 있습니다.

"서로 의지하고 모든 것을 털어놓으면서 자신의 마지막 비밀을 넘겨주어야" 합니다.

아내가 조금 아파하고, 정숙한 여자에게도 찾아오는 일이듯이, 사소한 몽상으로 마음이 흔들릴 때 그냥 지나쳐서는 안 됩니다. 아내가 사랑하면서도 남편을 불신하도록 내버려둬서는 안 됩니다. 남편이 관대하다고 자신하도록 하고, 충고를 해달라 할 수 있게 해야지, 그 커다란 비밀을(사실 별것 아닌데) 알자마자 내외를 해칠 무기를 찾아내고 겨눌 그런 사람에게 털어놓지 않는 편이 좋습니다. 누가 됐든 이런 사람은 십중팔구 무구한 아내에게 눈길을 돌려 얼굴을 붉히게 하고, 터무니없는 수치심을 느끼도록 할 게 빤하지 않겠습니까.

다시 한 번 숙고해야 할 일이 있습니다. 선량한 아내가 가벼운 공상에 빠진다면, 남편은 반드시 이유를 물어야 합니다. 남편 자신의 잘못 때문인지 아닌지. 정신없이 끌려가며 살도록 급하게 돌아가는 생활을 하다보면 우리는 가장 중요한 것을 소홀히 하게 되고, 또 가장 사랑하는 것에 무심해집니다.

이렇게 말합시다.

"아내가 옳겠지. 나는 지쳤어. 한 가지 일에 너무 매달렸어."

아니면

"부부생활에서 섬세한 아내의 방법을 존중하지 못한 것 아닐까? 그녀를 불쾌하게 했던 것일까?"

이것도 아니라면

"당연히 유감이 있을 거야. 내가 너무 깐깐하고 인색했어.

그래. 더 다정하고 너그럽게 안아줘야지. 좀 더 후한 사람이 돼야겠어. 나를 좀 죽여야지. 나를 사랑하게 했던 면보다 더 좋은 면이 있고, 나 또한 당신을 더욱 사랑하고 있다는 걸 알게 해줘야겠어."

더 할 말이 뭐 있겠습니까? 잔소리가 되겠지요. 저녁 때 서로 마주보고 사랑하기만 해도 다 끝납니다.

여러 차례 좋은 작품을 내놓았던 화가 될뮈드는 「카페」라는 동판에서, 말할 필요 없이 서로 완전히 통하고 이해하는 두 사람의 시선을 멋지게 보여주었습니다.

나는 이 그림에 하나 더 덧붙이고 싶다는 생각이 들었습니다. 남자가 이런 말을 하려는 눈길입니다.

"나보다 더 푸근한 안식처가 어디 있겠어! 딴생각일랑 접어두구려."

13

사랑의 일치

나는 하느님 없이는 살 수 없습니다.

고도의 중심적인 이상이 일시적으로 흔들리면서 과학과 발명의 이 경이로운 현대세계가 어두워지고 있습니다. 진보와 힘이 천하를 덮고 있지만 그 모든 것이 위대함을 잃는 중입니다. 그에 따라 인간성도 크게 동요하고 있습니다. 인간의 정신적인 개념도 약화하고, 고립되거나 희미하게 흩어지고 있습니다. 그래도 시적인 감흥은 남아 있습니다. 하지만 전체와 조화와 시는 어디로 갔습니까? 더는 보이지 않습니다.

나는 하느님 없이는 살 수 없습니다.

✢

10년쯤 전의 일입니다. 나는 대담하고 엄격한 성격으로, 내가 좋아하는 한 비범한 사상가에게 이런 말을 했습니다. 당신은 분권주의자[근본적 개혁파] 아닙니까. 나도 일면 그렇습니다. 나도 살아야겠으니까요. 그런데 경직된 권력의 집중은 모든 개인생활을 죽입니다. 그러나 세상을 사랑으로 통합한다면 그것을 죽이기보다 활기를 줍니다. 바로 그런 통합이 사랑입니다. 이런 통합이라면 반대하지 않겠지요? 누가 온 세상천지에서 이런 화합을 느끼지 못하겠습니까?

하루하루 개별적 판결과 작은 '쿠데타' 들로 유지되는 임의적인 질서를 포기한다고, 그렇다고 우리가 그 위대한 법칙으로 지배하는 공정하고 더욱 고상한 사랑을 느끼지 못한다는 것이겠습니까? 합리적이라는 것도 사랑의 법칙 아닐까요? 나는 내 밑에서 나를 떠받치는 힘찬 물줄기가 흐르고 있음을 느낍니다. 삶 저 속 깊은 곳에서, 알 수 없는 열기와 넘치는 갈망이 솟아납니다. 후끈 내 얼굴을 스치는 그 숨결에서 수천 가지 사람의 정을 느낍니다.

모든 종교를 하나의 머리로 집약한 뒤, 그것을 쳐내기는 아주 쉽습니다. 비록 이 세상에서 역사적으로 실재했던 종교들의 마지막 자취까지 지워버리더라도 그 낡은 교리는 영원히 살아남을지 모릅니다. 사라졌든 살아 있든, 과거의 것이든 미래의 것이든, 당신이 관심을 두지도 않는 수많은 종교가 예찬하는 자연의 모성적인 섭리는 변함없이 이어집니다. 또 거대한 홍수가 이 작은 지상을 쓸어가버리더라도, 그 생명과 마력을 낳은 이 거대한 세계처럼 그 섭리 또한 파괴되지 않고 영원히 지속

될 것입니다. 이렇게 소중한 하느님의 뜻에 대한 감정이 사라진다면 내가 더 무엇을 하겠습니까. 사랑하는 이 세상을 느끼고, 또 나 자신 사랑받는 기분을 느끼는 행복이 없어진다면 그때 더 이상 살고 싶은 생각이 없어지지 않겠습니까.

무덤 속에 드러누워 진보라는 구경거리는 내게 더는 관심이 못 될 것입니다. 사고와 예술이 여전히 고상하게 높은 곳에서 활보할지라도 그것을 따를 힘은 없지 않겠습니까. 어제의 서른 가지 과학에 오늘 또다시 서른 가지, 수천 가지 과학이 덧붙여진다 해도, 우리가 원하는 만큼 덧붙이더라도, 나는 원치 않을 것입니다. 그런 것으로 무엇을 할 수 있겠습니까. 내게서 사랑이 꺼져버린다면.

인류의 아름다운 여명기의 오리엔트는 궤변론으로 교묘하게 어두워지기 전까지, 그 유익한 앎이 절정에 달한 우리의 두 번째 유년기[첫 번째는 이집트]를 지배하러 왔던 사상의 고향이었습니다. 하느님의 가장 흐뭇한 수수께끼로서 "사랑으로 혼연일체가 되는 일"은 이 고장에서도 가장 높은 이상이었고, 또 그 심오한 광채는 우리를 다시 한 번 무한하게 비춰주었습니다. 열등하고 무지몽매했던(누구보다 우리가 그랬듯이) 오리엔트는 순수하고 성스럽게 비추는 사랑의 불꽃에 눈을 뜨게 되었습니다.

나는 작년에 말했던 주제로 되돌아오려는 것은 아닙니다. 우리에게 너무나 중요한 감동적이고, 무서운 수수께끼 말입니다. 그 속에서 여자는 자기 삶을 바쳐 살고자 하고, 쾌락과 행복과 출산이 죽음과 그토록 밀접하다는 것을 알아보지 않았습니까. 지금 여기서 다시 한 번 그 수수께끼를 오싹할 정도로 뼛속 깊이 느낍니다. 청천벽력도 이보다는 못하지 않겠습니까. 사랑하는 사람을 바로 눈앞에서 잃을 때, 쓰라린 고통이 우리를 덮칠 때, 그래도 말문을 열 수 있다면 가슴 깊은 곳에서 진심으로 우러나는 한마디를 들을 수 있을지 모릅니다.

"여자는 종교야."

지금 이 말을 해야 하고, 언제나 할 수 있어야겠지만, 아무튼 이 말은 늘 진실입니다.

나는 딸이 아주 어렸을 때 이런 말을 했습니다.

"너는 순수와 인정과 시의 종교로구나."

이제 딸아이가 정말로 여자와 어머니가 되어, 그 은혜로써 가족의 조화를 이루는 힘처럼 모든 면에서 빛을 발하고, 사회의 더 큰 동아리들까지 비출 수도 있는데, 여기에 무슨 말을 더 하겠습니까! 여자는 선의와 문명의 종교입니다.

전통이 희미하게 기울고, 새 세상은 크고 복잡해서 미처 터를 잡지 못하고 있을 때는 특히 종교가 쇠퇴할 때인데, 이때 바로 여자가 커다란 버팀목이 됩니다. 차츰 흩어지는 중심적인 사상에 기대어 여자는 빛을 추스르면서, 자신이 무엇을 하는지도 모른 채 삶과 사랑을 매혹적으로 묶어주는 종교 그 자체가 됩니다.

종교적인 예배가 아닌 남자들의 커다란 집회에서, 또 독일의 민중음악회에서(5천~6천 명의 연주자가 모입니다), 혹은 스위스와 프랑스(과거에도 그랬고 앞으로도 지속되겠지만)의 정치적·군사적인 유대를 다지는 거창한 모임에서, 여자의 출현은 신성한 감동을 불러일으킵니다. 거기서 조국은 문제가 아닙니다. 어머니와 아낙네들이 아이들을 데려오지도 않았으니까요. 그런데도 사람들은 이 여자들에게서 '신'의 존재를 느낍니다.

가족과 개인의 행복만 하더라도 어떤 노동자는 이렇게 소박하게 말했습니다.

"여자는 남자의 '주일主日'이지요."

휴식일 뿐만 아니라 기쁨이요, 삶의 소금이겠지요. 그러나 살 만한 것입니다.

'주일!' 기쁨, 자유, 축제, 또 소중하고 성스런 영혼의 터. 성스러운 터라는 것이 절반쯤 될까요? 아니면 3분의 1, 4분의 1쯤? 아닙니다. 전부입니다.

안식이 비밀이 못 되는 '주일'이라는 말의 힘을 더 깊이 이해하자면, 토요일 저녁에 일하는 사람이 무슨 생각을 하고 있었는지 알아야 합니다. 그가 꿈꾸고 바라고 갈망하는 것을.

그냥 여자 생각이나 아니면 애교 넘치는 애인을 저울질하고 있을까요? 아닙니다. "당신만의" 아내입니다. 사랑하는, 착한 부인입니다. 왜 그렇습니까? 깊고 그윽한 행복을 맛본다는 확실한 안도감을 즐길 수 있기 때문입니다. 헌신적인 아내의 예리한 지각과 이해야말로 큰 즐거움이기 때문입니다. 시들하기는커녕 수천의 감미로운 맛으로 전에 없던 도취에 빠트리기 때문입니다.

모든 감미롭고 성스런 감정이 아내에게 있습니다. 아내는 어린 시절 받았던 종교적인 인상을 찾아내고 더욱 참신하게 해줍니다.

당신이 열세 살이던 어느 고운 아침에, 마을 어디에서 울리는 것인지 모를 종소리에 깨어나던 때를 기억하더라도, 이 모든 것이 너무 까마득해서 다시는 되돌아올 수 없다고 생각했을 것입니다. 하지만 일요일 아침, 어젯밤 늦도록 일하고 조금 늦게 일어났을 때, 당신은 미소 지으며 기다리는 아내를 보게 됩니다. 아내는 오래전부터 당신을 바라보고 있었습니다. 그녀는 맑은 목소리로 팔을 당신 목에 걸면서 인사를 합니다. 그녀는

깊은 겨울에도 그녀는 사랑의 봄이고, 여름입니다. 그녀 자체가 사철입니다.
그 신성한 매력에 자연이 전부 담겨 있지 않겠습니까?

당신을 위해 기도하며 기다리고 있었습니다. 당신은 이렇게 외칠 수밖에 없지 않겠습니까.

"오, 내 새벽, 내 아침 천사! 당신 덕에 아침이 이렇게 상쾌하구먼! 20년은 젊어진 것 같아. 아, 당신하고 있으면 얼마나 젊어지는지! 그래, 그래야 당신이 좋아하겠지!"

하지만 그녀는 재빠르게 당신을 살짝 밀치면서 이전에 당신이 듣기도 한 것이거나 어젯밤까지도 궁리하던 계획으로 화제를 돌립니다. 이렇게 가족과 아이 등 공동의 관심사로 쉽게 옮겨갑니다. 그런 다음 당신이 듣는 태도에 흡족해하면서 그녀는 오늘 하루를 성스럽게 하거나 단단히 마음에 새겨두고 해야 할 일을 들려줍니다. 힘든 때이고 어려운 일이 많습니다. 그러나 당신처럼 그렇게 열심히 일한다면, 하느님의 가호로 모두 잘될 것이라고…. 당신은 말은 않지만 그녀를 흐뭇하게 해주고 싶은 마음입니다. 그런데 당신의 생각을 설명하기도 전에 그녀의 추측이 먼저 튀어나옵니다.

"여보, 샤를이 일어났나봐요. 에두아르가 우네요. 푹 자지 못했나봐요."

그러면서 잠시 듣고 있다가

"어머! 벌써 이렇게 됐어요! 애들 옷 입혀야 하는데."

찌푸리고 흐린 날입니다. 눈이 내리고 바람이 몰아칩니다.

일찍 찾아온 북쪽의 새들이 긴 겨울을 예고합니다. 오늘은 손님도 없을 듯합니다. 쓸쓸한 일요일일까요?—천만에요. 그녀는 어디로 갔을까요? 우울할까요? 화덕의 환한 불길과 따끈한 아침식사가 집을 덥혀주는 것은 아닙니다. 정답고 명랑한 아내, 모든 것을 채우고 사랑하는 아내입니다. 그녀는 정말 가족만을 생각하고 사랑하고 또 보살피면서 포근하게 안아주니, 보금자리는 기쁨뿐입니다.

이런 기쁨은 겨울 덕에 배가 됩니다. 식구들은 나쁜 날씨에 함께 집 안에서 즐거운 하루를 보낼 수 있어 더욱 좋아합니다. 시끄럽지는 않습니다. 남편은 모처럼 취미를 즐깁니다. 그는 마치 렘브란트가 작은 화폭에 그린 목수 같아 보입니다. 물론 대패질을 하진 않으며, 책을 읽고 또 읽습니다. 하지만 그렇게 읽으면서도 아이들이 때때로 소근대고 있는 줄 압니다. 그는 뒤를 돌아보지 않고서도 마음으로, 아무 소리도 내지 않고 아내가 가벼운 발걸음으로 조용히 지나다니는 것을 느낍니다. 그녀는 불가피한 일만 하면서 손가락으로 입을 막아, 아이들에게 착하게 조용히 아빠를 방해하지 말라는 신호를 보냅니다.

아이들은 뭘 하고 있을까요? 궁금하기 짝이 없습니다. 아이들은 경건하게 독서 중입니다. 옛날의 위대하고 대담한 탐험가들의 희생과 모험담을 읽고 있습니다. 지구상에 길을 열고 이를 위해 많이 고생한 사람들의 이야기입니다.

"아빠가 좋아하는 커피, 너희가 이 우유에 너무 많이 타는 이 설탕은 모두 영웅들이 고생한 덕분이란다. 그러니 잘 알아 두어야 해. 이 위대한 사람들이 하느님의 뜻을 따라 그 약속을 지키면서 지구를 차츰 하나로 묶어주었고 더 밝고 풍요롭게 했거든. 이제 온 세상이 하나가 될 거야. 한 사람의 마음처럼 합쳐질 거야."

아내는 아이들에게 조금씩 물질적인 통일과정과(그렇게 해서 정신적인 통일에 이르고), 항해와 무역, 해로와 운하, 철도와 전신에 대해 설명합니다.

'물질적'이라고요? 나는 우리 시대의 이 어리석은 표현에 동의할 수 없습니다. 전혀 물질적인 것이 아닙니다. 정신에서 나온 이것들은 정신으로 되돌아갑니다. 따라서 그 수단이요 형태일 뿐입니다. 물질은 민족들을 뒤섞고, 무지와 맹목적인 반감을 제거하면서 정신적·종교적 힘이 되었습니다. 그렇게 통합되었다는 말입니다.

그 참된 의미를 아이들에게 걸맞은 수준으로 천천히 시간을 두고 조금씩 가르쳐줌으로써 종교적인 교육을 하고, 선량하고 애정이 깃든 신성한 정신을 불어넣게 됩니다.

이런 깨달음이 사랑하는 사람의 입에서 나올 때 누가 마음으로 느끼지 못하겠습니까? 아이들은 경탄합니다. 그렇지만 이 모든 것을 이미 알고 있는 남편은 그토록 부드럽게 들려주는 그녀의 말에 다시 수긍하면서, 완전히 황홀한 침묵에 빠져들며 우리의 모든 새로운 기술과 예술이 사랑의 힘이라고 느낍니다.

아빠와 아이들 모두 그녀의 온화한 지혜와 정신을 누립니다. 그들은 듣고 그녀는 마무리합니다. 그들은 꿈에서 깨어난 듯합니다. 이때 창가에서 "탁탁" 거리는 작은 소리가 들려옵니다. 날개 달린 이웃이 청하는 소리입니다. 참새는 지붕에서 극성스레 마구 털어놓습니다.

"이게 뭡니까. 이기주의자들 같으니. 이렇게 궂은 날 자기네끼리만 오붓하게 들어앉아서는!"

이런 불평의 위력은 대단합니다. 창을 열고 빵을 던져줍니다. 하지만 그 이웃 가운데 대담한 친구가 그 틈에 방으로 뛰어드니 얼마나 난리가 납니까! 이렇게 들어온 참새는 방구석에 있는 아빠에게로 조르르 달려갑니다.

"아, 우리가 먼 친척인 걸 깜빡하고 있었는데. 가르쳐줘서 고마워, 울새 형〔아빠를 보고서〕. 그래, 맞아. 언니 집이 우리 집 아냐?"

기가 막힐 노릇입니다. 엄마는 조심스레, 놀라지 않게 먹을 것을 던져줍니다. 참새는 염치도 없이 다 쪼아 먹고, 화덕가로 종종 달려와 불을 쬐고 난 다음 작별을 고하며 날아갑니다.

"또 봐요. 착한 형제들!"

식사 때만 되지 않았어도 엄마는 할 말이 많았겠지요. 그러나 큰 울새, 작은 울새들도 먹여야 하지 않겠습니까.

후식을 먹으면서 아내는 자연이 벌이는 잔치를 설명합니다. 그곳에서 하느님은 크고 작은 모든 생물을 참석시키고, 그들의 지능과 일거리와 의지와 노동에 따라 자리를 배정했는데, 가장 위쪽에 개미를 앉히고, 가장 낮은 곳에 거물들(코뿔소와 하마)을 앉혔습니다. 사람을 맨 앞자리에 앉힌 것은 오직 단 하나의 이유 때문입니다. 신성한 사랑과 위대한 조화를 알기 때문이고, 또 그것이 퍼트리는 모든 것에 공감하고 따르는 숭고한 효심이라는 선물을 받았기 때문입니다.

아이들이 이런 이야기를 흘려들을 수도 있습니다. 그런데 어떻게 마음을 파고들 수 있었을까요? 기억에 깊이 새겨질 시간이기 때문입니다. 자기들 앞에서 부모가 엄마의 식전 기도를 들으면서 우애로운 모습을 보여주기 때문입니다. 일하는 사람은 형제에게, 자기 일과 또 그 삶과 정신을 나누어줄 것이라 약속하기 때문입니다. 아내는 남편을 포용하면서 눈물이 그렁그렁합니다. 식탁은 성스러운 모습으로 빛납니다.

하루가 이렇게 꽉 찼습니다. 아이들은 이중창으로 아빠의 마음을 즐겁게 합니다. 큰 희생을 치른 이 시절에 따라 부르곤 하던 프랑스 국가입니다. 세상의 선한 하느님에게 바치는 찬가입니다. 오늘 하루를 우리에게 주고 내일도 주실 것입니다.

자, 이제 쉬러 갑시다. 아빠는 이미 피곤해 거의 조는 모습입니다. 어제 토요일의 일과를 다 채우느라고 너무 늦게 잤습니다. 여보, 애들아, 어서 자자. 하느님이 잠잘 동안 지켜주실 거야!

아내는 식구 모두를 위해 기도합니다. 그녀는 조심스레 불을 끄고, 소리도 없이 숨을 죽인 채 살그머니 그의 곁에 눕습니다. 이미 곯아떨어진 그가 깨지 않게 조심합니다. 그는 잠자고 있습니다. 그렇지만 곁에 그녀가 있음을 잘 압니다. 깊은 겨울에도 그녀는 사랑의 봄이고, 여름입니다. 그녀 자체가 사철입니다. 그 신성한 매력에 자연이 전부 담겨 있지 않겠습니까?

14

자연이 맡아 하는 일

종교의 합리적인 온당한 두 면은 남녀 모두에게서 두드러집니다. 남자는 마치 하느님의 존재 방식처럼 변함없는 법칙에서 무한성을 느낍니다. 여자는 최선을 창조하는 자연이라는 아버지에게서 사랑의 동기를 느낍니다. 여자는 생명과 영혼, 영원한 현실로서 하느님을 느낍니다. 즉 사랑과 대를 잇는 생식에서.

모순된 관점 같지 않습니까? 전혀 그렇지 않습니다. 다음과 같이 조화롭게 일치합니다. 즉 여자의 신으로서, 만약 사랑의 신이 변덕과 임의적인 취향이 아니라 "모든 것에 대한 사랑이 아니라면, 법과 이성과 정의에 따라 사랑하지 않는다면", 다시 말해서 인간이 하느님에게서 받는 관념에 따라서 사랑하지 않는다면, 사랑이 아닙니다.

이렇게 신전의 두 기둥은 매우 튼튼히 박혀 있습니다. 누구도 뽑아낼 수 없습니다. 그래도 세상은 변합니다. 법칙만 보일 때도 있고, 동기만 보일 때도 있습니다. 세상은 이 종교적 양극〔남녀, 음양〕을 영원히 오락가락합니다. 하지만 그 양극이 변하지는 않습니다.

과학은 당분간 통합되지 못하고 있고, 또 조만간 기계가 동력도 없이 움직일 수 있다는 상상을 하면서, 깊은 사랑의 동기를 잊은 채 법칙만을 보고 있습니다. 바로 이런 망각 때문에 우리를 타락시키며 종교가 우울하게 쇠퇴하고 있습니다. 이런 일이 오래가지는 않겠지요. 세상을 밝히는 하느님의 광채가 다시 솟아날 것입니다. 비록 지금은 희미해졌지만 우리는 깊은 사랑의 동기에 대한 감정을 되찾을 것입니다.

그렇습니다. 법칙이 동기는 아닙니다. 만약 우리가 삶의 인과에 대한 감정을 되찾지 못한다면 우리가 진보해봐야 어디다 쓰겠습니까?

이 세상에서, 생산 관념에서 벗어난 기쁨과 행복은 없습니다. 아이들에 대해서도 그렇게 말하지 않았습니까. 아이들을 창조적인 인간으로 키우지 않는 한 그 애들을 행복하게 자라나게 할 수 없습니다. 이렇게 작은 일에서 큰 원칙을 이해하게 됩니다. 우리가 몸이 무겁다 느끼고 체온이 따뜻하다는 느낌을 받지 못할 때, 마음은 짜증에 넘치게 됩니다. 우리가 자유로우면서도 깊은 사랑으로 높은 이성理性을 따르면서, 사랑을 만들어나가는 일꾼으로서 풍요로운 생기를 되찾는 행복에 젖을 때, 우리는 기쁨도 창조할 수 있습니다.

이런 설명은 남녀의 종교적 이중창의 깊은 내면을 이해하는 데 절실합니다. 각자는 상이하고 대단히 미묘한 몫을 맡고서 상대방에 해가 되지 않도록 조심합니다. 왜냐하면 둘이서 얼마나 깊은 곳까지 함께할 수 있는지 모르기 때문입니다. 바로 그렇기 때문에 더듬거리고, 걱정스레 주저하고, 가볍게 다투지만 그러면서 하나가 되는 것입니다. 이런 사랑싸움은 절대로 다른 사람이 있을 때나 밝은 대낮에 벌어지지 않습니다. 아이들을 재워야 하고, 등도 꺼야 합니다. 베갯머리에서 가장 나중에 떠오르는 생각입니다.

그렇지만 남녀가 각자 종교의 실질적이며 신성한 면을 지지하고 있더라도(남자는 법칙을, 여자는 동기를) 큰 차이가 있습니다. 남자는 하느님에게서 그 '방법'과 행동 방식을 느끼는 반면, 여자는 끊임없는 하느님의 행위로 나타나는 그 '사랑'을 느낍니다. 여자는 하느님의 성소에, 그 심장에 더욱 가까이 다가서고 있다 하겠습니다.

이런 식의 사랑으로써 여자는 다른 모든 것을 소유하고, 또 그 모든 것을 이해합니다. 여자는 원하는 대로 넓은 건반의 모든 계조를 오르락내리락하지만, 남자는 그 후렴을 따르기나 합니다. 여자는 하느님의 자연으로 표현하는 모든 것을 기꺼이 옮깁니다. 무거운 것에서 가벼운 것, 강한 것에서 부드러운 것까지. 여자는 이런 신성한 예술의 절대적 주인으로서 그것을 남자에게 가르쳐줍니다. 남자는 이렇게 말합니다.

"그런데 도대체 여자가 어디에서 죄다 건져낸 겁니까? 사랑스런 보물과 매혹적인 물줄기를 어디서 찾아낸 겁니까?"

어디냐고요? 당신 자신의 사랑에서, 그녀가 당신을 위해 품은 사랑에서, 아무리 흘러넘치고 퍼내더라도 줄어들지 않는 거대한 저수지가 있지요. 매일 그곳에서 한 세계가 태어나고, 또 무한하게 남아 있습니다.

그렇게 단순하고 소박한데도 얼마나 뛰어난 능력입니까! 남자는 땅과 일에 처박혀 눈이 먼 채, 매일 시간이 어떻게 흘러가는지도 모릅니다. 하지만 여자는 그 흐름을 훨씬 더 잘 압니다. 여자는 그 흐름에 어우러집니다. 여자는 그것을 매 시간 따릅니다. 남자를 위해, 남자의 욕구와 남자가 필요로 하는 것을 예상하도록, 남자의 식사와 휴식을 예상할 수 있도록…. 매순간 의무를 다하고, 또 시적 정취를 풍깁니다. 달마다 사랑의 고통을 예고받고, 시간을 쪼개고 조심스런 행보를 보입니다. 한 해의 큰 때, 즉 철이 바뀔 때에는 자연의 깊은 곳에서 울려나오는 장엄한 노래를 듣습니다.

자연은 꾸미지도 않고 그 의식을 치릅니다. 스스로 신성한 생명과 끊임없이 관계를 맺으면서 그 고장의 삶을 표현합니다.

이것을 간섭하기는 어렵습니다. 어떤 민족에게 다른 민족의 예식을 부과하려고 강요하더라도 근본적인 불화만 초래할 뿐입니다. 그토록 아름다운 오리엔트 지방의 노래라도 골〔오늘날 프랑스〕 지역에서는 어색하게 들립니다. 이곳에는 신기하게 높은 음조의 종달새 노래가 있기 때문입니다.

프랑스의 오로라는 아메리카나 유태의 오로라와 다릅니다. 이곳의 안개는 발틱 해의 안개처럼 짙거나 무겁지 않습니다. 결국 모든 것에 자기 나름의 목소리가 있습니다. 그 기후와 계절을 자기 식으로 노래합니다. 당신의 부인, 프랑스 여자의 세련된 귀에 잘 들리는 것은 따로 있습니다. 그러면서도 그것만 요구할 필요는 없습니다. 그녀는 익숙한 가락만 들려주기 때문입니다. 그렇지만 당신이 없을 때, 혼자서 조금 쓸쓸해하지만 그래도 행복한 기분으로 집안일을 하면서, 그녀는 애쓰지 않고 나직하게 소박한 노래를 흥얼댑니다. 낮과 저녁의 기도이자 당신과 하느님을 위해 부르는 수줍은 찬송입니다.

그녀는 한 해의 축제를 얼마나 잘 압니까! 그녀를 따라가봅시다. 그녀 혼자서 하늘이 이 딸과 신성한 관용을 사랑하는 은총의 날들을 느낍니다. 그런 날을 아는 것은 바로 그녀가 마련한 날이기 때문입니다. 그녀는 하느님이 주는 다정한 미소와 축제와 성탄절을, 사랑의 영원한 부활을 마음에 담고 살기 때문입니다.

그녀가 없다면 누가 봄을 기다리기나 하겠습니까? 아무리 병약하던 생명이라도 다시 움트게 하는 비옥한 훈기 아닙니까. 그녀와 함께라면 봄은 얼마나 매혹적입니까.

겨울에서 벗어나 모든 것이 밖으로 나옵니다. 그녀는 흰 드레스를 입었습니다. 햇살은 따뜻해도 뺨을 스치는 북풍에 잠시 식습니다. 모든 것이 삶이고 또 싸움입니다. 다시 푸르름을 되찾은 들판에서 아이들이 뒹굴며 힘을 겨룹니다. 노루들은 새로 돋은 뿔로 서로 머리를 부딪칩니다. 애인들보다 보름쯤 먼저 온[어떤 애인 노릇을 하는 새일까?] 밤꾀꼬리들은 사랑할 권리를 얻으려고 서로 노래 대결을 펼칩니다.

이런 재미있는 싸움에서 바로 그녀, 평화이자 선이자 아름다움인 그녀가 나타납니다. 세상이 갑자기 기쁨에 들뜹니다! 그녀가 걸어오는 동안 마음은 두 사람을 향한 사랑으로 나뉩니다. 양쪽에서 그녀에게 호소합니다. 아이들이 손에 꽃다발을 들고 뛰어옵니다.

"엄마, 이것 좀 봐. 이것 좀!"

그녀 바로 곁 귓가에서 더욱 묵직한 누군가의 목소리가 들려옵니다. 그녀도 화답합니다. 그토록 바짝 붙어 그녀의 팔짱을 낀 사람의 가슴과 심장이 가만히 있겠습니까? 크게 뛰지 않을까요? 꽤 뛰기는 하겠지요. 그녀도 둔감하지 않습니다. 그 두

근거리는 소리를 모두 듣습니다. 그녀는 식구들 모두가 행복하기를 얼마나 바랍니까! 그녀는 차례로 답해줍니다.

"그래 애들아. 그래 여보."

아이들에게는 "어서 가서 놀아."

남편에게는 "당신 좋으실 대로 해요!"

그러나 아이들에게는 약해 보일 만큼 이렇게 선선한 그녀의 모습에서, 누가 그 미소 뒤에 깊은 생각으로 독백을 하는지 알기나 하겠습니까. 남편은 아내 생각뿐이지만, 아내는 하느님을 생각합니다.

이렇게 더욱 포근하고 부드럽게, 들판에는 꽃의 축제와 풀 말리기 작업이 다시 시작됩니다. 그녀도 써래를 들고 다른 사람들처럼 밭에 나와 일하려 합니다. 하지만 변함없이 항상 아름다운 모습에 화사함이 더해지고 더욱 신선해지지만, 몸이 가볍지는 않습니다. 아이들이 빨아댄 흰 가슴, 이 보물을 남편은 눈길만으로도 어떤 것인지 잘 아는 만큼, 이 모든 것 때문에 여자는 조금 둔하고 나른해졌습니다. 그녀는 금세 피곤해진 듯 보입니다. 식구들은 일을 하지 말라고 말립니다. 그러면서 그녀를 위해 일합니다. 행복에 겨워 명랑한 아이들과 다정한 남편은 보이는 꽃마다 꺾어 장미의 여왕 같은 아내에게 줍니다. 그것으로 식탁을 꾸미고, 그 마음과 생각에도 향기가 가득하게 합니다. 그녀는 쏟아지는 꽃비에 도망치며 외쳐봅니다.

"이제 됐어. 그만!"

그렇다고 누가 듣겠습니까? 또 꽃 벼락을 맞고, 더는 감당을 못 합니다. 그녀는 꽃으로 덮이고, 그 애무를 받으며 뽀뽀 공세에 시달립니다.

❦

더위가 벌써 상당합니다. 그래도 열심히 일하다보니 연약한 아내는 걱정할 틈도 없습니다. 풀베기에서 포도따기까지 세 달이 걸립니다. 남자에게도 버거운 일입니다. 더구나 공들여 열심히 일하는 남편이야 말할 것도 없습니다. 뜨거운 태양은 거칠고 강하게 머리를 달굽니다. 두 가지 면에서 그렇습니다. 기운을 빠지게 하면서 또 욕구를 달굽니다. 남편은 여름에 약해집니다. 일과 쾌락 때문입니다. 아내는 그것을 잘 알기에 걱정합니다. 그녀는 정말이지 종교적인, 지혜로운 충고를 합니다. 하느님이 해마다 인간의 양식을 채워주려고 일을 하시는〔자기 작품을 만드는〕이 계절에, 남자의 힘만을 빌리겠다고 하시지 않았어요?

하지만 이런 말은 잘 이해받지 못합니다. 남편은 시큰둥하고 심지어 화를 냅니다. 그러니 경건한 계략으로 남편을 물리치고, 또 〔그와 함께할 사랑을〕 뒤로 미루는 아내는 얼마나 깜찍합니까! 이렇게 가혹한 칠월이 오고, 이내 수확하고 한 해의 풍작을 축하하는 잔치가 열립니다. 모두가 즐겁고 힘에 넘칩니다. 벌에 찔리는 듯한 더위에 아내는 조금 아픈 모습입니다. 그래서 아이들 요람 곁에 작은 침대를 씁니다.

행복한 가을입니다! 행복과 관용을 약속하는 시간입니다! 한 해의 일도 끝나갑니다. 그 힘들던 몇 달 동안 다투던 사랑도 마침내 긴장을 풀고 마음의 기운대로 따릅니다. 아내의 거절에 화가 났던 남편은 누가 가장 괴로웠을지 절대로 모릅니다.

그녀가 했던 약속이 있습니다. 그녀가 그에게〔침대로〕다시 돌아온다는…. 이렇게 정해진 날에 그는 약속이 지켜지길 바랍니다.

"그런데 여보, 일부터 끝내야 하지 않을까요? 안개가 옅고 조금 흐린 날이니 포도따기에 그만 아니겠어요! 서두릅시다. 지금 해가 퍼졌으니 황갈색 포도송이들이 이슬을 다 말려버리겠어요. 지금 따야 해요. 그래요, 물론 오늘 저녁 더 이상 따로 자진 말아요. 날씨도 선선하니 함께 있어요. 겨울에는 내내 당신 곁으로 피난 갈게요."

정말이지 기쁨이 대단합니다. 어떤 나라에서는 원숭이와 곰들도 포도를 먹고 취합니다. 그런데 어떻게 사람의 머리가 온전하겠습니까? 남편은 마시기도 전에 벌써 취기가 돕니다. 아내는 그를 진정시킵니다.

"천천히, 천천히… 애들한테 모범을 보여야지요. 우리도 일합시다."

사람들이 우의를 다지는 데 이보다 더 좋은 기회가 어디 있을까요. 모두 평등하게 포도따기에 나서고 일을 잘하는 사람이 잘난 사람인 것입니다. 그녀는 이웃들과 어울려 우정의 만찬을 즐길 수 있어 얼마나 행복합니까! 모두 몰려듭니다. 일하러 오지 않았던 사람들도 옵니다. 마을 사람을 죄다 알기 때문에 그녀는 누가 빠졌는지 궁금합니다.

"어디 가셨어요?

– 아파요.

– 참, 모셔오도록 합시다.

– 출장 갔어요."

등등. 그녀는 이렇게 안부를 묻고, 빠지는 사람 없이 모두 한데 모인 모습을 보고 싶어합니다.

마당은 언덕에 둘러싸인 고대의 극장처럼 널찍합니다. 그 비탈에 포도밭이 바다처럼 펼쳐집니다. 날씨는 아직까지 밖에서 먹을 만큼 좋습니다. 새들이 떠나기 좋은 날씨입니다. 아직 늦은 시간은 아니지만 벌써 초저녁의 멜랑콜리한 분위기가 완연합니다. 그녀는 그 어느 때보다 아름답습니다. 눈빛에 정이 듬뿍합니다. 누구나 그녀가 그를 바라보고, 그를 원하고, 그와 그의 모든 것을 생각하는 줄 알고 있습니다. 그녀의 따뜻한 눈길이 온 마을에 축복을 줍니다.

딸아이가 포도나무 가지에 연보랏빛 라일락과 붉은 마편초
[월계수의 일종]로 엮은 화관을 그녀에게 씌워주었습니다. 주
변으로 향기를 발하는 여왕의 관입니다. 그녀는 쓰지 않으려
했지만 그가 억지를 부립니다. 그는 지상의 모든 왕관을 그녀
에게 씌워주고 싶은 마음입니다.

그런데 그녀는 슬퍼 보입니다.

- 왜 그래?

- 아, 너무 행복해서요!

- 우리, 친구, 친척 다 와 있잖아. 좋은 이웃 분들도. 한 사람
도 빠지지 않았잖아.

- 그래도, 여보. 살아 숨 쉬고 울고 있는 온 세상이 다 모인
것은 아니잖아요. 미안해요.

그녀는 더 이상 말을 잇지 못합니다. 감정이 북받칩니다. 그
녀의 눈물이 붉은 포도주잔 속으로 떨어집니다.

남편은 그것을 빼앗아 단숨에 들이킵니다.

하지만 그녀가 왜 우는지 알지 못하는 사람들은 그녀를 위로
하러 곁으로 다가옵니다.

이렇게 그녀의 마음과 모두 한마음이 되었습니다.

제3부

사회 속의 여자

"청춘이란 바위와 급류와 폭포 같은 예상치 못한 사고로 넘치는 고산지대의 풍경 같습니다. 노년이란 고상하게 우거지고, 아름답고 긴 통로가 나고, 멀리서 당신을 찾아오는 친구들이 보이는, 커다랗고 장엄한 프랑스 정원 같습니다. 여럿이 함께 떠들면서 앞으로 걸어나갈 수 있는 탄탄대로입니다. 결국 기분 좋은 사회적인 대화의 자리입니다."

여자의 단순한 말 한마디가 얼마나 남자를 일으켜 세우고 구할 수
있는지 우리는 제대로 알지 못합니다. 그의 시야를 넓혀주고
그때까지 알지 못하던 힘도 줍니다.

1

평화와 문명의 천사, 여자

여자의 우수한 면을 고려해보면, 바로 사랑에 가득한 중재자입니다.

근본적이고 매력적인 이 힘은 두 가지 면을 드러냅니다. 즉 성적 매력과 쾌감—생리작용—이 줄어들고 죽어버리면, 하늘처럼 지극히 온화한 면이 나타납니다. 평화와 위안을 주며 중재하고 치료하는 영향력입니다.

남자는 무엇보다도 창조력이 있습니다. 이것은 두 가지 방향에서 드러납니다. 전쟁과 불화와 싸움도 일으킵니다. 예술과 사상에서, 그 유능하고 자질 있는 손으로 쏟아낸 좋은 것(격류)에 나쁜 것도 섞여 있는데, 여자는 그 뒤에서 그것을 중화하고 위로하며, 치료합니다.

숲을 건너며 위험한 발길을 들여놓을 때 가벼운 발걸음 소리가 들려옵니다. 아, 남자겠구나 하고 나는 방어 무기를 꼭 쥐어 봅니다. 하지만 여자가 나타납니다. 그러면 안녕, 평화의 온화한 천사여, 라며 안심하지 않습니까!

30년 전쯤 어떤 정직한 영국 사람이 병을 조사하고 치료법을 찾아 아일랜드 여행길에 나섰는데, 그 가엾은 원주민들은 그를 극도로 불신했습니다. 즉 비참한 그들의 오두막으로 들어서는 이 사람을 매우 불안해했던 것입니다. 세금 거두러 왔나? 간첩인가? 하지만 다행히 그는 혼자가 아니었습니다. 그 뒤에 여자의 모습이 보였습니다. 그러자 모두 마음을 열고, 안심하고 믿어주었습니다. 못된 일을 당하고 싶었다면 아내를 데려간다는 생각을 하지 못했겠지요.

탐험가 데이비드 리빙스턴[스코틀랜드 의사 겸 성공회 선교사]도 아프리카 오지에서 험난한 여행을 하면서 같은 일을 겪었습니다[1859년 이때는 보츠와나와앙골라 지역을 거쳐 잠베즈 폭포(빅토리아 호)를 찾아가던 시절이었을 것이다. 아내는 임신 중이었다]. 남자 혼자서라면 의심을 받을 것이고 많은 사람이 희생되었을지 모릅니다. 그러나 가족의 모습은 안심하게 하며, 조용하고 평화를 줍니다. 아, 평화, 평화! 선량한 사람들의 소망이자 외침입니다. 그 선량한 원주민들이 방어술을 가르쳐주게 될 이 유럽 선교사에게 순박하게 표명했던 것은 평화의 외침뿐이었습니다. 그들이 했던 말은 "잠 좀 자게 해주세요!" 였습니다.

– '잠', 이 평화, 이 심오한 안전. 그들은 우스꽝스럽게 바퀴를 달고 황소에 끌려 굴러가는 집(리빙스턴의 집)이 접근해오는 것을 보았습니다. 그리고 거기에서 세 명의 아이들에 둘러싸인 리빙스턴 부인을 보았습니다. 그 광경만으로 모든 것이 해결되었습니다. 원주민들은 그가 그 소중한 보금자리를 지옥으로 끌어가는 게 아니라 행복으로 향해 가는 길일 것이라고 믿었기 때문입니다.

한 여자의 말없는 모습이 이런 성과를 거두었다면 그 말은 어떤 효력이 있었을까요? 마음과 마음을 꿰뚫는 관통력은요?

여자의 말은 어디로나 통하는 박하로 시원합니다. 부드럽게 치료하고, 평온을 주는 미덕입니다. 하지만 이런 하늘의 선물도 그녀가 노예가 아닐 때에만 자유롭게 발휘됩니다. 수줍어하는 말없음도 해가 가면서 사라지고, 그녀는 말문이 트이고 활발하게 움직입니다.

참으로 고상하고 고결한(아량이 있는) 때가 되면, 훌륭한 재능을 갖춘 여자라면 어떤 여자도 두려워할 것을 당당하게 바라보는 특징을 보여줍니다. 즉 성숙한 나이로 노년에 접어들 때에. 이 황공한 나이에 이르면 그녀에게 젊은이들은 없는 차분한 위엄인 온화함이 넘칩니다.

청춘이란, 여자는 거의 이런 말을 하는데(나는 이런 말을 정확히 상기할 수 없다는 게 아쉽습니다), 바위와 급류와 폭포 같은 예상치 못한 사고로 넘치는 고산지대의 풍경 같습니다. 노년이란 고상하게 우거지고, 아름답고 긴 통로가 나고, 멀리서 당신을 찾아오는 친구들이 보이는, 커다랗고 장엄한 프랑스 정원 같습니다. 여럿이 함께 떠들면서 앞으로 걸어나갈 수 있는 탄탄대로입니다. 결국 기분 좋은 사회적인 대화의 자리입니다.

이런 비교에 잘못이 있다면, 그저 인생이 그렇게 단조롭게 통일된다고 생각하게 하는 것일지 모릅니다. 그렇지만 정반대입니다. 노년에 여자는 다른 나이에는 전혀 없는 자유로움을 찾습니다. 예절 따위는 완전히 묶어두기도 합니다. 어떤 대화는 피해야 합니다. 어떤 소통 또한 하기 어렵습니다. 동정적인 처신에 힘들어하고, 짜증도 납니다. 부당한 세상 사람들이 그녀를 비방하기도 합니다. 더욱 나이가 들면 여자는 훌훌 털어버린, 정직한 자유인으로서의 모든 특권을 누립니다. 여기서 그 모든 재치가 샘솟아납니다. 각별히 독립적이고 독창적으로 생각합니다. 이렇게, 자기 자신을 찾습니다.

젊고 아름다운 여자는 감탄을 산다는 자신감에서, 갖가지 바보짓을 저지르곤 합니다. 하지만 나이든 여자는 그렇지 않습니다. 머릿속에 든 것이 있습니다. 그런 정신을 지닌 여자는 항상 보기 좋고 또 재미있습니다.

마담 드 세비네〔17세기 문필가〕는 이미 멋진 말을 하지 않았습니까(기억나는 대로 말해보자면).

"젊음은 봄이요, 푸르기만 하다. 언제나 싱그럽다. 하지만 가을에 접어든 우리, 우리에게는 모든 빛깔이 있다!"

이런 말로 이 부인은 프랑스 사회 고유의 좋은 영향을 주변에 행사했습니다. 그런 생각을 미처 하지 못했을 사람들을 안심시켰습니다. 또 수줍은 사람들을 난처하게 하며 재미있어 하고 빈정대는 사람들에게 당당하게 그런 생각을 전하며 편안하게 해주는 선량한 입장이 아니라면 그 바탕에 무엇이 있겠습니까?

이렇게 커다란 선의의 힘은 부드러운 광채처럼 그녀의 살롱을 밝힙니다. 그녀는 그곳에서 훌륭한 달변가들에게 가려 있던, 눈앞에서 이 재기 넘치는 여자의 허락을 받고서도 겸손해 하던 남자를 격려했습니다. 그렇게 이 대화는 우리가 어디서나 듣고 있듯이, 생각 없는 사람들이 완전히 사로잡힌 촐싹대는 것과 덧없는 수다가 아닙니다. 남자가 질문을 던지면 그녀는 장황하지도 유식한 척도 하지 않고 진심에서 우러난 말, 합리적인 말을 덧붙였습니다. 그가 말한 것에 빛과 온기를 더해주고, 편안하고 기분 좋게 해주면서…. 서로 바라보고 웃습니다. 모두 서로 이해하는 것입니다.

❧

여자의 단순한 말 한마디가 얼마나 남자를 일으켜 세우고 구할 수 있는지 우리는 제대로 알지 못합니다. 그의 시야를 넓혀주고 그때까지 알지 못했던 힘도 줍니다.

나는 언젠가 침울하고 병약한 아이를 보았습니다. 수줍음이 많고, 귀가 멀어 비참한 모습이었습니다. 그런데 그에게는 불꽃같은 열의가 있었습니다. 강인했던 그 어머니는 내게 이런 말을 했습니다.

"그 애가 무엇을 갖고 있는지 모르잖아요.

– 저는 그 아이에게 뭔가 있다는 것을 압니다, 부인. 그러니 절대로 기를 꺾지 말아야 합니다."

이는 지나친 말이 아니었습니다.

그런데 사회에서 변덕스런 어머니라면, 이런 경우 번번이 실패하곤 합니다. 아이를 안아주고 좋아하며, 격려할 줄 모르기 때문입니다. 그렇다면 어찌 될지 정말이지 알 수 없습니다. 누구도 그러기를 바라지는 않습니다. 하지만 그런 아이들이 감히 부끄러워하면서 한마디를 하면, 모두들 싸늘히 외면하고, 이해하지도 않거나 심지어 웃음이나 터트릴 뿐입니다.

경직되고 떠밀린 그 사람은 다시 그런 모습으로 돌아가고, 자기 속에 재능을 가둬버릴 수도 있습니다. 그러니 이럴 때 재치 있고 멋있으며 우아한 여자가 이런 배척〔오늘날의 왕따〕을 벗어나게 하는 말을 던진다면(때로는 강하고 심오하게), 가령 그 아이의 손을 다시 잡아주면서 비웃고 빈정대는 사람들에게 이 작은 조약돌 같은 아이가 다이아몬드 같다고 평해준다면… 엄청난 변신이 일어날 수 있지 않겠습니까.

복수하고 다시 일어나, 승리한 그는 때로 사람들 사이에서 자신만이 사내요, 다른 이들이 별것 아님을 보여줄 수 있습니다.

2
제일 나중의 사랑- 여자의 우정

남편이 죽음으로써 헤어지는 것은 혼자 남아 위로도 받지 못하는 여자에겐 너무 과중하고 쓰라리기 때문에 무덤으로 남편을 따라가길 원할 정도입니다.

"죽어버리겠어"라고. 아이고! 그런데 그렇게 죽는 사람은 정말 보기 드물지요. 인도에서 과부가 그러듯이, 남편을 화장하는 장작불 위로 몸을 던지지 않는 한, 그녀는 되레 장수할 확률이 높습니다. 자연은 (가혹해서) 착실한 사람을 염치없게 만들기 좋아하고, 과부를 되레 젊고 아름답게 만들기도 합니다. 슬픔의 생리적 효과는 천차만별이라 심지어 기질에 따라서는 정반대 결과를 낳습니다. 고통과 눈물에 젖었던 어떤 부인은 정말이지 목숨을 잃을 만큼 돌이키기 어려운 충격을 받았는데도, 건강이 훨씬 좋아진 모습을 보이기도 했습니다. 그녀가 꼼짝 않고 슬픔에 빠져 자신에게 몰입하는 동안 그녀에게 부족했던

자연은 가혹해서 착실한 사람을 염치없게 만들기 좋아하고, 되레 과부를
젊고 아름답게 만들기도 합니다. 그녀가 꼼짝 않고 슬픔에 빠져 자신에게
몰입하고 있는 동안 그녀에게 부족했던 아름다움이 놀랍도록 화려하게
살아났던 것입니다.

아름다움이 놀랍도록 화려하게 살아났던 것입니다. 그녀는 이런 사실에 얼굴을 붉히고 탄식하면서, 이런 무심한 듯했던 부끄러움 때문에 더욱 창피해하고 절망했습니다.

이는 자연의 판결입니다. 하느님은 그녀가 죽기를 원치 않고 이 사랑스런 꽃이 시들기를 원치도 않습니다. 그녀는 죽음을 원했지만, 결코 그렇게 되지 않습니다. 살아갈 수밖에 없습니다. 그녀는 여전히 매혹적인 세상을 만들어야 합니다. 그녀가 뒤를 따르고자 했던 사람도 그녀의 희생을 막습니다. 그토록 그녀를 열망했던 사랑은 그녀의 마음을 굳건히 했고, 또 그녀를 한 인간이 되게 했는데, 이 모든 것을 파묻히게 하거나, 땅속으로 끌어들일 리 없습니다. 그것이 진정한 사랑이라면, 그녀가 예전처럼 다시 사랑할 수 있기를 바라지 않겠습니까.

여러 능력에서 뛰어난 우리 연안의 주민들 가운데서 나는 두 가지를 관찰합니다. 남편을 늘 걱정하고 돌보는 여자는 그를 사랑하고, 그도 매우 성실합니다. 그러나 남편이 죽으면 여자는 즉시 재혼합니다. 프랑스에서 신세계로 위험한 고기잡이에 나서는 선원들에게서, 즉 그랑빌의 선원들같이, 사생아도 없는 이 용감한 주민들 사이에서(외국 이민자들의 사생아만 제외하면), 여자들은 남자가 소식 없이 돌아오지 않으면 그 즉시 재혼합니다. 당연히 그렇게 해야 합니다. 아니면 아이들이 [가장이 없어 굶어] 죽게 됩니다. 가령 죽었던 사람이 살아 돌아올 경우 그는 자기 친구가 가족을 부양했을 테니 아주 좋아합니다.

부양할 자식이 없었다면 살아온 사람이 여자를 사랑할 가능성은 없고, 이 여자가 행복할 가능성도 거의 없습니다. 그 여자를 인정하고서 영원히 불행하게 내버려둡니다. 여자는 현재를 부인하고, 진심으로 자신의 고통과 기억의 힘에 기대는 믿음을 가질 수 있다고 생각할 것입니다. 하지만 여자 자신보다 그녀를 더 잘 아는 남자는, 모든 습관의 급작스런 변화가 자기 능력 밖의 일이라고 쉽게 예상하고, 그녀는 버려진 채 딱한 처지로 살아갑니다.

장차 그녀가 집에 돌아와 아무도 없는 것을 보고 불 꺼진 방에서 울게 될 거라는 생각 때문에 그가 괴로워하지 않을까요?

그가 조금만 더 생각하고 인간 본성의 경험이 있다면, 사람들이 너무 가볍게 여기는 고통의 수수께끼를 동정할 수 있을 것입니다. 사랑의 욕구는 싫증을 느낄 만큼 경험이 많은 남자에게서 쉽게 사라지지만, 반대로 정숙하게 자제해온 여자에게서는 커집니다. 재미도 공상거리도 없고, 지적인 맛도 없이 느리게 돌아가는 생활을 하면서 약간 아랫배가 나와 더 튼튼하고 아름다워진 모습, 이 모든 것이 그녀를 압박하고 갑갑하게 합니다. 신경과민과 격정과 이로울 거라곤 없는 과거의 고정관념 때문에 여러 사람이 고통을 받고, 자신들의 비밀을 수치라 여기며 생활합니다. 즉 이들은 이루지 못할 꿈을 위해 죽는 순교자입니다. 바로 이런 미덕으로 벌을 받고, '의무'를 지체하고 살면서[아이를 낳지 않고], 그들은 당대에 유행하는 질병에 희생되곤 합니다. 그렇지 않으면 이 가엾게 고립된 여자들은 장난감이 될 수밖에 없는 처지에서, 가혹한 생활 끝에, 세상 사람들의 무자비한 비웃음이나 받는 뜻밖의 수치를 겪기나 합니다.

자기 아내를 사랑했었고 이제 죽어가는 남자는 그녀의 미래를 감안해야 합니다. 그가 울기나 하는 그녀보다 더 잘 예상할 수 있기 때문입니다. 아내를 위해서 미래를 준비하고 그녀에게 어떤 짐도 지우지 않아야 합니다. 그녀가 쓸데없는 궁리를 하지 않게 해야 합니다. 더욱 관대하게, 마치 그녀의 아버지가 어린 딸에게 하듯이, 그녀를 지도하고 장차 그녀의 생활을 그려 주어야 합니다.

이렇게 첫 번째 결합은 절대로 증발되는 것이 아닙니다. 그것은 복종과 감사와 애정으로 지속됩니다. 그녀가 재혼하더라도, 그를 잊기는커녕 그의 법에 따라 살면서 마음속으로 이런 말을 합니다.

"그가 바라던 대로 했어. 지금 내가 행복을 되찾았다면 그 사람 덕이지. 그 이의 선견지명으로 내가 위로받고 지금처럼 사랑 속에서 편안한 거야."

만약 과부가 재혼을 사양한다면 최상의 생활은 "친지 어른" 가까이에서 사는 것입니다. 유대인의 법처럼 혈육의 친척이 아닙니다. "정신적 어른"입니다. 고인이 된 남편의 지인, 그의 마음에 있던 사람, 또 과부도 과거에 남편에 기댔던 만큼 그를 잃기보다 그에 대해 몰랐던 매력을 더욱 찾아내게 해줄 사람입니다. 결혼에 고유한 변신의 힘은 결국 여자가 정신적 · 육체적으로 또 다른 존재를 품고 살게 하는 것입니다. 그러나 흠잡을 데 없는 아내라 해도, 두 번째 남편이 전남편보다 사랑이나 정이 부족하다면 그녀에게 해로운 부담이 될 수도 있습니다.

그런데 어째서 과부들이 처녀들보다 더욱 아름다울까요? "사랑을 겪어서"라고들 합니다. 그렇지만 "사랑이 남아 있기에" 그렇다고 할 수도 있습니다.

과부에게서 사랑하는 사람의 매혹적 자취가 드러납니다. 남자는 이런 꽃을 가꾸느라고 시간을 빼앗긴 것은 아닌 셈입니다. 거의 무표정한 작은 씨앗으로 그는 수백 송이 장미를 피워낸 것이니까요. 각각의 꽃잎은 욕망(에서 나온)의 미색을 띱니다. 여기에서 모든 것은 우아하고 모든 것은 영혼입니다. 그녀는 자신의 육체를 소유하지 못하게 할까요? 천만에, 그녀는 남자를 받아들이는 편입니다. 마땅한 사람에게 붙잡힌다면 그녀는 더욱 행복해할 것입니다. 눈부시게 신선하고, 더욱 화려한 제2의 시절을 맞은 그녀에게서, 당신은(누구든) 그 첫 번째 젊은 시절의 빈약하고 가냘픈 아름다움을 전혀 아쉬워하지 않게 됩니다. 순수한 여자에게서 처녀성은 다시 활짝 피어나고, 부드러운 삶이 위안을 줍니다. 그녀는 이런 두 가지 사랑의 조화에 지순하게 어울립니다.

남자는 한 번만 겪을까요? 그의 영혼은 영원히 한 가지일 뿐일까요? 우리의 활력이 살아 있는 동안, 우리는 그와 동시에 우리의 생각을 수용하는 친구들에게서 우리 자신의 모습을 보지 않았습니까. 때때로 가장 소중한 정을 간직하지 않던가요? 베르나르댕 드 생 피에르는 자기 스승[장 자크 루소]의 마지막 사랑을 물려받은 열정적인 문인으로서 그를 상당히 반영했습니다. 이 시대의 눈부신 역사가로서 엄한 비판에서, 우리는 그 또다른 유산을 알아볼 수 있다고 믿을지 모릅니다. 그가 마담 드 콩도르세라는 18세기의 정신과 통하는 영예로운 행복을 누렸음이 사실이라면 말입니다.

이미 나이가 들었거나 젊은 나이라는 걱정에서 완전히 벗어난 사람들은 재혼을 받아들이지 않을지 모릅니다. 그런 사람들은 한 번으로 충분하다고 생각합니다.

과부는 마치 정신적인 자식처럼 따랐고 자신에게 영향을 준 첫 번째 남편의 정신을 이어나갈 수 있습니다. 이런 애틋한 입장으로 마음을 채우면서 삶의 목적으로 삼을 수도 있습니다. 부모를 잃었거나 부모와 멀리 떨어져 있는 아이들이 얼마나 많습니까! 우리의 딱딱한 학교에서 여자의 동정이 필요한 버림받은 아이가 얼마나 많습니까. 이미 병영같이 썰렁한 학교에서 자신을 잃은 아이에게 최상의 '대화 상대'는 어머니 같은 눈길을 주고, 찾아가 위로해주고, 벌을 받으면 때때로 중재하고, 무엇보다도 밖으로 데리고 나가 공부 때문에 못 쐬었을 바람을 쐬게 해주고, 산책을 하게 하고 이끌어주며, 또 다른 아이들과 함께 어울리도록 지켜볼 숙녀입니다. 이런 여자는 그 아이가 상급학교에 진학해서도 여전히 유용합니다. 그런 여자는 어머니라도 구해내지 못했을 위험에서도 아이를 구할 수 있습니다. 아이는 그녀에게 걱정하는 어머니가 전혀 지키지 못할 수천 가지 일을 부탁할 것입니다. 그녀의 능숙한 포옹이 그를 지켜줄 것이고, 맹목적으로 쾌락을 추구하거나 실패도 맛보는 이 이행기(사춘기)를 무사히 넘기도록 할 것입니다.

사실 대체로 까다로운 일이지만, 청소년을 훌륭하게 세련되게 해 심지어 여성 같은 모습을 보이게도 합니다. 또 그러다가 여자의 나약한 마음에 깊은 상처를 주기도 합니다. 소년을 돕는다고 숙녀를 엄마처럼 생각하기는 어렵습니다. 엄마와 다른 식으로 사랑할 때도 있습니다. 그녀 자신을 위해서라도 착하고 다정한 여자가 불행하고 위안받지 못하는 또 다른 집단, 즉 여자들 자신을 모성으로 돌보아야 합니다.

여자들은 여성으로서 고통을 잘 아는 만큼 서로 사랑하고 의지해야 합니다. 그런데도 정반대입니다. 어떻게 경쟁심과 질투가 그렇게 강할 수 있단 말입니까! 적대감은 본능적입니

다. 젊음에 대해서도 여전합니다. 가난한 노동자〔처녀〕나 하녀
가 젊고 아름다운 것을 그냥 못 봐줍니다.

이럴 때 여자들은 나이가 주는 관대함이라는 멋진 특권이자
사랑을 지켜주는 것을 차버립니다(이런 특권은 사랑과 마찬가
지로 가치가 있는 것인데도). 그들이 연인들을 깨우치고 인도
하며 가깝도록 해준다면 얼마나 행복하겠습니까! 젊은 노동자
〔청년〕에게 카페에서 노닥거리는 것은 낭비일 뿐이고, 모든 면
에서 가정생활보다 부실한 것이라는 점을 이해하게 해준다면
말입니다. 영향력 있는 사람의 한마디가 참사랑에 눈을 뜨게
하고 사랑을 세련되게 합니다. 남편이 권태로워하면서 아내를
멀리하는 경우가 좀 많습니까. 이럴 때 격려의 찬사를 듣게 되
고, 감탄하는 모습을 보게 되며, 자신의 행복을 부러워하는 제
삼자의 탄식을 접한다면 어떻겠습니까? 이런 것만으로도 그는
다른 사람들이 보았던 것을, 자기 아내가 얼마나 매력적인지
마음속에서 사랑을 되찾으면서 자신이 항상 사랑하고 있었다
는 것을 깨닫게 됩니다.

어느 집에서나 예민한 여자 친구가 기습적으로 눈치 채고서
다행스레 끼어드는 위기의 순간이 있습니다. 이런 친구는 젊은
부인의 고백을 듣지도 않고서 고백하게 하고, 유도하지 않으면
서도 유도합니다. 부인이 슬픔에 답답해하며 말없이 나타나면
부드럽게 그 마음을 풀어줍니다. 그러면 모든 것이 터져나옵니
다. 남편의 힘든 면, 자신에 대한 무시, 그런가 하면 반대로 "또

다른 일"도 자연스레 폭로됩니다. 이런 때, 친구는 그녀를 자기 식으로 감싸게 되겠지요. 이렇게 경험도 꾀도 부족한 데다 훌쩍이는 젊은 부인을 안아주고 토닥이면서, 잠시 마음을 진정시키는 것은 일도 아닙니다. 친정엄마를 대하는 심정 아니겠습니까! 이런 뜻밖의 행복으로, 그녀를 영원히 울릴 수도 있는 정신 나간 행동이나 맹목적인 복수를 예방할 수 있습니다.

자존심이 강한 여자는 그런 복수에 나서기도 합니다. 이혼을 요구합니다. 요즘 흔한 일입니다. 극심해질 수도 고쳐질 수도 있을 젊은 남편의 과격한 첫 번째 반응에도, 자신이 부자인 줄 아는 아내는 아무 말도 듣지 않고, 아무것도 참지 않고, 다 깨 버리고서 친정으로 돌아가려 합니다. 힘이 센 친정 식구들이 그녀 편을 듭니다. 그녀가 고용했던 하녀들은 남편에게 불리하게 증언합니다. 그녀는 지참금을 되찾겠지요. 그러나 자유를 찾을까요? 아닙니다. 아직 젊지만 그저 과부 신세가 됩니다. (이런 말까지 해야 할지 모르겠지만) 자기가 나눠주었던 본성을 되찾을 수 있겠습니까? 자기 자신을 변화시키고 결정적으로 타인과 하나가 되었던 그런 것을 말입니다. 못 합니다. 못 해요! 다시는 못 찾습니다. 이보다 더 괴로운 것이 어디 있겠습니까.

그렇다면 뭘 어떻게 하란 말씀입니까! 되돌아오는 것은 아무것도 없으니, 남편이라도 다시 찾아야 하지 않을까요? 그의 잘못은 단지 나이 탓입니다. 그는 악하지도 쩨쩨하지도 않습니다. 지참금은 친정에서 가져가라고 합시다. 그가 사랑하고 아쉬워하는 것은 '그녀' 아닙니까. 그는 (특히 헤어져 있을 때) 그렇게 마음에 드는 여자를 다시 찾을 수 없다고 새삼 느낍니다. 그토록 두 사람에게 운명적이던 이런 자부심이야말로 사랑의 위력 아닙니까?

"사랑이요? 우리가 이 세상에서 가진 것이라고는 이것뿐인데. 내일이면 우리도 죽고 말 텐데. 오늘 사랑해야지요. 두 사람, 틀림없이 아직 사랑하고 있잖아요."

이렇게 좋은 친구의 조언만 듣는 것이 아니라 시골에서 위로받으며 지내던 어느 날, 싫든 좋든 그녀는 다시 화장을 하게 됩니다. 아름다운 모습으로. 손님들이 찾아오겠지만 그녀에게는 단 한 사람만 눈에 띕니다. 누굽니까?

"남편?"

아닙니다. 애인입니다(실제로는 남편이지만 애인처럼 맞이한다는 뜻). 얼굴은 닮았을지 모르지만 생각은 완전히 다릅니다. 남편이었다면 이렇게 마음이 두근거리겠습니까? 사랑과 설렘과 그토록 열렬한 감정이 다시 살아났을까요? 아, 설명하기 어렵습니다. 서로 무슨 말을 속삭이고 약속하고 맹세하는지… 정신이 없습니다. 친구는 웃으면서 예의 좀 차려보라고 합니다. 늦은 시간이고 저녁은 후딱 해치웠습니다. 친구가 약간 골치 아파하기 때문입니다. 두 사람 사이에 끼어들 수도 없습니다. 두 사람도 감정에 겨워 피곤하기 때문에 그렇게 그녀가 떠나도록 내버려둡니다. 이렇게 두 사람만 남게 되겠지요. 싸우지도 않겠지요. 이른 시간부터 얼마나 서로 변론이 많았습니까? 하지만 이제 쉬어야 합니다.

그럼 이게 다입니까? 아니지요. 이 좋은 친구는 두 사람을 재결합하게 하고서 다시는 이렇게 난리 피우지 않기만을 바랍니다. 그녀는 두 사람에게서 두 가지를 얻었습니다. 우선 이런 난리에서 벗어나게 했습니다. 사랑하는 사람들 사이에서보다는 주로 주변 사람들에게서 시작되는 난리입니다. 어느 한쪽에 잘못이 있더라도, 이런 잘못은 종종 멀리하는 것이 좋을 나쁜 친구의 영향으로 지속되고 늘어나기 마련입니다. 때때로 장소를 바꿔보면, 모든 것이 달라집니다.

친구가 고쳐주고 싶은 더욱 빈번하고 고약한 일은 한가함입니다. 할 일 없이 심심한 생활을 하다보면 십중팔구 우울하고 건전치 못한 생각에 빠지고, 냉소적인 태도를 보일 수밖에 없습니다. 정신과 생활을 하나로 뒤섞어 가능한 한 함께 일하고 '협동'해야 합니다. 따로 떨어져 일하더라도, 함께하지 못한다고 아쉬워하고 안타까워해야 합니다. 서로를 탐하는 것, 다시 볼 시간을 기다리며 초조해하는 것, 저녁을 바라 마지않아야 합니다.

3

여자를 지키는 여자, 카롤린 치솜

세계에서 다섯 번째로 큰 세계인 호주에서는 지금까지〔1850
년대〕단 한 사람의 성자聖者와 전설을 내놓았습니다. 이 성자
는 영국 여인으로 최근에 사망했습니다.

이 여인은 재산도 지원도 없이 그 새 세계를 위해 모든 이민
사회와 영국 정부보다 더욱 큰 일을 했습니다. 지상에서 가장
부유하고 막강한 정부로서, 인도의 주인이자 인구 2억의 대제
국도 호주의 식민화에서는 손실을 만회해야 할 만큼 실패했습
니다. 그런데 한 여인이 그 일을 열렬한 선의와 마음의 힘으로
성공적으로 해냈습니다.

그 강인한 민족도 그녀에게 경의를 표해야 합니다. 프랑스나
독일 여인도 그만한 선의와 자애를 보여줄 수 있겠지만, 그녀
만큼 장애를 극복할지는 의문입니다. 그러기에는 선과 숭고한
집념이 필요할 것입니다.

카롤린 존스는 1800년경에 노섬턴 지방에서 태어났습니다. 그녀는 스물한 살에 결혼해서 식민지 사관[동인도회사]인 남편을 따라 인도로 건너갔습니다. 이것은 급격한 변화였습니다. 예의 바르고, 진지한 영국 농촌의 풍습을 따르며 성장한 그녀가 무절제한 군대의 바빌론에 떨어진 것입니다. 병사들의 딸들은 고아로 버려졌고, 마드라스[인도 남부, 뱅갈 만의 항구] 거리에서 팔려나갔습니다. 존스 부인은 이 아이들을 자기 집으로 거두어들였습니다. 사람들이 비아냥거렸지만 그녀는 그 집을 지키며 가장 소중한 고아원으로 만들었습니다.

남편 치솜 대위는 건강이 악화되어 더욱 좋은 날씨에서 살아야 할 형편이 되자 한동안 요양휴가를 얻어 1838년에 부인과 아이들을 데리고 호주로 갔습니다. 하지만 얼마 지나지도 않아 귀환 명령을 받은 그는 그녀만 혼자 남겨두고 떠났습니다. 이렇게 해서 그녀의 용감한 활약이 시작되었습니다.

이 무렵 그 누구도 시드니와 호주에 대해 전반적으로 알지 못했습니다. 그곳은 '유배자'와 죄수들로 들끓었는데, 대다수는 도형수였습니다. 수많은 남자들이 추방당해 이곳으로 끝없이 밀려들었지만 여자들은 거의 없었습니다.

그러니 얼마나 여자들을 찾고 쫓아다니고 했을지 짐작할 만합니다. 여자들이 탄 배가 들어올 때를 손꼽아 기다리고, 야만적인 환호로 반겼습니다. 굶주림에서 터져나오는 비명 같은 것이겠지요. 난폭하고 차마 볼 수 없는 행동이 다반사였습니다.

심지어 남편이 부재중일 때에 부인들은 자기 집에서조차 안전하지 못했습니다. 처녀들이 유배되어 왔을 때에 그녀들은 마치 사냥감처럼 이 남자들의 무리 속에 던져지는 처지였습니다.

이런 끔찍한 상황을 이해하려면 우선 영국 여자를 알아야 합니다. 영국 여자들은 잔꾀도 없고 요령부득한 성격입니다. 프랑스 여자와 다릅니다. 일을 할 줄도 모릅니다. 영국 여자들은 육아와 살림에만 최상입니다. 그녀들은 겸손하고 매우 의존적입니다(지참금도 없습니다). 유부녀들은 대단히 강하게 단련됩니다. 그렇지만 혼전의 처녀들은 가엾기 짝이 없습니다. 자신을 못미더워하고, 놀라고 허둥대며 넘어지는 사고뭉치입니다. 이런 말까지 듣습니다.

"버려진 개" 같다고. 주인을 찾아 헤매면서 무엇을 해야 할지 모른다고.

심지어 영국 매춘부들은 프랑스에서보다 더욱 한심한 지경입니다. 프랑스 매춘부들은 그 비참한 상태에서도 냉소적으로 자신을 방어하고, 물론 상대적이지만 어지간히 존중받기도 합니다. 반면 영국 아가씨들은 용수철 같은 면이 전혀 없고 치욕에 버틸 수단도 없으며, 말 한마디 못 합니다(아일랜드 여자나 말주변이 있습니다). 영국 아가씨는 정신적으로 의기소침한 채로 15분마다 '진'을 들이키며 버티거나 하고, 희미한 어둠 속에서 자신이 어떤 모욕을 받는지도 제대로 모릅니다.

맙소사, 얼마나 이렇게 어린 아가씨들입니까! 열여섯에서 열세 살에 불과한데 이런 일을 강요받고 또 도둑질을 합니다. 이들 상당수가 경찰에 검거되어 곧바로 재판에 넘겨져 형을 받고 호주로 보내집니다. 이들은 주로 낡고 형편없는 배에 올라 탑니다. 칼레 앞바다에 침몰했던[출항한 지 얼마 되지도 않는 해역에서] '대양호' 같은 배입니다. 아주 어리고 귀여운 처녀들 4백여 명이 수장되었습니다. 살아남은 처녀들은 통곡하며 지켜보고, 머리를 쥐어뜯으며 괴로워했을 뿐입니다.

어린 양들처럼 도형수 같은 세상에 내던져진 이런 불쌍한 인간 가축이 어떻게 되었을지 짐작하고도 남지 않습니까. 시드니 거리에서 쫓겨다니며, 그녀들은 끈질긴 폭력을 피하려고 시 외곽의 바위 밑, 별이 빛나는 한데에서 밤을 지새워야 했습니다.

카롤린은 깊은 상처를 받았습니다. 이런 눈 뜨고 볼 수 없는 장면 앞에서 선량한 여자로서 영국인답게 수치스러워하면서. 그녀는 당국에 문제를 제기했습니다. 하지만 관리들은 위험한 강력범들을 감시하는 데만 해도 인력이 모자라, 이런 비참한 일을 성가셔할 정도였습니다. 그래서 목회자들에게 하소연했습니다. 하지만 영국 성공회는, 모든 교회가 그렇듯이, 인간적 교정을 바라기보다는 본능적인 변태성을 믿는 편이었습니다. 그녀는 다시 언론을 찾아갔지만 냉담한 대접만 받았습니다.

아무튼 그녀는 성과가 없어도 호소하고 또 호소했습니다. 결국 정부가 낡은 가게채를 제공했습니다. 그녀는 당장 처녀 백여 명을 들어오게 해서 지붕 밑에서 잘 수 있게 했습니다. 기혼녀들은 남편의 부재중에 마당에 텐트를 치고, 밤에 닥칠 공격을 피할 수 있다고 안심하게 되었습니다.

대부분 아무것도 할 줄 아는 것이 없는 이 처녀들을 어떻게 먹여 살려야 하겠습니까? 수입이 빤한 대위의 부인이자 세 자녀의 어머니로서 카롤린은 곤혹스러울 수밖에 없었습니다. 그녀는 시골로 기혼 가정들을 찾아다니면서 그녀들의 일자리를 알아보았습니다. 그렇게 해서 다른 곳에 차츰 자리 잡는 처녀들과 새로 들어오는 처녀들이 늘어났습니다. 일 년 안에 7백명을 구했습니다. 영국 성공회 신자 3백 명에 아일랜드 가톨릭 신자 4백 명이었습니다. 이들 대부분은 결혼했는데 자기 집에 유배돼온 불쌍한 자매들을 들여놓았습니다.

시드니 주위가 다 채워지면서 다른 장소를 물색해야 했습니다. 이렇게 인구가 많은 고장에서도 처녀 혼자 여행하기란 거의 불가능한 일이었습니다. 주거지들은 먼 거리에 뚝뚝 떨어져 있었고, 공공 치안의 혜택 같은 것은 아예 없었으니까요. 그녀는 과감했습니다. '캡틴'이라고 부른 말을 타고(곁에 없는 남편을 기억하면서) 그녀는 길과 급류가 흐르는 계곡의 험로를 건너 정착지가 될 만한 곳을 찾아다녔습니다. 더욱 놀랍게도 그녀는 처녀들과 함께 돌아다녔습니다. 60명에 달할 때도 있었고, 그 처녀들을 가정에 하녀로 들여보내거나 결혼하게 했습니다. 그녀는 가는 곳마다 못된 사람들, 못된 남자들로부터 마치 그녀 자신이 하느님의 약속이라도 된다는 듯 환대를 받았습니다. 그래도 그녀는 항상 처녀들과 함께 잤습니다. 천막도 변변치 않은 수레에서 밤을 지새우곤 했습니다.

마침내 세상 사람들이 이런 시도가 훌륭하고 아름다운 줄 알게 되었습니다. 그때까지 수수방관하고, 모든 일이 임시방편이었으며 계속 황폐해지기만 하는 이 식민지를 끊임없이 늘려나가기나 했습니다. 더구나 사람들의 마음이나 풍습도 변하지 않았습니다. 사악은 사악대로 번창했습니다. 이곳에서 매춘은 런던보다 더욱 창피할 정도로 곪아터지고 있었습니다. 이럴 때이 용감한 여인의 혁명적 행동은, 죽음을 죽이자! 황폐함을 죽이고 독신생활을 죽이자, 라는 기치를 내세웠다고 하겠습니다.

애당초 그녀가 찾아갔을 때 총독이 뭐라고 했습니까.

"그래, 뭐 어쩌란 말입니까! 그 사람들에게 마누라라도 구해주라고?"

어쨌든 바로 이런 대답이 정답입니다. 삶의 비밀이자 신세계의 운명이 달린 것입니다. 그녀는 주저하지 않았습니다. 이 모든 면에서 정숙하고 건강한 여인은 식민지에서 사랑의 사자使者이자 행복의 장관 노릇을 했습니다. 그녀는 이런 급한 결혼에서 좋은 상대를 고르도록 잘해보려고 애썼습니다. 어떻게 하겠습니까? 완전하게 고립되어, 끼어들어 훼방할 사람이 없으므로, 선한 자연의 힘에 모든 것을 맡길 수 있다고 믿었습니다. 즉 사람들은 서로 사랑하고 싶어하니 서로 사랑하게 된다고. 시간을 함께 보내다보면 서로 좋아하고 열렬해진다고.

부인은 특히 가정을 이루는 데 전력을 쏟았습니다. 갓 결혼한 색시가 집안의 주인이 되어 부모를 모셔오도록 도왔습니다. 또 영국에서 요즘 프랑스가 그렇듯이 굶어 죽도록 고통에 시달리는 불행한 노동자들을 건너오도록 했습니다.

이런 활동에 대한 보상은 고작 그녀를 살해하려는 것이었습니다. 시드니 주민들은 그녀가 이민을 많이 끌어들여 임금을 떨어뜨렸다고 미워했습니다. 이런 사람들이 떼거지로 몰려와 그녀의 목숨을 내놓으라 했습니다. 그녀는 용감하게 이유를 이해하도록 호소했고, 무리는 수긍하고서 물러났습니다.

7년 만에 그녀는 런던으로 돌아가 장관을 설득했고, 자신의 생각을 알리는 강연도 했습니다. 그레이 장관과 상원위원회는 그 강연을 듣고 참고했습니다. 보기 드물게 좋았던 일은 아내의 첫 번째 사제로서 그녀의 남편이 다시 호주로 돌아갔다는 사실입니다. 부부는 이토록 한뜻으로, 일이 더욱 잘되게 하려고 이런 힘든 별거를 감수했습니다. 그녀도 나중에 남편을 찾아 호주로 또다시 건너가 재회했지만 병들고 말았습니다(『블로스빌』 II, 170쪽, 1859).

그녀는 한 세계의 전설입니다. 그 기억은 해가 갈수록 커져만 갑니다.

무시할 수 없이 특이한 점은 이 성녀가 어떤 악몽이나 과장된 공상에 사로잡히지 않는 적극적인 사람이었다는 사실입니다. 그녀는 아주 고도로 행정적인 능력을 보였습니다. 방대한 세부 사항들과 자금, 인물, 회계를 망라한 모든 것을 기록했습니다. 완전히 영국 여자다운 성격입니다. 남편과 자식에 대한 작은 유산의 책임이 있다고 생각한 그녀는 수많은 융자와 사소한 수입과 지출 등 단 한 푼도 빠트리지 않고 적어두었습니다. 이런 사제와 같은 일을 하면서 그녀는 가족에게 16파운드밖에 남기지 않을 정도로 가난하게 살았습니다.

한 세상을 만든 것치고는 너무나 약소합니다.

4
수감생활 중인 여죄수의 위안

1845년에 마담 말레는 학사원에 제출한 논문에서 이렇게 말했습니다.

"프랑스에서 매년 1만 명의 여죄수가 수감됩니다. 가장 좋은 대우를 받는 중죄인들은 수도의 주요 형무소들을 채우고 있습니다. 8천 명에 이르는 경범들은 각 도청 산하 형무소에 분산되는데 이곳들 대부분은 낡고 습한 옛 수녀원이며, 그곳에서 아무 일도 하지 않으면서 방치된 채 병들고 썩어가고 있습니다— '홑이불'도 없고 '침대' 조차 없습니다."

이때부터 이런 사정이 개선되어야 한다는 희망을 갖게 되었습니다. 1840년까지 여죄수들은 "남자가 감시"했습니다! 오늘도 여전히 한 여성이 체포되어 유치장에서 이십대 청년 열 명의 보호하에 있었습니다(1858년 9월 14일에 벌어진 비극적인 오슬린다 사건을 참조합시다).

일반적인 범죄와 비행非行에서 여성의 비중은 크지 않습니다(전체의 17퍼센트가량). 놀라운 사실입니다. 여자들이 남자보다 벌이가 훨씬 적고, 그만큼 더욱 가난하고 불행해 일을 저지른다는 것입니다. 마담 말레와 함께 그 원인을 자세히 들여다보면 이 수치는 더욱 줄어들고, 대부분 없어집니다. 대부분의 범죄와 비행은 강요받은 것입니다. 이런 것이지요. 즉 매춘부가 열세 살 난 소녀들을 때리고, 주먹으로 이를 부러뜨렸다거나 하는 것입니다. 거리로 내쫓아 도둑질을 하게 하고…. 또 기둥서방들은 자기들이 직접 범죄를 저지르는 것이 아니라 여자에게 강요합니다. 말을 듣지 않으면 몽둥이질을 합니다. 또 다른 경우 그저 배가 고파서 못된 짓을 하게 됩니다. 또 착한 자애심 때문에, 여자들은 부모를 부양하려고 매춘을 하는데, 이는 차라리 상을 줄 만한 일입니다.

그들 대부분은 착한 사람들이고 따뜻하고 동정심이 많습니다. 가난한 사람들이 이런 사실을 잘 압니다. 가난한 사람들은 이런 여자들을 믿고 좋아합니다. 이런 도시의 시궁창에 선의가 무한하다는 점을 주목합시다. 시골 사람들은 꽤나 박정薄情합니다. 베푸는 것도 거의 없고, 무슨 일이라도 불거질까 겁이나 내고, 부모를 굶어 죽도록 방치시킵니다.

악행과 범죄를 유발하는 일반적이며, 사실상 깊은 원인은 바로 사는 것이 지겹고 슬프기 때문입니다. 가난한 처녀에게 미덕이란 대체 무엇입니까? 하루 10수를 받고서 열네 시간 동안

한자리에 "똑같은 바느질[이나 손놀림]을 반복"하는 것 아닙니까. 머리는 무겁고, 배는 쪼그라들고, 엉덩이는 뜨겁고, 피곤합니다. "거기 영원히 앉아 있을지니!" 게다가 겨울이면 형편없는 석탄화로를 아무리 때더라도 덜덜 떨다 결국 병에 걸리고 맙니다. 여성 범법자의 5분의 1은 재봉사입니다.

이 가엾은 여자들은 자세를 바꿔가면서 움직여야 합니다. 새로운 감각이란 여자에게 항상 기분 좋은 일입니다. 그렇다고 여자가 행복하자면 대단히 새로운 것이 필요한 것도 아닙니다. 살림하면서 조금씩 바꿔가며 일하고 아이를 돌보는 것이면 천국입니다. 여자를 사랑하고, 조금만 더 부드럽고 덜 지겨운 생활을 하도록 한다면 절대 아플 일이 없습니다. 하루 단 몇 시간만이라도 바느질이라는 영원한 고문에서 풀어주고 쉬게 합시다. 우리 중 누가 그것을 견뎌내겠습니까?

마담 말레는 형무소를 철저하게 조사했습니다. 찬사를 보내야 할 일입니다. 우리 부인들이 그녀를 더 따른다면, 혐오감을 뿌리치고 그 지옥으로 들어가볼 수 있을 것입니다. 지옥처럼 처참하지만, 그곳에서 많은 "추락한 천사"들을 만나게 되겠지요. 비록 추락했어도 부인들이 믿는 성녀보다 하늘에 더 가까이 가 있는 천사들도 있습니다.

그런데 부인의 이 훌륭한 책은 너무 얌전하고 조심스럽습니다. 종교인의 감시를 바라는 것인지 아닌지 불확실합니다. 시대사조를 그대로 추종하고, 현행 수감제도를 옹호하는 입장입니다. 답답하고 캄캄하게 조성된 그곳에서 사람들이 사람들을 완전히 시들게 하고 있지 않습니까.

사람을 고치려면 그 벽을 허물어야 합니다. '공기와 햇빛'이 필요합니다. 사람의 정신을 차리게 하는 빛입니다.

교정이라는 게 결국, 완전히 다른 조건에 갇혀 중노동하는 것이지만, '음악'으로 조금 변화를 주고 있긴 합니다(파리에서 대성공이었습니다. 개신교 부인회의 노력 덕분입니다). 죄수들은 음악을 미칠 듯이 좋아합니다. 음악은 그들의 몸과 마음의 균형을 찾아주고, 속에서 끓는 불꽃을 진정시킵니다.

레옹 포쉐가 교정 문제에 대해 매우 유익한 말을 했습니다. 농촌 출신 죄수들을 "밭일을 하도록" 해야 한다고. 폐병 환자를 양산하는 끔찍한 감옥소 안에 처박아두지 말자고. 맞는 말입니다. 농촌 출신 여자는 밭에 나가 일해야 합니다(알제리에서는 그렇게 하고 있습니다). 밭일이 아니더라도 농산물을 경작하는 하우스 같은 곳에서 몇 시간 일을 하는 것도 유익합니다.

영국인처럼, 이 세상 끝에 비용이 많이 드는 교도소를 만들 필요까진 없습니다. 지중해 연안을 활용하면 됩니다. 아프리카도 우리 제국을 먹여 살리지 않습니까. 아프리카는 우리가 진지하게 그 건강을 배려한다면 즉시 다시 번창할 것입니다.

그러나 아무리 위대하고 결정적이며 절대적인 교정술도 '사랑과 결혼'만 못합니다.

⚬

"결혼이라고요! 누가 원하겠어요?"

그것을 깊이 생각하는 사람들은 한둘이 아닙니다.

외과의사 부르세는 이런 말을 했습니다.

"어떤 사람은 힘이 넘쳐 탈이 나고, 어떤 사람은 힘이 없어 탈이 납니다. 이렇게 다양한 기질에 맞춰 다른 물리적 조건이 따라주면 병이 나지 않습니다."

오늘 각박한 사회와 도시생활로 숨이 막혀, 폭력으로 넘치는 힘을 주체하지 못해 죄를 저지른 사람이라도 제자리를 찾을 수 있고, 또 아틀라스 같은 자유와 식민지의 모험적인 군대생활 같은 데에서 감탄할 만하게 잘 적응할 수 있을 것입니다. 마담 말레가 전체적으로 주목한 것은 이렇습니다. 즉 울화와 질투에 넘쳐 범죄를 저지른 다혈질 여자들은 윤락녀가 아니라는 사실입니다. 이런 여자들의 힘에 걸맞은 일을 찾아주고 사랑하고 가정을 이루게 하면, 정말 감쪽같이 순한 양이 됩니다.

인정과 모성애로써 이겨내고 성자와 순교자가 된 매춘부들을 누가 더럽혀진 여자들이라 생각하겠습니까? 미덕조차 고문의 채찍이 될 뿐인 이 불운한 여자들이 얼마나 순결한지 알아야 합니다. 비록 짜증에 지쳤지만 그녀들의 가슴은 어떤 여자

418

보다 순수하고, 명예와 사람에 굶주려 있고, 사랑받고도 남을 만합니다.

정말로 벌 받아 마땅한 여자들도 그녀들의 잘못에 깜깜한 새로운 땅인 유럽으로, 새로운 하늘 밑에 데려다놓는다고 생각해봅시다. 그곳은 그녀들이 벌하려는 어머니가 여전히 그들 자신의 어머니일 수밖에 없는 그런 사회가 아니라, 시련 끝에 과거를 잊고 어쩌면 사랑까지 찾을 수 있는 곳이라면, 그 마음은 따뜻하게 풀리고 눈물을 쏟아내며 깨끗해질 것입니다.

지중해에서 그 연안[북아프리카 쪽]이 민숭민숭하고 산은 거칠어도, 샘이 솟아나는 한 언제나 다시 숲으로 우거지게 되는 만큼, 우리가 돕기만 한다면 이곳에서 스무 개가 넘는 나라라도 세울 수 있을 듯합니다. 비참한 노동자로서 집으로 돌려보내는 대신, 아프리카나 아시아에서 우리의 병사는 땅을 개척하며 살 수 있을 것입니다. 그는 오리엔트 여자 같은 부류가 아니라, 진정 살아 있는 아내이자 조수로서 재치 있고, 힘 좋고, 역경을 이겨내고 행복을 찾는 프랑스 여자를 더욱 많이 사랑하며 살 수 있을 것입니다.

이것이 바로 내가 그리는 미래의 청사진입니다. 조건이 있습니다. 우리 시대의 이런 큰일에 쓰일 의술이 필요합니다. 즉 "남자를 그 풍토에 적응하게 하고 다른 민족과 결혼하도록 해야" 합니다. 그렇게 민족적 혈통과 조건과 기질이 다른 가족들을 결혼으로 조화롭게 어울리도록 해야 합니다. 프랑스 사람의 결혼은 영국 여인 카롤린이 임시변통으로 맺어준 결혼보다 더욱 솜씨를 발휘해야 합니다. 의학과 과학으로 교양을 쌓은 프랑스의 카롤린이 현명한 조건하에 방면된 여자들을 정착하게 할 수 있을 것입니다. 예컨대 다혈질의 여자가 상쾌한 산바람을 맞으며 거친 사내와 결혼한다면, 그 힘이 지나칠까 걱정해야 할지 모릅니다. 그러니 차분한 사내와 평지에서 살도록 하는 편이 좋지 않겠습니까. 여자가 그 점잖고 은근한 정력을 존중하게 될 사내 말입니다.

바로 이런 것이 둘도 없이 믿음직한 대책입니다. 현 상태로는 아무것도 교정하지 못한다고 당국도 인정했습니다(마담 말레의 책). 재범만 늘어나고 있다고. 여자들이 교도소에서 침묵 속에 갇혀 있다는 것은 고문이고, 실제로 많은 여성 수감자들이 미쳐버리고 있습니다. 그런데 말레 부인은 무슨 지적을 했습니까? 광기를 가중시키고 있다는 것입니다. 그 여자들을 독방에 집어넣고 가톨릭 사제와 교리문답을 하도록 한다는 것이지요.

일반적으로 사제가 어떻게 접근하겠습니까? 애매한 일반성으로 접근합니다(마담 말레). 계층이나 개인에 따른 다양성은 없습니다. 여성 노동자는 그 말을 지겨워하고, 시골 여성은 한마디도 듣지 않습니다. 악행으로 단련된 처녀와, 급한 성격 탓에 어쩌다 불운한 충격으로 죄를 지은 그런 처녀를 똑같은 말로 어쩌자는 것입니까? 사랑과 세상과 삶을 무시하는 것을 자랑으로 여기는 유능한 사제가 그토록 다양한 상황과 그토록 복잡한 범죄 발생의 과정을 이해하기에 적합하겠습니까? 수녀들을 간수로 고용하는 경우도 거의 없지 않습니까! 수녀들을 권하는 말레 부인도 수녀들이 아무것도 이해하지 못한다고 실토하고 있습니다. 되레 수감자들이 그곳까지 들어오게 된 사정과 빈곤에서 비롯된 유혹 등에 대해 아무런 생각도 없이, 그녀들을 증오한다고….

이런 단체(종교)의 회원은 오직 이런 식으로 일반적으로 틀에 박힌 말만 할 뿐, 특수하고 개별적인 감각이 부족합니다. 더구나 민간단체에서 보낸 사람이더라도 우리의 단일한 교육을 받은 남자는 여자보다 훨씬 부적합합니다. 나이가 지긋하고 경험이 있는 우리 이웃의 부인이 훨씬 낫습니다. 많은 것을 보고 느끼고, 운명이 무엇인지 알고, 마음을 움직일 줄 아는 부인은 남자들이 의심조차 하지 않는 수많은 미묘하고 까다로운 비밀을 알고 있습니다.

"그렇다면 그 어두운 곳을 자주 찾아가 딱한 사람들을 만나러 다닐 만큼 헌신적이고 용기 있는 부인들이 많다고 생각하십니까. 그렇게 하면 선행인 줄 잘 아는 사람들이야 많지만

요. 그래도 그렇게 하자면 상당한 고집과 힘을 들여야겠지요."

마음뿐만 아니라 정신적으로도 이런 절실한 지원을 하는 사람들이 있을 것이라 생각합니다. 지시할 만한 나이가 되고, 고상하고 순수하며 깨인 지성을 지닌 사람이 이 생생한 증언록을 읽는다는 것은 깊은 감동과 교훈을 주는 공부가 될 것입니다. 당신이 즐기는 연극을 조금 제쳐둔다면, 진정한 드라마가 바로 여기에 있습니다. 당신의 관심과 눈물을 아껴주셔야겠지요. 이런 현실 앞에서 어떤 픽션도 시들해지고 말 것입니다. 여자의 운명이란 얼마나 강렬하고 복잡 미묘합니까. 부인, 당신은 손에 쥔 난마처럼 얽힌 실타래를 풀어내면서 행복해하지 않겠습니까? 이 망가진 가엾은 실을 다시 잘 엮을 솜씨만 있다면… 부인, 천사들이 당신을 부러워하지 않겠습니까.

하느님의 심부름을 하는 천사처럼 착한 부인, 어둡고 충격적이고 무서운 말을 하는 것을 용서하십시오. 그러니 모든 것은 당신이 태우는 애덕의 불꽃으로 순화됩니다.

만약 그곳에서 자연 상태를 상기시킬 만한 수단을 찾지 못하거나, 강자들의 노리개가 되어 쓰러진 약자들에 대한 가증스런 폭정을 끝내지 않는다면, 교도소 개혁은 불가능합니다.

세상 누구나 알고 있지만 아무도 이런 말을 하려 하지 않습니다. 큰 정치적 잘못을 범한 양심수로서 끔찍한 기억을 갖고 있는 사람이 있습니다. 이 남자는 감옥을 아주 잘 아는 사람으로, 우리가 친구가 되었을 때 격앙되어 눈물을 흘리면서, 끝도 없는 절망의 늪인 이 지옥 같은 어둠의 세계의 수수께끼를 여러 차례 들려주었습니다.

결과는 다릅니다. 그토록 낮은 곳에 떨어진 남자는 어린애에게도 겁을 집어먹을 정도로 나약해집니다. 반면 여자는 광란하는 복수의 여신이 됩니다.

돌담과 지하 독방의 창살로 이런 것을 끝내지는 못합니다. 수치스런 자살자나 앉은뱅이 또는 백치나 양산하게 됩니다. 공기와 일, 즉 피곤한 일이 필요합니다. 또 기혼자로 수감된 사람에게, 누구도 그 권리를 빼앗지 못할 결혼(부부)생활을 되찾아줘야 합니다.

나는 정신과학 아카데미(오늘날의 인문과학)의 훌륭한 동료들에게 다음과 같은 질의를 했습니다.

즉, 한 남자를 감옥으로 보내면 그 결혼의 시민권적 효력을 정지시키게 되는데, 그런 법은 그에게 독신생활(금욕생활)이라는 형벌을 내렸다는 뜻 아닙니까? 나는 그런 뜻이 전혀 아니라고 생각합니다. 내가 확실히 아는 것은, 그 부부의 다른 한 사람, 즉 무고하고 처벌받지 않은 동반자는 부부의 권리를 변함없이 갖고 있다는 것입니다.

이런 불운한 사람들은 가족에게 완강하게 매달리고 또 가족

여자는 오직 사랑 그 자체입니다. 사랑을 그녀에게 돌려주면, 당신은 그녀에게
원하는 모든 것을 할 수 있습니다.

을 위해 헌신적으로 희생합니다. 나는 몽 생 미쉘[노르망디 지방의 가톨릭 대수도원]에서 한 죄수를 만났습니다. 이 사람은 유능한 모자 제조자인데, 감옥에서 모든 것을 마다하고, 아내를 부양하려고 일만 하고 있었습니다. 그러면서 그녀를 다시 만날 날만을 초조하게 기다렸습니다.

가톨릭교회는 결혼은 갈라질 수 없으며 그 권리는 영원하다고 믿습니다. 그렇다면 이런 문제를 두고서 왜 종교와 도적과 애덕의 이름으로 그런 것을 요구하지 않는 것입니까?

물론 실제적인 난점이 있다는 것을 잘 압니다. 매우 현명한 장치를 마련해야 합니다. 여자 수감자에게 변태적이고 부패하며, 부인을 잘못되게 할 남편을 신중치 못하게 끌어들일 수는 없는 노릇입니다. 과중한 업무를 맡고 있는 행정 당국이 이런 요구에 따른 섬세한 정보를 쉽게 접할 수도 없거니와, 원거리의 정보를 찾거나 단 한 명의 여성 수감자를 위해 까다롭고 비용이 많이 드는 통신을 하기도 어려운 일입니다. 바로 이런 자리가 미덕을 입증한 선의를 지닌 부인 같은 사람의 역할을 중요하게 요구합니다.

교도소가 대도시 안이나 근교에 있다면, 선행으로 봉사하는 부인은 수감자의 남편에게 일을 전하면서 두 사람을 이어줄 수 있을 것이고, 수감된 아내는 봉사하는 부인이 전한 모월모일에 맞춰 찾아오는 남편을 행복하게 맞을 수 있을 것입니다.

여자는 오직 사랑 그 자체입니다. 사랑을 그녀에게 돌려주면, 당신은 그녀에게 원하는 모든 것을 할 수 있습니다. 여죄수들을 위해 고생할 만합니다. 그녀들은 용수철처럼 반응할 준비가 되어 있습니다. 비록 과도하게 흥분하고 이상하게 사랑에 빠지기도 하지만, 절대로 남자들처럼 낙심하거나 자포자기하지 않습니다. 그 여자들에게 행복의 빛을 비춰주는 사람은 정말로 사랑받고 칭송받을 것이며, 자신이 원하는 대로 이 약한 양떼를 이끌 수 있을 것입니다.

마담 말레는 이런 점을 잘 알고 있습니다. 그녀의 교화 수단이 바로 여기에 있습니다. 이런 방법으로 여성 수감자가 남편을 만날 수 있기를 바랍니다. 하지만 수감자에게 이렇게 다시 재회를 주선하는 데에 장애와 제약은 너무 많습니다. 이런 것이 또 다른 고통이 되기도 합니다.

그 사람들에게 우리가 주는 것에 대한 보상을 기대하지 않아야 합니다. 감시가 필요할 경우, 그들이 곁에 있다는 것만으로도 두 사람을 얼어붙게 할 냉소적인 공무원들에게 맡겨서는 안 됩니다. 두 사람이 안심하고 존경하는 선량한 여공무원에게 이런 일을 맡겨야 합니다. 모든 것을 도맡아 하고, 그 지극한 위안을 받으면서 부끄러워하는 가엾은 자매를 너그럽게 감싸주고, 하느님에게 모든 것을 맡길 수 있는 그런 사람이어야 합니다.

5

여자의 치유력

리옹 사람이면 누구나 아는 명의 로르테라는 친구가 있습니다. 이 세상에서 가장 큰 선의에 넘치는 사람입니다. 그 바탕에는 어머니가 있습니다. 그 어머니에 그 아들이지요. 이 부인은 과학과 자애로 전설을 남겼습니다.

이 부인, 마담 로르테의 아버지인 리샤르는 리옹의 제조업에 종사하던 노동자였고, 척탄병이었습니다. 군대에서 다른 것보다 수학을 열심히 배웠습니다. 그래서 금세 장교와 사병 모두에게 강의를 하게 되었습니다. 리옹으로 돌아와 결혼한 그는 딸에게도 수학을 가르쳤습니다. 딸은 프뢰벨의 꼬마들 같은 식으로 초기 교육을 받았습니다. 아이들이 좋아하도록 기하(대수는 아주 지겨워하기 마련입니다)를 배웠습니다. 그녀는 제조업에 종사하는 사람을 남편으로 맞았고, 리옹에서 노동운동이 격렬하게 벌어지던 시절에 노동자들 한가운데서 살았습니다. 그러면서 왕당파며 자코뱅파(급진 개혁파)를 가리지 않고, 당국에 용감하게 호소하면서 그들의 양보를 얻어내는 등 사람들을 구했습니다. 이런 난리의 후유증이 얼마나 지독했는지 잘 알려져 있습니다. 1800년경 세상은 파탄 지경이었습니다. 세낭쿠르(낭만주의 소설의 선구자)는 절망 속에서 『사랑』을 썼고, 그랑빌은 『최후의 인간』을 썼습니다. 마담 로르테 자신도 놀랍도록 강인했지만 황폐한 세상을 버티지 못한 채 쇠약해지고 말았습니다. 치료할 수 없을 듯한 신경증이었습니다. 그녀의 나이 서른하나였을 때입니다. 그녀를 진료했던 유능한 질리베르 박사는 그녀에게 이렇게 말했습니다.

"아무것도 아닙니다. 내일 아이와 함께 리옹의 성문 밖에 나가 풀이나 좀 뜯어보세요. 그렇게만 하세요."

그녀는 걷기조차 어려웠습니다. 아주 힘겨운 발걸음을 했습니다. 그다음 날에는 좀 더 멀리 떨어진 곳으로 풀을 뽑으러 나가도록 했습니다. 매일 조금씩 거리를 늘렸습니다. 이렇게 1년 만에 부인은 식물채집자가 되었습니다. 열세 살 난 아들과 함께 매일 80리씩 걸어다니면서.

그녀는 식물 공부를 하려고 라틴어를 배웠고 아들에게도 가르쳤습니다. 또 아들을 위해서 그녀 자신이 화학, 천문학, 문리학 강의도 수강했습니다. 그녀는 아들에게 의학 공부를 준비하도록 했고 파리와 독일로 유학을 보냈습니다. 그 보상이 적었겠습니까. 모자는 한마음으로 리옹의 모든 전투 현장을 누비면서 붕대를 감아주고, 어느 편도 가리지 않고 부상자를 구하고 숨겨주었습니다. 그녀는 젊은 의사 아들의 담대한 모험심으로부터 받았습니다. 만약 그녀가 그와 함께 의료의 중심지에서 살았더라면, 식물학보다는 의학 공부를 더욱 깊이 했을지 모릅니다. 의사가 되고도 남았을 그녀는 그렇게 가난한 이들에게 약초를 파는 사람이었습니다.

이 모든 것은 이 의사 친구를 둔 덕에 내가 생생하게 목격한 바입니다. 나는 지롱드〔프랑스 서남부의 큰 강, 포도주 산지가 밀집한 보르도 지역〕 강변의 아름다운 곳에서 이 글을 쓰고 있습니다. 하지만 여기에도, 다른 근처 어느 마을에도 의사는 없습니다. 의사는 많지만 별로 할 일도 없는 소도시에 흩어져 있습니다. 값비싼 왕진료를 지불하고서 의사를 부른다 해도, 가난한 시골 사람들은 그들이 도착하기도 전에 죽습니다. 제때에만 치료하면 별것도 아닌 병이고, 키니네만 조금 있어도 가라앉을 열병일 텐데, 번번이 죽습니다. 아이들 목의 염증도 잠깐 소작燒灼하면 씻은 듯이 나을 수 있었을 텐데…. 의사가 늦게 도착하고, 아이는 죽습니다. 도대체 마담 로르테는 어디 있습니까?

거액의 연금을 받는 자로서 마음도 부유한 미국 숙녀가 있었습니다. 게다가 지식도 풍부하고 예민하며, 영국 여자처럼 겸손하고 절제하며 살았습니다. 그렇지만 부인은 딸에게 엄격한 의학 교육을 시켰습니다. 미국은 문화의 혜택을 받을 수 있는 곳에서 멀리 떨어진 이민의 나라이자 역동적인 나라입니다. 그렇다면 만약 딸이(내 추측이지만) 서부에서 일하는 사람과 결혼할 경우, 그녀 주변에 넘쳤던 개척자와 노동자들이 큰 공장에서 급히 도움을 받아야 할 때 백 리 길도 더 떨어져 있을 의사를 기다리면서 죽는 일이 없어야 했을 것입니다. 매우 혹독한 그곳에서는 겨울 내내 도움을 받지 못합니다. 그렇다면 러시아처럼 땅이 얼어붙는 가을에서 봄까지 반년쯤, 아무 통신도 교통도 없이 지내야 하는 곳에서는 오죽하겠습니까!

미국에서 해부학 강의는 남녀가 함께 수강합니다. 가령 편견 때문에 해부 실습을 할 수 없을 때에는 오주 박사[19세기 해부학자. 인체박피표본 개발자]의 훌륭한 모형으로 대신합니다. 박사는 이 인체 모형을 다른 나라들에 보낸 것을 다 합친 것보다 더 많이 미국으로 보냈다고 했습니다.

"의사들의 진료 수준이 같다고 한다면 어떤 의사가 최고일까요?"

– "사랑이 가장 많은 사람이다."

인류의 위대한 스승[예수]의 이런 훌륭한 말씀에서 다음과 같은 말을 끌어낼 수도 있습니다.

"여자는 진정한 의사다."

사실 모든 야만 민족이나 부족에서 그렇습니다. 여자들은 단순한 치료법을 구사합니다. 야만족만이 아니라 고도로 문명이 발달한 민족에서도 그렇습니다. 페르시아에서 모든 과학적 지식은 승려들의 어머니가 간직하고 있습니다.

사실 일반적이며 철학적인 문화에 익숙한 남자는 동정심이 부족할 뿐 아니라 쉽게 자위하는 까닭에, 여자보다 환자를 안심시키지 못합니다.

여자는 풍부하게 공감할 줄 압니다. 안타까운 일이라면, 여자는 동정심이 지나친 탓에 애틋해하다 못해 자신이 본 고통에 신경증적으로 감염되어 환자가 되기도 한다는 사실입니다. 한 달의 일정 기간 동안이나 임신 중일 때 여자가 환자를 마주치는 것은 위험한 일로, 치명적이고 충격적인 사건을 초래할 수 있습니다. 따라서 섣부른 낙관적 전망 같은 것은 거두어야 합니다. 여자가 이 세상에서 아무리 위로와 회복, 치료에 도움을 주는 힘이 있다 해도, 그렇다고 전문적인 의사는 아니기 때문입니다.

그래도 여자는 의술을 얼마나 훌륭하게 보완합니까! 얼마나 수만 가지 까다로운 문제에서 그녀의 분별력이 남자를 대신합니까! 교육에서도 남자는 점점 한 방향으로 전개하지만, 여자는 여러 방향을 고루 다룹니다. 특히 이런 점은 여성 질환에서 두드러집니다. 그 병의 모호한 비밀과 수수께끼 같은 힘을 밝히는 일은 여자 자신이 해야 하고, 아니면 여자를 아주 사랑하는 사람이 해야 합니다.

의사라는 성직聖職에는 다양하고 심지어 상반된 재능이 필요합니다. 의술을 행하자면 이중적인 존재가 되어야 합니다. '남녀'가 하나로 완전해지듯이, 남편과 결합된 여자, 즉 푸쉐와 한네만 부인 같은 사람입니다. 아들과 결합한 경우가 로르테 부인입니다. 양아들과 함께 의술을 행하는 나이든 과부라도 잘해낼 수 있습니다.

의사들(물론 프랑스에서 가장 개화된 계층입니다)이 자신들이 가르치고 깨우친 순진한 사람이 마음속에 든 것을 털어놓기를 바랄까요? 물론입니다.

우리가 충분히 이야기하지 않고 있는 의사의 두 가지 역할이 있습니다.

1. '고백'입니다. 환자에게 신체적인 탈을 설명할 수 있도록 그 진에 있었던 일들을 털어놓도록 하는 능력입니다.

2. 정신적 '분별력〔또는 직관력〕'입니다. 그와 같은 고백을 완전한 것이 될 수 있도록, 그것을 넘어서, 그 속의 작지만 가장 중요한 핵심을 파악할 줄 알아야 합니다. 이런 핵심은 종종 병 그 자체의 바탕으로서 감지하기 어렵습니다. 그런데 아무리 훌륭한 치료를 해도 항상 그 자리로 되돌아와 있곤 합니다.

아! 너무 젊지 않아도 마음이 젊고 다정하며, 선량한 숙녀(부인, 세련되고 인내심과 동정심이 많은)라면 훌륭하게 이런 깊은 속까지 파고들 수 있지 않겠습니까! 이런 일에서 남자는 필경 강인한 모습을 보입니다. 냉정하고 진지하게 몸 상태를 관찰하고 진단하니까 환자는 거의 말하려들지 않습니다. 그러나 만약 의사의 아내가 그 자리에 있다면, 운 좋게 그 곁에 와 있었다면, 그녀가 얼마나 많은 사실을 알아내겠습니까! 특히 환자가 여자일 경우 얼마나 큰 공감으로 그런 것을 끌어내겠습니까! 어떨 때는 눈물을 보이기만 해도 모든 것이 해결되고, 모든 얼음이 녹아내리고, 완전한 이야기를 들을 수 있습니다.

파리 시내의 우리 집 이웃에 서른한 살의 탄광부였던 사람이 있습니다. 고향 오베르뉴〔중남부의 고지대로서 석탄 산지이자 산업지역〕에서 오랫동안 일하다가 지금은 이곳에서 석탄 가게를 훌륭하게 운영하고 있습니다. 이 사람은 고향에서 사근사근한 색시를 얻었습니다. 작은 키에 예쁘고, 얼굴은 한때 거무튀튀했지만 이제는 불꽃처럼 반짝이는 눈이 매력적인 부인이 되었습니다. 이 부인은 현명했습니다. 그녀는 자신이 사람들의 주목을 받는 것은 알았지만 거북해하지는 않았습니다. 두 사람은 비좁고 어두컴컴하고 불결한 거리에 살았습니다. 한때 젊고 힘이 넘치는 광부였지만, 이 사람도 고열로 앓곤 했습니다. 열이 나는 일이 잦아졌습니다. 그는 창백하고 시름시름 말라갔습니다. 왕진을 다녀가면서 의사는 집 안의 습기 때문이라고 진단하고서 파리의 안개는 도움이 전혀 안 되니 캉탈〔남쪽 고산지대〕 지방의 신선한 공기를 오랫동안 마셔야 한다고 했습니다. 열병은 완치될 수 있지만, 귀향하지 않는다면 재발할 가능성도 있다고 했습니다. 하지만 광부는 말을 듣지 않았고 병은 깊어만 갔습니다.

광부의 부인에게 탄을 사가는 이웃 손님 아주머니가 있었습니다. 의사의 진단을 멀찌감치서 구경한 이 여자는 다른 문제가 있다고 보았습니다. 그러면서 이런 말을 했습니다.

"아이고, 새댁. 서방님이 왜 앓는 줄 모르겠지? 갈수록 더 심해지기나 할걸. 새댁의 예쁜 눈이 너무 좋아서 그런 거예요. 요즘에 왜 열이 더 극심해지는지 알기나 해요? 사랑과 욕심의 갈등 때문이라우. 시골 내려가면 몇 푼 못 벌 거라고 걱정하니까. 여기서 살다 죽고 싶어하는 거지."

부부는 어떤 결단도 내리지 못했습니다. 바로 그 이웃 아주머니가 대신 해주었습니다. 그녀는 고향 어른들께 알려 광부에게 편지를 쓰도록 했습니다. 그의 고향 재산이 못된 사람 손에서 야금야금 사라지고 있다고. 파리에서 좋은 사업을 하고 있겠지만 오베르뉴에서는 망하고 있는 것 아니냐고. 바로 이런 소식에 이 사람은 퍼뜩 정신을 차리고 단호하게 결단을 내렸습니다. 이제 가게를 내놓고 열병도 가라앉았으며, 그는 아내와 함께 고향으로 떠났습니다. 두 사람 모두 살아났습니다.

타인을 살리는 것은 곧 자신을 살리는 일입니다. 병든 사람에게 애정을 쏟으면 그 사람을 낫게 하는 가운데 자신도 좋아집니다. 깊은 애도와 상실감에 젖어 있던 어떤 부인이 이런 아픔에 전전긍긍할 때, (죄송한 말씀이지만) 다른 사람의 아픔이 최상의 약이 됩니다. 즉, 아기를 잃은 젊은 어머니가 있었습니다. 부인은 이 여자를 찾아가 울어줍니다. 아기 엄마는 더 이상 울기 어려워지고, 부인이 가족을 잃었나 생각하게 됩니다. 아기 엄마는 이런 불행한 부인을 보면서, 자신은 곁에 훌륭하고 밝게 살아 있는 가족이 있음을 깨닫게 됩니다. 남편이 있지 않습니까. 다시 사랑이 되살아나면서 위안으로 삼습니다. 아기를 잃은 상실이 깨워준 사랑입니다. 자신을 부인과 비교해보면서 이렇게 중얼거리게 됩니다.

"나는 아직 할 일이 많아."

우리는 더 이성적이고 인간적인 시대를 향해 나아가고 있습니다. 올해에도 '의학 아카데미'는 큰 과업을 논의했습니다. 병원들을 지방으로 고루 분산하는 문제입니다. 병과 죽음이 끔찍하게 뒤죽박죽 얽히고 층층이 쌓인, 수 세대에 걸친 독기[악취]가 깊이 배인 고약한 건물과 낡아빠진 병동들을 허물어야 하기 때문입니다. 가난한 사람의 집으로 찾아가 진료하는 것이 좋습니다. 그곳에서 병을 유발하는 환경과 필요한 것이 무엇인지 보게 됩니다. 또 환자가 병원에서 돌아오면 재발할 수 있을 그런 것을 예방할 수 있습니다. 이런 일을 줄이자면, 환자가 자기 집을 떠나 마을 근처 작은 병원에 입원할 수 있도록 해야 합니다. 그곳에서 환자는 낯선 시설에 어리둥절해하거나 여러 사람에 둘러싸여 피곤해하지 않아야 하며, 또 고유 번호로 불리는 물건 같은 대접을 받지 않고 한 인간으로서 간호받을 수 있어야 합니다.

오늘날 병원으로 사용하는 오래되고 칙칙한 수도원에 들어설 때처럼 섬뜩하고 무서운 일도 없습니다. 침대와 천장과 바닥은 청결하기 그지없습니다. 문제는 이런 것 때문이 아니라 벽 때문입니다. 벽에서 죽은 사람들의 혼을 느끼게 되고, 여러 세대가 이곳을 거쳐 사라져간 통로를 보게 되기 때문입니다. 병들어 신음하는 사람들이 침울한 눈길과 마지막 남은 상념으로 이런 벽을 바라보고 있다면 얼마나 공허하겠습니까?

쾌적하고 작은 병원들을 지어야 합니다. 도시를 벗어나 동산에 둘러싸인 곳에서, 특히 환자의 치료와 회복을 위한 전문성을 여자에게 우선 쏟아야 합니다. 감염되기 쉬운 열병 환자들이 가득한 곳에서 출산하고 있지 않습니까. 여자는 일반적으로 남자보다 감염에 더욱 취약합니다. 여자는 상상력도 더 풍부합니다. 그래서 그곳에서 본 것만으로도 큰 충격을 받습니다. 환자들이 넘치고, 죽어가는 사람들과 시신 곁에서…. 이것만으로도 죽을 수 있습니다. 부모는 일주일에 두 번 들어올 수 있습니다. 수녀들은 물적인 배려를 맡고 있지만 이미 너무 많은 환자를 봐온 탓에 상당히 물려[따분해하고] 있습니다. 수련의는 젊은 총각입니다. 그런데 바로 이 친구가 젊고 아직 신참이라 지겨워하지 않는 까닭에, 그가 착하기만 하다면 정신적으로 최상의 몫을 할 수 있습니다. 이 총각이 그러면서 얼마나 많은 것을 배우겠습니까! 마음은 또 얼마나 넓어지겠습니까!

닥터 L은 파리 시내 한 병원의 수련의였습니다. 그의 병실로 스물한 살의 폐결핵 말기 환자가 들어왔습니다. 친구도 부모도 없는 혈혈단신이었습니다. 이런 절대 고독 속에서, 서글픈 환자들 틈에서, 이제 곧 닥칠 운명의 종말을 우울하게 기다리면서, 그녀는 그의 아무 말 없는 그 눈빛에서 동정의 광채를 보았습니다. 이때부터 그녀는 항상 병실을 오가는 그를 바라보았습니다. 그녀는 이제 완전히 혼자만은 아니라고 믿게 되었습니다. 그녀는 이런 순수한 마지막 정을 안고 조용히 눈을 감았습니다. 어느 날 그가 회진을 돌 때, 그녀가 눈짓을 했습니다. 그가 말했습니다.

"뭐 필요한 것 있어요?

– 당신 손 좀 주세요."

그렇게 죽었습니다.

이런 악수는 썰렁한 것이 아니었습니다. 한 영혼이 떠나가는

길이었습니다. 이런 일을 알기 전에도, 나는 이 유능하고 매력
적인 청년을 보면서, 그가 여성의 자질을 타고났고 또 다정한
마음에 진료의 보물을 찾고 있다고 느꼈습니다.

 최상의 남자라도 남자는 남자입니다. 여자가 그에게 못 하는
말이 있는 법입니다. 한 달에 한 주일은, 환자가 이중으로 병들
어[생리 때문에] 모든 것에 상처받기 쉽고, 약하고 들떠 있으면
서도 감히 말도 못 하는 때입니다. 부끄럽고, 그렇기에 두려워
울면서 몽상에 젖습니다. 공적인 관계인 수녀에게 무슨 말을 하
겠습니까. 더구나 수녀는 숫처녀라서, 아무것도 이해하지도 못
할 것이고 들을 시간도 없습니다. 진짜 여자가 필요합니다. 착
한 여자, 모든 것을 알고 느끼며, 모든 말을 하게 할 수 있고, 희
망을 주면서 이렇게 말할 줄 아는 여자가 있어야 합니다.
 "걱정 마. 애들은 내가 봐줄게. 일도 알아보고. 퇴원해도 염
려 놓으라고."
 예지가 있고 착한 이런 여자는 곁에서 죽어가는 환자를 보면
서 그녀가 죽을까 겁이 나서, 말 못 하는 것까지 알아봅니다.
 "네가 죽긴 왜 죽어? 걱정 말라니까. 아무렴, 우리가 다 막아
낼 텐데…."
 그러나 아기 엄마의 가슴속에는 수천 가지 공상과 애정이 교
차합니다. 환자는 아기나 다름없습니다. 젖먹이한테 하듯이 쓰

다듬고 어르고 달래며 말해야 합니다. 여자끼리 쓰다듬어주고 부드럽게 포옹하는 것만으로도 큰 힘이 될 수 있습니다. 이런 부인이 영향력과 권위가 있고, 정신력이 강하고 입장이 확고하다면 그만큼 선의도 힘을 발휘합니다. 가엾은 환자는 병상에서나마 행복하게, 그 착한 부인을 기쁘게 하려고 힘과 용기로 몸을 추스르며 곧 회복하게 됩니다.

6
소박한 여자들

선량한 사람들도 때로는 혼자 죽음을 맞이합니다. 또 위로도 받지 않으려 합니다. 그들의 겸손과 평온을 사람들이 기대하는 것 이상으로 간직합니다. 늘 선을 위해서만 살았기에 주위의 보살핌을 받으며 노년에 기댈 곳이 있어야 할 텐데도, 이런 여자는 우정도 친척도 모두 멀리하고 혼자서 위엄을 지키며 종말을 향합니다.

이런 여자는 누군가 이끌어줄 필요가 없습니다. 혼자서 걸어갑니다. 그녀는 하느님만 따르려 합니다. 하느님의 손을 잡고 있다고 느끼고, 그러기를 바라고 또 그렇게 여기며 자랑스러워합니다. 온화하고 건강한 열망으로 그녀가 간직하고 꿈꾸는, 타인의 행복을 위해 공허하게 원했던 것, 그녀가 준비해왔고 또 할 수 없었던 것, 그 모든 것이 미래의 약속이 되는 듯하고 새로운 세상으로 넘겨지는 듯합니다.

이 시대 종교인들의 웅변적인 발언인, 즉 J. 레노의 『이주移住』와 뒤메닐의 『위안』 같은 것이 그녀에게 희망을 줍니다. 나는 변신에 관해 『곤충』이라는 책에 이렇게 쓴 적이 있습니다.

"얼마나 많은 것이 내게서 전혀 발전하지 못했을까! 좀 더 나은 정신 같은 것이 전혀 떠오르지도 않았으니. 어째서 살아오면서 내가 느끼곤 하던 뛰어난 기상과 힘찬 날개를 펼치지 못했을까? 시간은 빨리 가는 데 반해 지지부진 늦춰지기만 하는 싹들이 여전히 남아 있는데, 분명 또 다른 삶을 위한 것일 수밖에 없지 않을까?"

스코틀랜드 사람(퍼거슨)은 재치 넘치고 놀라운 관찰력으로 이런 사실을 밝혔습니다.

"엄마 뱃속에서 태아가 말을 할 수 있다면, 이런 말을 하지 않을까?

– 지금 나한테 쓸모없는 신체기관들이, 걸을 수도 없는 발과 먹을 수도 없는 이빨이 왜 붙어 있을까. 참자! 이것들은 자연이 지금의 내 삶을 넘어 나를 부르는 소리라고 할 거니까 내가 다르게 살 때가 올 것이고, 그때 이런 기관들을 쓰겠지. 지금은 그것들은 쉬면서 대기 중이야. 나는 인간 번데기일 뿐이야."

이런 예언적인 의미를 가장 주저 없이 고취하고 우리에게 확고한 기약을 하는 것이 바로 사랑입니다. 그랑빌은 이렇게 말합니다.

"이 세상을 살아가는 까닭은 사랑이 있기 때문이다. 사랑하는 한 죽을 수 없다."

이런 세상에 이런 사람이 사는 것입니다. 자기 안에 이렇게 계속 살아갈 깊은 이유가 있을 때, 어떻게 끝낼 수 있겠습니까? 이 생명이라는 소중한 보물이 그토록 많은 현을 울리다가 마침내 끊겨버릴 텐데, 그 많은 애정과 자애와 연민을 왜 차곡차곡 쌓아둔단 말입니까?

따라서 부인은 하느님을 두려워하지 않습니다. 그녀는 평화롭게 그 분을 향해 나아갑니다. 또 그 분이 바라는 것만 바라면서도, 다시 올 삶을 확신합니다. 그러면서 이렇게 말합니다.

"주님, 아직도 당신을 사랑합니다."

그녀의 믿음은 이런 것입니다. 그렇다고 늙은 여자로서의 나약함은 어쩔 수 없습니다. 때로 우울함에 젖고 맙니다. 그럴 때 꽃밭으로 나가 말을 걸고 자기 속을 털어놓기도 합니다. 그녀는 성가실 일이 없는 이 은밀한 세계에서 웃어보면서 자기 생각을 차분히 가다듬어봅니다. 꽃들은 거의 들리지도 않을 정도로 나직이 속삭입니다. 꽃들은 조용한 아기들 같습니다.

꽃들을 쓰다듬어주면서 부인은 이런 말을 합니다.

"귀여운 벙어리들! 너희한테 하고픈 말이 얼마나 많은지 몰라. 나를 완전히 믿어줄 테니. 너희가 미래의 비밀을 품고 있다면 말해보거라. 아무 말도 않을 테니까."

골 족[프랑스의 조상]의 옛 무녀의 상징적 우상이던 꽃들 가운데 가장 현명했던 꽃(마편초)이 이런 말을 했다는 전설이 있습니다.

"그대가 우리를 사랑한다고요? 그래요, 우리도 그대를 사랑하고 기다립니다. 우리는 그대의 미래입니다. 이 지상에서 그대의 불멸성입니다. 그대의 순수한 생명과 그대의 무구한 숨과 신성한 육신이 우리에게 되돌아옵니다. 그런데 그대의 혼이 해방되어 날개를 펼칠 때, 우리에게 선물을 남기고 떠나겠지요. 그대의 과부처럼 남겨놓은 소중하고 신성한 유해는 우리에게서 다시 피어납니다."

이것은 공허한 시詩가 아닙니다. 문학적 진실입니다. 우리 육신의 죽음이란 식물의 세계로 돌아가는 일일 뿐입니다. 이런 변화하는 껍질에서 딱딱한 것은 거의 없습니다. 그것은 유연하고 공기처럼 부드럽습니다. 우리가 얼마 지나지 않아서 터져버릴 때, 잎사귀와 풀들이 힘찬 호흡으로 우리를 탐욕스레 들이마십니다. 우리를 둘러싼 다양한 초목의 세계는 끊임없이 우리를 필요로 하고, 해체된 동물에게서 새로운 갱신을 찾는 자연의 입이자 폐입니다. 이런 것을 기다리다가 또 서두릅니다. 자신에게 긴요한 것을 그냥 내버려두지 않습니다. 자신의 사랑으로 끌어들이고, 자신의 욕망으로 변화시키고, 또 그것을 바람직한 변신으로 축복합니다. 자연은 식물로 성장하면서 우리를 빨아들이고, 우리를 꽃으로 피워냅니다. 정신과 마찬가지로 육체 또한 죽는 것이 곧 사는 것입니다. 이 세상에는 이렇게 오직 삶뿐입니다.

야만시대의 무지가 죽음을 유령〔같은 이미지〕으로 만들었습니다. 죽음은 한 송이 꽃입니다.

이때부터 무덤에 대한 공포와 혐오심도 사라졌습니다. 인간은 무덤을 만들어놓고서 무서워했습니다. 자연은 전혀 그렇지 않습니다. 땅속 깊은 어둠 속에 있는 내게 당신이 무슨 말을 하겠습니까? 하느님 덕에 나는 이렇게 웃고 있는데. 나를 붙잡는 것은 아무것도 없습니다. 내가 무슨 자취를 남기겠습니까. 아무리 돌과 쇠를 쌓아 눌러놓는다 해도 나를 잡아두지는 못합니다. 당신이 울면서 나를 찾는 동안 이미 풀이 되고 잎이 되고 나무가 됐으며, 어린 빛이 된 나는 여명을 향해 다시 태어납니다.

그토록 일찍부터 멀리 하느님의 빛으로 밝혀져, 멀리 내다보는 예견과 통찰이 뛰어났던 고대문명에서 이런 단순한 수수께끼에 걸맞은 이미지를 내놓았습니다. 다프니스는 월계수[명예의 상징이기도 하다]가 되었지만 결코 아름다움이 뒤지지 않았습니다. 나르시스는 눈물에 녹아들어 샘의 매혹적인 꽃[수선화]이 되었습니다. 이런 시적인 변신은 거짓이 아닙니다. 화학자 라부아지에는 그렇게 진실을 말했던 것이고, 베르길리우스도 더없이 훌륭하게 그렇게 했습니다.

과학! 과학! 세상의 달콤한 위안이자 기쁨을 주는 어머니입니다! 그런데 사람들은 과학이 차갑고 무심하며, 정신적인 것과 거리가 멀고 낯설기만 한 것이라고 말합니다! 하지만 악귀들과 유령이 득실대는 무지막지한 밤에 어떻게 편히 쉴 수 있겠습니까? 진실과 하느님의 빛을 받은 이성理性보다 더 큰 기쁨이 어디 있겠습니까.

동물의 가장 질긴 유해, 그 형태를 가장 완강하게 지키는 조개비들도 결국은 가루가 되어, 아주 작은 분자가 되어 식물적인 생장에 흡수됩니다. 나는 이것을 내 눈으로 직접 보았습니다. 내가 이 책을 쓰고 있는 곳에서, 대서양과 거대한 지롱드 강이 영원한 갈등과 사랑의 싸움을 하면서 줄기차게 뒤섞이는 프랑스의 관문에서, 부서진 바위들은 조류에 모래가 된 가장 오랜 돌 더미들을 실어다줍니다. 수백 가지 기운이 넘치는 해

초들은 그 발치에 이런 모래를 붙잡아놓고서 자기 것으로 삼아 가면서 강한 생명력을 발산합니다. 먼 길가를 여행하는 사람도, 갑판의 뱃사람도 그 냄새를 맡고 놀라워합니다. 바다야 물론 그것에 취합니다. 이런 식물적 생장력은 다 무엇일까요? 가장 작고 보잘것없는 이것들이 사실은 우리의 옛 조상들이고, 로즈마리, 샐비어, 박하, 타임, 백리향 등이 뒤섞인 무리입니다. 마치 살고 죽는 것에 무심한 듯 그렇게 영원히 섞이고 쌓이는 것입니다.

❦

먼 옛날에 우리 조상인 골 족은 희망을 품고 믿음을 가졌습니다. 그 맨 처음 말로 전해지는 것은 "에스푸아", 즉 희망이라고 고대의 메달에 새겨놓았습니다.

두 번째 말은 르네상스가 출범시킨 위대한 책자에서 나타나는데, "여기 희망이 〔살아〕 있다"는 말입니다.

당신도 나도, 무덤 속에서 희망을 가질 수 있습니다!

그러나 혼자 남은 착하고 따뜻한 여자는 자신의 잘못도 아닌데, 운명에 배신당한 채 어디서 희망을 찾겠습니까?

나는 그것이 이 모래톱에 있었으면 합니다. 이 땅이라고 하기엔 어렵게, 나약하고 보드랍지만 향기로 넘치는 땅속에 말입니다. 옛날에 살아 있던 바다 모래입니다. 땅이 아니고, 생명이 아닙니다.

모든 바다 생물의 가엾은 혼이 꽃이 되고 향기를 퍼트립니다.

⁂

병풍처럼 펼쳐진 참나무가 북풍을 막아주는 양지바른 곳에서, 깊어가는 계절에 그녀는 여전히 이런 소박한 것들의 활달한 혼과 냄새를 맡습니다. 그 건강하고 짙으면서도 기분 좋은 향기는 남부 지방에서처럼 마음을 시큰둥하게 하지 않습니다. 북쪽의 향기는 진정한 혼에서 나옵니다. 머릿속에 살아야겠다는 의욕을 고집스레 불어넣습니다. 열대의 환상적인 식물이나 그 덧없는 유연성은 나른함이나 고취합니다. 그렇지만 여기 북쪽 지방에서의 생장활동은 새롭게 이성의 작품을 만들어내라고 부추깁니다.

혼자서 이어가는 것이 아니라 자연의 무리와 영혼, 애인과 친구의 무리가 함께 "어울린 불멸"의 작업을 이어가는 것입니다. 여럿이 나란히…. 비록 그 각각은 약할지 모르나 그들은 사랑으로 서로 합치고 어우러짐을 계속해나갑니다.

의학이 우리의 이런 소박한 무리를 비웃을 수도 있습니다. 물론 이런 소박한 무리가 "영웅적인〔특별한 능력을 주는〕" 처방으로 강인해지거나, "영웅적인〔장수처럼 기운을 돋우는〕" 음식으로 침울하게 질린 신체에는 아무런 작용도 못 할 것입니다. 하지만 건강한 사람들과, 특히 온화한 기질을 갖추고 단정하게 생활하는 사람, 세월이 아무리 강할지라도 예민하고 순결하며 순수한 신체를 지닌 여자에게는 매우 커다란 영향을 발휘합니다.

그러니 그 순진함을 담보로 모든 것을 여자에게 맡겨둡시다. 프랑스의 매혹적인 보물을 마련하고 수집하는 것은 여자 덕입니다.

일찍이 가파른 돌투성이 비탈에서, 여자는 나르본[프랑스 서남부 지방]의 꿀을 향기롭게 하는 파란 꽃인 로즈마리를 꿀벌들과 함께 나누었습니다. 여자들은 거기서 심한 두통을 가라앉히는 천상의 즙을 짜냈습니다. 초가을에는 새떼와 함께 덤불나무에서 열매[베리]들을 그러모았습니다. 또 전부 먹지 않고 가난한 사람들의 몫을 떼어놓았습니다. 이 사람들을 위해서 우리가 너무 잊고 지냈던 요긴한 잼을 빚었습니다.

따뜻한 배려가 생명을 매혹하고 연장시킵니다. 가령 이 초목들이 항상 우리 몸을 낫게 하지는 않을지라도, 마음을 떠받쳐주고 식물의 세계로 큰 발걸음을 편안히 옮기도록 준비하게 합니다.

매일 아침 혼자서, 동이 틀 때 여자는 마음을 하느님께 전하고, 그 소중한 과거와 다가올 미래를 꿈꾸면서 사랑스런 상속자인, 이제 곧 자신의 생명이 될 꽃들을 지그시 둘러봅니다. 식물의 세계에서 사랑의 신들이 보여주는 이 놀라운 모습은 바로 우리가 죽음이라고 부르는 것을 흡수한 모습입니다. 누가 이런 죽음, 포근한 잠보다 더욱 포근한 이 잔디처럼 그렇게 산뜻하고 매혹적인 죽음을 미워할 수 있겠습니까! 낡아빠지고 휘청거리는 삶은 이 친구들의 깊은 평화에 끌리고 맙니다.

그러는 동안 한 자매가 선의로써 모든 우정을 나눕니다. 그녀는 그들에게 물을 주고 덮어주며, 겨울을 대비해줍니다. 그들 주변에 있는 떨어진 꽃과 잎을 주워 모았습니다. 그들의 피난처이자 식량이기도 한 것입니다. 그녀는 감사하는 마음으로 자기 것들도 그러모읍니다. 그리고 여전히 고운 손으로 버찌나무나 복숭아나무에서 열매를 하나 따서 들고 웃으며 그 나무에 대고 이렇게 말합니다.

"네 동생한테 주자. 그러면 이제 머지않아 자기 차례가 되었을 때 순순히 되돌려줄 테니까."

7
어린이, 빛, 미래

요람의 맨 처음 인상이 만년에 가장 강하게 되돌아옵니다. 아기의 삶을 부드럽게 깨웠던 빛, 아기 엄마보다 먼저 아기를 반기고, 또 그 아기에게 첫 번째 눈빛을 나누게 하면서 엄마를 알아보게 했던 이 우주의 어머니는 이제 부드럽게 기울어가는 삶을 부여안고 그 희미한 미래의 새벽이 되어 다시 덮혀줍니다.

우리는 어린 시절에 미래의 "새로운 삶"을 미리 찾곤 합니다. 아기들은 우리가 보고 싶어하는 순수한 영혼과 천사들이기 때문입니다. 끊임없이 꼼지락거리며, 뭐라 이를 수 없는 젊은 기운이 샘솟는, 이 피어나는 꽃 같고 지저귀는 어린 새 같은 아기들의 생명력은 강하기 그지없습니다. 기억의 보물을 훌륭하게 간직하고, 상처를 아끼는 사람은 그 나이와 상관없이 그런 것 덕분에 더욱 참신해집니다. 이런 순진한 기쁨에 사로잡혀 그는 놀라 외치곤 합니다.

"아니! 어떻게 이렇게 까맣게 잊을 수가 있지?"

하느님이 고아들을 남긴 불행을 용인했더라도, 이것은 되레 가족도 아이도 없이 혼자 남은 여자들에게 큰 위안이 될 수 있습니다. 이런 여자들은 아이들을 좋아하는데, 더군다나 어머니의 애정을 받지 못한 아이들에게는 오죽하겠습니까! 뒤늦게 뜻밖에 찾아온 이런 모성의 "행운의 모험", 사랑하는 여자의 가슴을 행복하게 파고드는 어린 마음을 독차지하게 되는 것은 자연의 어떤 행복보다 더 큰 축복입니다. 다시 한 번 어머니가 되는 기쁨에 마지막 사랑의 열기 같은 것이 타오릅니다.

우리가 노년이라고 부르며 또 이런 지혜로 어린 아기의 소리를 더 잘 이해하는, 노련하고 성찰이 풍부한 제2의 유아기만큼 어린이를 가깝게 사랑하는 시절은 없습니다. 이것은 아기와 노인 모두에게 자연스런 성향입니다. 아기와 노인은 서로를 찾습니다. 한쪽은 순진한 아기의 모습에 매혹되고, 다른 한쪽은 무한한 너그러움을 볼 수 있어 안심하고 끌립니다. 이 세상의 가장 아름다운 조화라고 하겠습니다.

이렇게 되자면, 내 꿈이기는 하지만 아무튼 고아들을 대규모 시설에 모아두어서는 안 되고, 시골의 작은 집에 분산해야 합니다. 그곳에서 그런 일을 좋아하는 처녀나 부인의 정신적인 지도를 받는 것이 좋습니다.

공부와 바느질, 정원 가꾸기 등은(루앙의 '어린이들'이 그렇게 했듯이 생활에 도움이 되도록), 고아원의 젊은 여선생이나 그 남편의 도움을 받을 수 있을 것입니다. 그러나 교육의 정신적·종교적인 부분, 더욱 자유롭고 재밌으며 교훈적인 읽기와 오락, 산책 등은 숙녀가 맡을 일입니다.

어린이, 그중에서도 특히 계집아이들은 아주 유연하고 부드럽게 다뤄야 하며, 모든 것을 미리 예상해두어야 합니다. 절대적 명령을 행사하는 듯한 여선생은 적합하지 않습니다. 선생님 없이 스스로 결정하기 어렵겠지만, 그래도 본능에 따라 미미하나마 합리적인 모습도 보이고 양보도 할 줄 아는 아이들에게는 친구처럼 돼주어야 합니다. 재치 있는 숙녀라면 지나치게 근엄하거나 지배하려는 모습을 보이지 않을 것입니다. 자신을 좋아하게 하고 또 소꿉놀이처럼 재미있는 일거리를 만들어줍니다. 그렇게 부드럽게 영향력을 행사하고 눈에 띄지 않게 이끌어가다 보면, 결국 선생 자신이 제대로 된 선생이 되고 자신의 정신적인 영향을 미치게 될 것입니다.

처벌은 절대 하지 않도록 합니다. 반대로 무언가를 익히는 어려움을 부드럽게 해결해주면, 아이들은 무한한 신뢰를 보입니다. 자기들의 어린 가슴을 열어주면서 행복해하고, 슬픔이나 잘못까지도 전혀 숨기지 않고 털어놓을 방법을 찾으려고 할 것입니다. 이런 것을 잘 알아두어야 합니다. 그 속을 보고 알게되고 나서부터 습관을 조금씩 바꿔주면서, 야단을 치더라도살짝 치고, 아이가 스스로 자신을 가꿔나가도록 해야 합니다. 아이는 자신이 즐거워하기 위해서라도 사랑받기를 원할 것입니다.

이런 고아원에서 여선생이 하기엔 어려운 수많은 까다로운일들이 있습니다. 선의와 인내와 애정이 필요한 일입니다. 다섯 살배기 어린이가 버림받은 고통과 버려질까 하는 두려움 등엄청난 것을 상상하며 살고 있다고 생각해봅시다. 따뜻하게 감싸주면서 차츰 가벼운 오락으로 마음을 가라앉혀주는 사람이반드시 있어야 합니다. 결국 줄기에서 잘린 꽃이 일종의 접목으로 되살아나도록 해야 합니다. 매우 어려운 일이고 집단적인배려만으로 가능하지도 않습니다. 나는 파리의 큰 고아원에서한 아기가 죽어가던 모습을 보았습니다. 동정심 많은 수녀들이아이의 침대에 장난감을 가득 챙겨주었습니다. 하지만 아이는건드리지도 않았습니다. 아이는 자신을 끌어안아주고 마음을나눌 엄마의 가슴 같은 것을 줄 여자가 절실했습니다.

고아들은 살아남는다 해도 또 다른 위기에 처합니다. 굳어지는 것입니다. 버림받았다고 느끼는 아이들은 자신들의 부모가너무 잔인하다고 여기고, 자신이 거친 싸움의 문턱에 들어섰다고 느끼면서 사회를 적대시합니다. 사생아라는 힐난을 듣는 아이는 위축되고 흥분하며, 사람과 자연과 또래 동무들을 미워합니다. 이렇게 부당한, 이런 경멸이 좋다고 할 만큼 큰 길부터 잘못 들어섭니다. 만약 이런 어린이가 계집아이라면, 무시당하기만 해도 자포자기하고 나쁜 길로 빠지고 맙니다. 어린 혼을 선한 가슴으로 품고서 그 아이가 여전히 소중하다 느끼도록 하고, 불행에도 세상은 여전히 그의 친구이며, 자신을 사랑하는 사람들을 자랑스럽게 하고 존중해야 한다는 것을 보여주어야 합니다.

집단적인 배려가 불충분한 곳에서 이런 어린 나이의 위기에는 애정이 절대적입니다. 딱딱한 책상과 기숙생활 하는 지붕과 얼음장 같은 위생만을 내세운 긴 복도에서 힘든 교육을 받는 가엾은 아이의 고통이 어떻겠습니까. 엄격한 규칙을 따르면서, 일찍 일어나 찬물에 세수하고 덜덜 떨면서도 감히 아무 말도 하지 못하고, 이런 괴로움에 부끄러워하며 이유도 없이 우는 것입니다. 이런 때에 안락한 가정은 대체 어디 있는 것입니까! 필요하든 그렇지 않든 오만가지 방법으로 애지중지 쓰다듬는 어머니들의 마음은 어디 있는 것입니까. 어린이는 주위에서 미적지근한 분위기와 채근하고 걱정하는 시선만을 느낍니다. 고아는 엄마와 가족 대신 고아원에서 높은 벽과 사무적인 사람들만 대합니다. 모든 것을 의무적으로 나누고, 개인적으로 받아들이는 것은 없이 모두 차가운 사람들뿐입니다. 질서만이 전부인 이런 집에서 특별히 친절하기란 어렵습니다. 이것마저 불공평하고 편파적으로 보이기 때문입니다. 그런데 완전이 개인적인 선의, 엄마가 아기를 그 품에 안아주는 따뜻하고 애틋한 정이야말로 자연이 원하는 것입니다. 적어도 친구 하나, 완전하지 못해도 필요한 것을 조금이나마 주는 다정하고 이해해주는 여자 한 명이 얼마나 절실합니까!

이런 위기의 순간에 가장 심각한 것은 고아의 유일한 엄마 노릇을 하는 법과 제도가 부족하다는 사실입니다. 국가는 할 수 있는 것을 했습니다. 그 냉랭하고 배타적인 시설을 세웠습니다. 미지의 수수께끼 같은 세계로 들어서서, 그 무지 때문에 놀라운 혼돈에 빠지고 말았습니다.

고아를 어디에 맡겨야 할까요? 농민 가정에? 최상일지 모릅니다. 하지만 지치고 어렵게 사는 농민은 아이를 자신들처럼 다룰 것입니다. 일에 혹사시킬 수밖에 없겠지요. 이런 무서운 생활을 할 준비가 되어 있겠습니까. 이런 중요한 이행기에…. 더욱 큰 위험은 산업단지 같은 곳입니다. 도시의 부패 앞에서 무자비하며 모든 여자를 먹이로 삼는 세계나 만나겠지요. 부모 없는 소녀가 얼마나 무시당합니까! 그녀를 맡은 가장조차 권위를 남용합니다. 남자는 아이를 노리개로 삼고, 여자는 두들겨 패고, 오빠나 동생들은 못살게 구는 그런 곳에 갇히는 꼴입니다. 기껏해야 주변을 전쟁터나 지옥이라고 여길 것입니다. 밖에서는 모든 종류의 사람들에게 쫓기고, 또 최악의 경우 '동무'들이 꼬드겨 위로하는 듯하지만 결국 배신하고 맙니다.

세상에서 누가 이런 아이보다 자애를 더 갈망하겠습니까. 둥지도 피난처도 없는 가엾은 작은 새, 순진하고 아무것도 모르는 어린 꽃송이, 생리적인 성장기를 맞아 자신을 방어할 수도 없는 이 불쌍한 여자(이미 성장해서)…. 게다가 다가올 수많은 사건에 그냥 내던져지지 않았습니까! 이전에 들어가본 적이 없는 병원 문턱에 혼자서 보따리를 끌어안고 떨리는 발걸음을 들여놓는, 이미 다 큰 처녀가 된 그녀를 상상해봅시다. 이제 더욱 눈에 띄게 되었으니, 그녀가 어떤 운명을 겪게 될지는 하느님만 아시지 않겠습니까.

아닙니다. 그렇게 막막한 운명 속에 방치할 수는 없습니다. 착한 요정이 대모처럼 그녀를 도와줄 것입니다. 우리의 고아가 농촌 비슷한 곳에서 살면서, 바느질도 하고 텃밭을 일구기도 하면서, 집안 살림도 너무 버겁지 않아 어린 소녀가 바르게 자라게 할 정도여야 합니다. 그렇게 스스로 자신을 책임질 힘을 키우도록 해야 합니다. 그러는 동안 어느새 숙녀가 되고 교양을 쌓으며, 완전한 교육을 시켜 선량한 일꾼, 즉 상인이든 농부든 사내의 바람직한 색싯감이 될 것입니다. 건강하게 일하는 생활에 적응하며 처녀로 클 수 있도록 도움을 주는 그런 존경할 만한 가정이라면 얼마나 안심이 됩니까! 가족도 집도 없던 그 소녀가 "자기 집"처럼 여긴다면 너무나 행복하겠지요. 가난한 집이더라도, 겉멋이나 내고 아무것에도 만족할 줄 모르는 버릇없는 계집아이보다 백배나 더 즐겁게 살 것입니다. 지금 우리의 평범한 농민들은 같은 계층 사람의 색시를 구하지 못하고 있습니다. 구했다고 해도 망하기 십상입니다. 왜냐하면 처녀들은 더 높은 계층의, 정장을 입은 신사나 월급쟁이 사무원(내일은 실업자 신세가 되더라도)을 바라기 때문입니다. 이런 처녀들은 소박하고 강인한 습관을 모르고 농촌의 고귀한 생활에 필요한 지식도 없습니다. 유용한 것을 배웠으며 남편에게 충실한 고아는 커다란 시골집을 지배하는 안주인 역할에 매료되어, 남편을 행복하게 하고 그의 운을 더욱 풍요롭게 해줄 것입니다.

선량한 부인은 단지 "선하기만" 해도 입양을 할 수 있습니다. 사랑스런 소녀를 집에 들이고 보석처럼 가꿔줄 수 있습니다. 그러면 부인은 언제나 순박하고 즐거운 축제를 벌일 수 있습니다. 자신을 사랑하는 어린이가 있으며 그 아이가 자기 손에서 우아한 처녀로 크게 되니까요.

그러나 조심할 것도 있습니다. 아이의 뜻을 거스르기보다 직접 선택하도록 하고, 결혼에 어려움을 주는 조건을 강요하지 말아야 합니다. 윽박지르는 태도를 보인다면, 단 하루 만에 모든 것이 허사가 될 수 있습니다. 스스로 하도록 두되, 촌색시처럼 좀 어설프더라도 스스로 아름답게 가꾸도록 하고, 독서든 음악이든 취미를 존중해야 합니다. 스위스와 독일에서 그렇게 잘하고 있지 않습니까. 그렇게 하다보면 미래도 더욱 쉬워집니다. 필요에 따라 쉽게 오르락내리락하면서 중도를 걸어갈 것입니다.

순수한 생활과 큰 경험으로 아직 닥치지 않은 일을 바라본다는 것은 나이든 사람의 선물입니다. 그런데 이 책에서 전기처럼 다루고 있는 주인공인 현명하고 매력적인 여자는 다가오는 유럽사회에 깊은 인상을 받고 있습니다. 거대하고 근본적인 혁신이 이뤄지고 있습니다. 여자와 가족은 이렇게 새로운 환경에 따라 재정비될 수밖에 없습니다. 소박한 여자(『여자의 사랑』의 주인공), 교양 있는 여자(『여자의 삶』의 주인공)로 충분하겠습니까? 그렇지 않습니다. 미래의 남자의 아내가 될 교양 있는 여자는 더 완전하고 강하게, 사고와 행동의 조화로운 균형을 갖추어야 합니다. 고아도 마찬가지입니다.

부인은 이 사랑하는 아이를 자신과 다르게 키우려고 노력과 지혜를 쏟고 있습니다. 최상의 세계와, 일과 평등에서 더욱 남성 쪽으로 기울어진 사회보다 더욱 나은 세상을 맞이하도록….

그런데 어찌 된 일입니까. 이런 노력이 꿈입니까? 현실에서도, 불완전하지만 아름다운 미래의 이미지와 윤곽이 서서히 드러나고 있지 않습니까? 미국 서부에서, 거친 산림지역에서, 기혼녀나 혼자 된 과부는 낮에 밭에 나가 일하고 밤에는 적지 않게 독서를 합니다. 물론 아이들에게도 성경을 읽어줍니다.

나 또한 쥐라 산맥[프랑스 동부의 남북으로 뻗으며 독일·스위스와 국경을 이룬다]의 전나무로 우거진 소중한 국경을 넘어 스위스로 들어가면서, 들판에서 시계공의 딸들을 보고 감탄했습니다. 아름답고 지순하고 교양 있는 딸들인데, 이제 숙녀가 다 되어 비로드 코르셋으로 허리를 조인 채 풀 깎는 일을 하고 있었습니다. 이보다 더 매력적인 모습이 어디 있겠습니까. 예술과 농사의 정다운 협동으로, 대지는 이 딸들의 섬세한 손으로 꽃을 피우는 듯했고, 또 그 꽃은 누군가의 시선을 끌고 있어 자랑스러워하는 모습이었습니다.

　더욱 놀라운 것은, 이미 다음 세기에 다가선 듯한 기분이 들었다는 점입니다. 루체른 호숫가에서 알자스의 부유한 농민 가족을 만났을 때였습니다. 그 모습은 보기 좋을 만큼 숭고한 위엄을 띠고 있었습니다. 아버지, 어머니, 딸은 고상하고 예스런 소박함을 물씬 풍겼고, 그 고장의 멋진 복장을 하고 있었습니다. 진짜 토박이인 어른들은 마음이 넓고 재치도 넘치며, 지혜롭고 엄격하면서도 강인했습니다. 프랑스 처녀인 것 못지않게 로렌의 기질에 길든 딸은 매끄러운 강철이 된 듯했습니다. 젊고 날씬하며, 쾌활하게 모든 것을 잘 이해했습니다. 그 날씬한 몸매와 싱그러운 팔목은 놀랍도록 튼튼했습니다. 물론 햇볕에 조금 그을리기는 했지요. 아버지는 말했습니다.

　"얘가 농사를 짓겠답니다. 들에서 살고 일하며 거기서 책도 읽고… 아, 그 황소놈들도 얘하고 친하고, 좋아 죽겠다고들 하네요. 피곤하면 그놈 등에 뛰어올라도 좋아라 하고. 저녁 때에는 애비한테 괴테나 라마르틴도 읽어준답니다. 베버나 모차르트도 들려주고."

나는 고아들을 후견하는 부인이 이런 생생하게 살아 있는 이상적인 장면을 보지 못해 안타까웠습니다. 다가올 세상과 가깝고 비슷한 모습인 듯했기 때문입니다.

이런 보물을 키우고, 거기서 순수하고 건강하며, 공정하고 지극히 소박한 생활의 꿈을 실현하는 것은 인간을 해방시키며 또 사랑으로써 자유의 과업을 이루게 할 것입니다. 위대한 종교적 과업입니다. 여자가 일과 행동에 협동하지 않는 한 우리는 노예로서 아무것도 할 수 없습니다.

부인, 이 세상에 이런 비전을 보여주십시오. 당신에게 소중한 생각이 무엇이고, 만년에 걸맞은 관심이 어떤 것이든 간에 말입니다. 이 세상에 당신의 은혜와 성숙한 지혜와 고상하고 위대한 의지를 보여주세요. 지상에 그토록 선한 일을 한다면 하느님이 얼마나 흐뭇해하시겠습니까! 미래를 얼마나 보장해 주겠습니까!

사랑스런 이 부인이 아름다운 어느 겨울날, 은은한 햇살이 퍼지는 가운데 약간 미열이 나는 몸으로 정원에 나와 앉아 있다고 상상해봅니다. 입양한 딸의 팔에 기대어, 지난 일주일 동안 못 보았던 어린아이들의 놀이를 다시 봅니다. 놀이를 멈춥니다. 부인은 아이들이 화환처럼 자신을 둘러싸는 모습을 보며 약간 놀라면서도 쓰다듬어주고, 대여섯 살 아이들에게 입을 맞춥니다. 그녀가 아파할까요? 천만에요. 되레 의연해 보입니다. 부인은 희미하지만, 자신의 은발에 부서지는 빛을 올려다보고 싶어합니다. 눈길을 돌려보지만 잘 보이지 않습니다. 그녀의 뺨에 섬광이 스칩니다. 그리고 두 손을 맞잡습니다. 아이들이 소곤댑니다.

"어, 할머니가 아주 달라지셨네! 얼마나 아름답고 젊은지 몰라!"

싱그러운 미소가 부인의 입가를 스칩니다. 보이지 않는 성령을 보았다는 듯이.

부인이 본 것은 하느님이 용기를 준 자신의 영혼입니다. 그 자유로운 날개를 다시 찾고서 광채 속으로 날아오르는….

461

1. 이 책의 도덕성

『여자의 사랑』에 이미 쏟아진 두 가지 반박을 채우려 했습니다. 이 책은 음란이나 매춘을 다루지 않았습니다. 이런 것으로 넘치는 우리 시대의 문학적 발언을 넘어서보려고 했습니다. 나는 이 문제를 직설적으로 파고들었고, 빙빙 돌려 말하는 것은 다른 사람들의 몫으로 남겨두었습니다. 그들의 책은 푸짐하게 잡담을 늘어놓았지만, 훌륭한 정신에 고취된 사랑이 죽을 때까지 계속 따라갈 올곧고 큰 길을 제시하지는 못했습니다. 재능 있는 소설가들은 과거에 신학자들이 했던(위대한 분석가들이기는 하지만) 것과 같은 결론에 이르렀습니다. 미묘한 분석으로 발자크 못지않게 대성공을 거둔(각각 50쇄를 찍었습니다) 에스코바나 뷔젠바움은 자신들 연구의 바탕이 무엇이었는지 전혀 잊지 않을 것입니다. 이들은 결혼을 잃어버린 채 자유로운 생활을 규정했습니다.

이 책『여자의 삶』은 우리의 위대한 이상주의자인 생시몽이나 푸리에 등이 펼친 진지한 공상론과는 상당히 다릅니다. 이 사람들은 자연(본능)을 주목하게 하지만, 자기 시대에 불행에 처한 그것을 매우 저급한 것으로 다루었습니다. 이렇게 낮춰

잡은 본능을 기웃거리면서, 본능의 호소력에 끌려다녔습니다. 놀라운 노력과 영웅적인 창의력을 발휘하는 시대인데, 그들은 "노력을 억제했다"고 생각했습니다. 그러나 힘차고 창의적이며 재능 있는 남자 같은 존재에게 "노력은 본능적입니다." 또 그런 점에서 남자는 가장 뛰어납니다. 대중도 도덕적인 본능으로 바로 이것을 알고 있었기 때문에, 그와 같은 위대한 사상가들이 학파로 이어지지 못했던 것입니다. 기술과 예술, 노동과 노력이 모든 것에 우선하며, 우리의 본능이라고 하는 것은 종종 우리의 개인적인 창조력일 뿐입니다. 우리는 그런 일을 매일매일 되풀이합니다.

　나는 올해, 특히 뇌 해부학을 공부하면서 이런 사실을 더욱 강하게 느꼈습니다. 자연적 본능은 우리 활동을 구체화하고 그 작품을 만들어냅니다. 바로 거기서, 뛰어난 개인들의 두뇌에서 생생한 표정과 웅변을 볼 수 있습니다. 그 가장 성공적인 꽃은, 자연적 본능의 감동적인 아름다움은 어린이에게서 가장 애틋하며, 남자에게서 숭고하게 피어난다고 할 수 있습니다. 이런 것이 사실정신입니다. 어떤 의심도 할 수 없습니다. 두 가지 사실성이 있습니다. 하나는 천박하고 흔해빠진 것입니다. 다른 하나는 현실 속에서, 가장 고상한 진실과 핵심이 되며 따라서 진정한 고상함이기도 한 사고에 이른 것입니다. 순수하기만 한 이런 진실의 시詩가 얌전한 척 미적대도록 한다면 우리 마음에 전혀 닿지 못할 것입니다. 『여자의 사랑』에서 우리가 문학과 과학의 자유를 가르는 어리석은 장벽을 허물었을 때, 이런 점 잖은 척하는 의견을 전혀 고려하지 않았습니다. 대자연의 본능 보다 더 순결하고 하느님보다 더 순수해 보일 듯한.

여자는 믿고 싶어합니다. 아기를 갖고 키우고 싶어 남자를 기다립니다. 믿음 없이는 교육도 없습니다. 때가 왔습니다. 이 시대가 그 믿음이 무엇인지 정의할 수 있습니다. 루소는 〔믿음 을〕 미처 무르익히지 못해 그렇게 하지 못했습니다. 진실에서 나온 판단은 '의식意識'입니다. 하지만 다스려야 하고, 인류의 보편적 의식인 '역사'가 필요합니다. 또 자연의 본능적 의식인 '자연의 역사'가 필요합니다. 그런데 이 두 가지 모두 없었습 니다. 그것을 쓰는 데 한 세기가 걸렸습니다(1760~1860). 이 셋이 하나로 어울려 조화를 이룰 때를 믿어봅시다.

2. 교육, 유아원과 정원

중세의 진짜 이름은 '말과 모방'입니다. 우리 시대의 진짜 이름은 '행위와 창조'입니다. 그렇다면 이런 창조적인 시대에 걸맞은 교육은 어떤 것입니까? 창조에 익숙하도록 하는 것입 니다. 자발적 활동에 호소하는 것만으로는 부족합니다(루소, 페스탈로치, 자코토, 푸리에, 쿠아네, 잇소라 등의 주장처럼). 그 활동을 매끄럽게 펼칠 수 있는 '궤도'를 놓아주어야 합니 다. 프뢰벨이 바로 이런 천재적인 일을 했습니다. 지난 1월에 그의 제자인 마렌홀츠 부인이 그의 학설을 설명했을 때, 나는 그 첫마디를 듣고 이것이야말로 이 시대의 진정한 교육이라는 생각이 들었습니다. 루소는 로빈슨 크루소 같은 '고독한 사람'을 제안합니다. 푸리에는 '모방'의 본능을 활용하자 했습니다. 또 아이를 '모방자'로 만들자고 했습니다. 자코토는 본능적으로 '화자話者'와 논쟁자를 발전시켰습니다. 프뢰벨은 수다에 종지부를 찍고 모방을 금했습니다. 그의 교육은 바깥에서 부과하는 것이 아니라 아이 자신이 끌어내는 것입니다. 임의적인 것도 아닙니다. 아이는 역사를 다시 시작합니다. 인류의 창조적인 활동을 재가동합니다. 마담 마렌홀츠의 매력적인 책자를 읽어봅시다. 비굴하게 추종하자는 것이 아니라 거기서 좋은 생각에 취해보자는 말입니다.

3. 사랑에서 정당성과 남편의 의무에 관하여

냉정해 보이는 시대이지만, 사랑은 수천 가지 새로운 열정을 드러내고 있습니다. 어느 시대에도 지금처럼 힘찬 목소리를 내거나 무한한 갈망을 보여준 적은 없습니다. 열정은 어제도 뜨거웠습니다. 그 불타는 시를 써내고, 폭풍과 피눈물에 젖은 여사제와 꺼지지 않는 사랑은 여전했습니다(마담 발모르). 이 시대의 커다란 특징 아닙니까. 사랑 때문에 앓고, 그것 때문에 울고, 우리 시대 이전까지 우리가 원하지도 이해하지도 못했던 깊고 절대적인 과업이 되지 않았습니까. 이에 대해 과학은 이런 답을 내놓습니다.

"결합을 원한다고! 이미 하고 있잖아. 삶을 완전히 서로 나누고 산으로 함께 올라가는 것이 바로 결혼이잖아. 이런 사랑으로 부족하다고? 마음을 자유롭게 섞지 않으면, 운명적으로 피를 섞더라도 불순하겠다고? 이렇게 섞이자면 평생 공부하고, 사랑하는 사람들은 서로 생각의 바탕이 같아져야 해. 서로 끝없이 통하길 바라는 나름의 말이 필요하고. 사랑이라는 말이 없어도 화통한 언어가 그 신성한 성격을 되찾아야지. 이기적인 즐거움을 모두 제쳐버리고 두 사람의 뜻이 어울려야 해."

혼도 정신도 없는 궤변가들은 전혀 여자를 정확히 알리려고 하지 않습니다. 하지만 오늘날 남자라면, 그 관대한 정의심으로 여자를 칭송해야 하고, 필요하다면 반박도 해야 합니다. 여자의 권리는 세 가지가 있습니다.

1. 여자의 분명한 동의 없이 임신하도록 하면 안 됩니다. 오직 그녀만이 죽음에 이를 수도 있는 그런 기회를 받아들일지 알 수 있습니다. 병들었거나 지쳤거나 자신감이 없을 때, 남편은 자제하고 때를 기다려야 합니다. 특히 생리하기 전의 배란기와 생리 후의 열흘간은 피해야 합니다. 그 이외의 날은 불임

기입니까? 그래야 할 것입니다. 배란이 안 되니까요. 하지만 참기 어려운 열정이 밀어닥친다면 어떻게 합니까? 코스트는 그럴 수밖에 없을 것이라 인정합니다. 최소한 생리 시작하고 사흘 동안. 바로 과학원이 상을 준 연구 결과입니다.

2. 여자를 사랑으로 존중하고 수동적인 도구로 삼지 말아야 합니다. 서로 나누지 않으면 즐거움도 없습니다. 리옹의 가톨릭 의사로서 권위 있는 한 교수는, 올해 널리 읽힌 책에서 이런 심각한 입장을 보였습니다. 기혼녀들을 사망에 이르게 한 원죄적인 욕망을 보인 사람들은 주로 과부였다고 합니다. 쾌락 속의 고독, 남자의 조급한 이기심은 자신만을 위한 것이고 일순간일 뿐인 데다 낭패감이나 초래할 뿐입니다. 이처럼 쓸데없는 시작은 병과 위험의 초래를 무시하는 것이고, 몸을 자극하고 정신을 메마르게 합니다. 여기에 여자가 슬프고 냉소적인 태도로 따른다면, 이런 쓰라린 심정이 피를 변질시킵니다. 일 이야기 몇 마디뿐 협동이란 없습니다. 그렇게 되면 부부생활도 없습니다. 진심에서 우러나는 의무에 대한 정상적인 교양과 삶을 새롭게 하는 건강한 감정의 협력 속에서만 사랑은 현실입니다. 이런 협력이 없으면 부부는 소원해지고, 서로 낯설어집니다. 이런 부부생활에서 낳은 아이는 불행해지기 쉽습니다. 가족이 와해될 수도 있으니까요. 그렇다면, 남자는 얼음이나 돌멩이처럼 차가운 여자를 취하는, 즉 짧고 억지로 행하는 쾌락에서 행

복하겠습니까? 후회나 할 것입니다. 남자는 물리적으로 행동하고 꽤 나이가 들어서야 정신적인 요구를 하게 됩니다. 모든 것에서 가장 깊은 것을 원하게 될 때입니다. 요컨대 남자는 영혼 속까지라도 들어가고 싶어합니다.

3. 훌륭한 남편인 의사 한 사람이 내게 이런 말을 했습니다.
"당신 책에서 제일 좋았던 부분은, 사람들이 웃어넘기는 사랑을 거의 모성적인 의무라고 보았던 것이지요. 하녀보다 더 자발적으로 봉사하려는 면을 보았던 것 말입니다. 이 심심해하는 위협적인 제삼자가 부부 사이의 관계를 가로막고 있는 장벽이지요. 사람들은 마치 직업적인 애첩을 찾아가듯이 자기 마누라를 찾지 않습니까. 결혼의 이점이란 모든 시간을 함께한다는 것인데도, 여자들은 조금 느리니까 실질적으로 감정이 무르익는 바람직한 때는 아주 드물다는 말씀입니다. 애정과 감사의 뜻이 크게 작용합니다. 여자는 사소해 보이는 수수께끼에 참을성을 갖고 기다리고, 자신의 생리적인 나약함을 따뜻이 배려하는 사람에게 쉽게 감동하지요. 여자를 이해하자면 또 자연의 역사에서 동물들의 번식이 어떻게 약해지고 멸종되는지를 상기해야 하겠지요. 하등동물에서는 끔찍합니다. 완전히 적의 수중에 떨어져 있는 꼴이니까요. 그런데 인간은 다행히, 허물을 벗고 번식하는 것이 폭력적이지 않으며 내피內皮에서도 마찬가지입니다. 매일 그 조직이 번식할 때 일부를 내버리고 계속 약해집니다. 매달 성기에서 허물이 벗겨지는 여자로서는 이런 상실이 더욱 큽니다. 모든 동물이 허물을 벗을 때처럼 여자도 숨어야 하지만, 특히 의지해야 합니다. 아름다운 요정 '멜루시나' 이야기 같은 것이지요. 종종 자기 발밑에 귀여운 뱀들을 풀어놓고서 변신하려고 숨어버리곤 한다는 것이지요. 그러니 이런 요정을 안심시킬 수 있는 사람이라면 얼마나 복이 많겠습니까. 믿음직한 유모처럼! 그런데 정말 누가 그를 대신하겠습니까. 짓궂은 짓을 할 경박한 처녀의 심술을 걱정하는 (이렇게 순진무구한 문제에서) 이 소중한 사람이 노출된다는 것은 신성모독입니다. 따라서 가장 행복해하고 좋아하는 사람에게 가장 은밀한 도움을 청하게 되어 있습니다. 이런 선택을 받는 데는 대가를 치러야 하지만, 차츰 그것이 편하다고 생각하게 되고 적응하게 됩니다. 자연[본능]은 익숙한 것을 좋아합니다. 그러면서도 어린이 같은 절대적 자유를 잘 활용합니다. 전혀 위험하지 않고 관대하고 믿음직한 남편이 번거로운 일을 맡았을 때, 이 애틋하게 총애받는 하인이 된 남편은 행복해하고 하느님께 감사하게 됩니다. 매력적인 수치심(그녀가 여왕이라는 것을 잘 느끼는 마당에)을 숨길 필요도 없이 그냥 드러냅니다. 모두 잊히거나 끝없이 마음을 놓게 됩니다. 사랑은 반쯤은 꿈 같은 것으로서, 완전한 행복감을 느끼게 해줄 때가 있습니다. 보기 드문 행운입니다. 여자에게서는 그토록 심한 위기이지만, 아무튼 건강한 위기입니다. 삶이 자신을 전부 내놓고서 이제

곧 새로워지고 다시 젊어지며 아름다워지는 때이지요. 자연이
바라는 대로…."

4. 사회 속의 여자

어떤 사회를 말하는 것입니까? 과거입니까 미래입니까? 과
거나 살롱의 역사 속의 사교계 같은 것이 아닙니다. 우리 루이
14세 시대의 사회입니다. 살롱의 장점을 자주 거론하면서 그
폐해와 그것이 억눌렀던 인간 정신을 이야기하는 법은 거의 없
습니다. 앙리에트 부인이 10여 년간 다행스런 영향을 상당히
주었지만, 몽테스팡 부인은 위악적으로, 맹트농 부인은 부정적
이고 유치한 수준으로 40여 년간 이 사회를 황량하게 했습니
다. 다가올 사회는 우리가 엿보고 짐작이나 할 수 있습니다. 세
번째 책을 쓰게 된다면, 장차 나타날 고립된 여자와 과부의 역
할을 주목하고 싶습니다. 선의로써 모든 '노예 상태'에 빠져 있
는 사람들을 해방시킬 그런 입장을 토로하고 싶습니다. 자유로
운 사회에서도 항상 노예처럼 사는 사람들이 있습니다. 불행과
세월, 편견과 정념의 노예가 된 사람들입니다. 가장 이상적인
사회에서 마음이 넓은 여자는 어디든 모습을 나타내 모성을 발
휘할 사람입니다. 법이 미치지 못하는 그곳에서 자유를 보완하
는 여자입니다. 하느님이 직접 끼어들기도 하는 자유 말입니다.

나다르가 촬영한 미슐레의 모습(1856년)

위대한 역사가, 쥘 미슐레의 『여자의 삶』(원제 *La femme*)은 1860년에 출간되었다. 그 전해에 발표한 『여자의 사랑*L'amour*』의 후속편이다. 번역의 원전으로는 아쉐트 출판사의 제5쇄를 사용했다.

출간 당시 엄청난 반향을 일으키면서, 특히 소설에 중독되다시피 했던 여성 독자를 역사 교양서로 끌어들인 이 책은, 전편과 마찬가지로 여자가 그 중심에 놓였지만, 특히 한 여자의 삶의 궤적을 따라가는 형식을 취하고 있다.

아기가 되기 전부터 아기, 소녀, 처녀, 숙녀, 부인, 노파로서 다시 대자연의 품으로 돌아가기까지 여자의 생리적 운명이 사회적 고리와 어떤 관계를 맺으며 전개되는지 추적한다. 그러면서 첫사랑의 시작부터 육아, 교육, 연애, 결혼, 출산, 섭생, 재활, 노년의 과부생활 등, 여자가 필연적으로 겪게 되는 일상사의 거의 모든 단계를 사랑으로 꿰뚫는다.

저자는 화법과 입장을 종횡무진 달리해가면서, 여자의 생리적 변신과 나란히 사회적 변신에서 사랑이 어떤 역할을 하는지에 무게중심을 두고 있다. 즉 딸과 언니로서, 처녀와 새색시로서, 아내이자 친정어머니, 시어머니로서, 또는 과부로서, 그리고 마침내 모든 것을 뛰어넘는 한 인간으로서 여자의 삶이다. 또 이런 여자만의 특별한 삶을 더욱 잘 이해하려고 뱃속의 아기와 고인이 된 영령의 목소리까지도 경청한다.

여기에 아들과 아버지, 총각과 남편으로서 남자의 사랑이 얼마나 중요한지 여러 경로로써 밝히려 한다. 전체적인 전망은 남성 위주의 가정과 사회질서에 대한 비판이자, 이런 무지막지하고 거친 세계에 대항해서 보다 자유롭고 행복하고 주체적인 삶을 살아가는 데 여자의 교양이 얼마나 필수불가결한 것인지 설파한다. 우리가 흔히 여자의 고유한 버릇이라고 경멸하기도 하는 무책임한 수다와 간섭 같은 어리석고 미련한 짓에 대한 비판도 빠트리지 않는다.

우리에게 특별히 흥미로운 것은, 산업자본주의의 모순이 극에 달했던 그 시대, 19세기를 관찰하고 그려내는 저자의 시각이 마치 지금 우리 사회를 보듯이 뚜렷이 닮았다는 점이다. 종교와 국가, 심지어 문학과 예술조차, 여자의 삶에 영향력을 발휘하는 있는 것은 대부분 거대한 돈놀이의 논리에 휘둘리는 세상이다. 물론 순수한 사랑이라는 것도 백일몽 같은 것이라고나 여기는 세태이다. 이런 이해타산과 조건에 가장 먼저 휩쓸릴 수밖에 없지만 저항하기도 힘들고, 심각하게 상처받고, 신음하는 것은 누구보다 약하고 가난한 여자들이다.

이 책을 쓰게 된 동기에서 설명하듯이, 저자는 더는 결혼하지 않고, 결국은 사라질 수밖에 없었던 인종을 예로 들면서, 정치경제적인 압박이 초래하는 사랑의 비인간적인 황폐한 세태를 고발한다. 남의 이야기일까?

물론 남성적인 사회의 모든 제도와 규칙에 부차적으로 끼워 맞춰진 생활과 그만큼 부당한 경쟁과 희생을 강요받는 현실을 저자는 깊이 개탄한다. 따라서 이 책은 여권 신장에 초석이 되었다고도 할 수 있다.

인간은 본능과 대자연의 법이라는 운명에 도전하고 맞설 힘을 어디에서 얻을까. 저자는 사랑이라고 말한다.

시대와 윤리가 달라진 만큼, 저자가 말하는 자연과 역사의 중추가 되었던 여인의 일생은, 그 개별적인 사안에서 현재의 우리의 것과 같기는 어려울 것이다.

그런데 가령, 한불 우호라고 하면서 우리나라의 어떤 사람이 프랑스 친구나 애인이 없다면 그런 우호는 공허하지 않을까? 언제든 폐지되고 휴지조각이 될 수 있는 조약이고 구호가 된다. 고유하고 절대적인 개인의 마음속에 살아 있는 사랑이 아닐 때, 어떤 사랑도 공허할 수밖에 없다. 모두들 막연하든 절실하든 사랑을 절대시하고 숭배하는 듯하며, 열렬히 갈망하고 최고라 여긴다. 하지만 막상 그 구체적인 사랑하는 대상이 없다면 그저 커다란 빈말에 불과할 뿐이다. 저자의 시대와 마찬가지로 우리 시대도 이런 빈말을 채우는 덧없는 산업이 된 소설과 영화와 수많은 가상적·공상적 현실이 덩그러니, 냉소적인 표정으로 세상을 덮고 있는 것은 아닐까?

저자는 각자의 마음속에서 자신에게만 돌아오는 도돌이표로 울리고 있는 사랑은 그저 이기적인 자기 위안일 뿐이라고 주장한다. 사랑의 실현은 인류를 구하겠지만, 무엇보다도 개인이 또 다른 개인, 한 여자가 한 남자를, 한 남자가 한 여자와 사랑으로 하나가 되는 것이 대전제라는 것이다.

역사를 기록하는 어떤 역사가보다 저자의 발언과 웅변이 설득력 있게 들리는 것은, 여전히 병영화한 틀과 고질적인 습관을 벗어나지 못하고 있는 모든 학교, 기업, 단체생활은 물론이고, 가정과 우리 자신 속에 버티면서 개인의 고유한 사랑이 실현되는 데 발목을 잡고 있는 거대하고 반인류적·반인권적 권위의 침울한 그림자가 드리워 있기 때문은 아닐까. 의식할 수도 없이 각 개인의 무의식까지 깊이 적시고 있는 망령이다. 고유한 개인이 사랑을 통해서 기쁨을 찾기란 점점 어렵게 되고, 사랑 또한 여러 거래의 한 형식처럼 누추해진 사회가 활력에 넘치는 미래를 기약하기는 어렵다. 이런 점에서 여자가 또 남자가, 참된 사랑을 찾아가는 길은 우리 모두가 해방되는 길이 될 것이다.

원저에는 없는 원색 도판을 수록해 독자의 이해를 돕고자 했다. 단색 도판으로 각 장의 머리에 붙인 것은 저자와 동시대 화

476

가, 카미유 코로의 작품이다. 본문에 실린 판화는 같은 책의 다른 판에서 빌렸다.

위대한 역사가의 빼어난 산문. 19세기 프랑스 지식인이 보여주는 미묘하고, 예의를 갖추었으며, 까다로운 표현으로 감칠 맛 나는 '뉘앙스'로 넘치는 원전을 우리말로 되살리기는 정말이지 어려운 일이다. 더구나 가장 예민하고 까다로운 여자의 심금을 울리는 듯한 호흡과 억양으로 소곤대는 샘물같이 시작하는가 하면, 평온한 강물처럼 흘러내리다가 어느새 거대한 바다처럼 출렁이기도 하는 문장이다. 그런 리듬을 살린다는 것은 애당초 불가능하다. 또 그와 같이 겸양의 어법도 우리의 짧고 경박하고 둔탁해진 화법으로 받아들이기 쉽지 않을 것이다. 오직 원문을 읽을 때에나 되살아나는 이런 구어체의 정답고, 익숙하게 옆에서 이야기를 들려주는 영감의 목소리를 듣고 있는 기분을 우리말로 되살릴 수 있다면! 이런 어려움을 시원하게 돌파하지는 못한 것 같아 독자 여러분의 너그러운 이해를 구해본다.

2009년 6월

지은이 쥘 미슐레

프랑스 역사가. 국립고문서보관소에서 근무하고 고등사범학교와 '콜레주 드 프랑스' 교수를
역임하였다. 30여 년에 걸쳐 저술한 『프랑스 역사』를 비롯해 방대한 『프랑스 대혁명사』 등 수
많은 걸작을 남겼다. 프랑스를 한 사람의 인격처럼 다루었다는 프랑스 민족주의 역사의 거장
으로 통한다. 중세사와 여성사의 선구자로서 역사에서 정치사 등 남성적 성향을 지양하고, 자
연사를 개척해 양성의 조화를 꾀했다. 르네상스, 잔 다르크 등을 되살렸고, 독창적인 문체로
역사를 쉽고 재미있는 이야기로 풀어냄으로써 역사 대중화에 크게 이바지하였다.

옮긴이 정진국

미술평론가. 빅토르 타피에의 『바로크와 고전주의』를 비롯해 주로 프랑스 학파의 미술사를
번역해왔다. 에밀 부르다레의 『대한제국 최후의 숨결』 등의 역사서도 번역했다. 『유럽의 책
마을을 가다』 『사진 속의 세상살이』 등의 기행문과 평론집을 내놓았다. 현재는 귀스타브 반
지프의 『베르메르, 방구석에서 그려낸 역사』 등 예술가 전기를 번역하는 한편 저술·창작활
동을 하고 있다.

여자의 삶

초판인쇄 2009년 6월 26일
초판발행 2009년 7월 6일

지은이 쥘 미슐레 | 옮긴이 정진국 | 펴낸이 강성민
편집장 이은혜 | 마케팅 신정민

펴낸곳 (주)글항아리 | 출판등록 2009년 1월 19일 제406-2009-000002호

주소 413-756 경기도 파주시 교하읍 문발리 파주출판도시 513-8
전자우편 bookpot@hanmail.net
전화번호 031-955-8888(관리부) 031-955-8898(편집부)
팩스 031-955-2557

ISBN 978-89-93905-01-4 03900